权威·前沿·原创

皮书系列为
"十二五""十三五""十四五"时期国家重点出版物出版专项规划项目

B

BLUE BOOK

智 库 成 果 出 版 与 传 播 平 台

中国社会科学院创新工程学术出版资助项目

法治蓝皮书
BLUE BOOK OF RULE OF LAW

中国地方法治发展报告 *No.9*（2023）

ANNUAL REPORT ON RULE OF LAW IN LOCAL CHINA No.9 (2023)

主　编／李　林　田　禾
执行主编／吕艳滨
副 主 编／栗燕杰

社会科学文献出版社
SOCIAL SCIENCES ACADEMIC PRESS（CHINA）

图书在版编目（CIP）数据

中国地方法治发展报告 . No. 9，2023 / 李林，田禾
主编；吕艳滨执行主编；栗燕杰副主编.--北京：社
会科学文献出版社，2023.12
　（法治蓝皮书）
　ISBN 978-7-5228-2992-0

　Ⅰ.①中…　Ⅱ.①李…②田…③吕…④栗…　Ⅲ.
①地方法规-研究报告-中国-2023　Ⅳ.①D927

中国国家版本馆 CIP 数据核字（2023）第 245627 号

法治蓝皮书
中国地方法治发展报告 No. 9（2023）

主　　编 / 李　林　田　禾
执行主编 / 吕艳滨
副 主 编 / 栗燕杰

出 版 人 / 冀祥德
组稿编辑 / 曹长香
责任编辑 / 王玉敏
责任印制 / 王京美

出　　版 / 社会科学文献出版社
　　　　　地址：北京市北三环中路甲 29 号院华龙大厦　邮编：100029
　　　　　网址：www.ssap.com.cn
发　　行 / 社会科学文献出版社（010）59367028
印　　装 / 天津千鹤文化传播有限公司

规　　格 / 开　本：787mm×1092mm　1/16
　　　　　印　张：23.75　字　数：355 千字
版　　次 / 2023 年 12 月第 1 版　2023 年 12 月第 1 次印刷
书　　号 / ISBN 978-7-5228-2992-0
定　　价 / 139.00 元

读者服务电话：4008918866

法治蓝皮书·地方法治
编　委　会

主　　编　李　林　田　禾

执 行 主 编　吕艳滨

副　主　编　栗燕杰

策　　划　法治蓝皮书工作室

工作室主任　吕艳滨

工作室成员　（按姓氏笔画排序）

　　　　　　王小梅　王祎茗　刘雁鹏　胡昌明　栗燕杰

学 术 助 理　（按姓氏笔画排序）

　　　　　　车宇婷　李　玥

官方微博：＠法治蓝皮书（新浪）

官方微信：法治蓝皮书（lawbluebook）　　法治指数（lawindex）

官方小程序：法治指数（lawindex）

主要编撰者简介

主　编

李　林　中国社会科学院学部委员、法学研究所研究员，中国社会科学院大学法学院特聘教授、博士生导师。主要研究领域：法理学、宪法学、立法学、依法治国与法治问题。

田　禾　中国社会科学院国家法治指数研究中心主任、法学研究所研究员，中国社会科学院大学法学院特聘教授。主要研究领域：刑事法治、司法制度、法治指数。

执行主编

吕艳滨　中国社会科学院国家法治指数研究中心副主任、法学研究所研究员、法治国情调研室主任，中国社会科学院大学法学院行政法教研室主任、教授。主要研究领域：行政法、信息法、法治指数。

副　主　编

栗燕杰　中国社会科学院法学研究所副研究员。主要研究领域：行政法、社会法、法治指数。

摘　要

　　《中国地方法治发展报告 No.9（2023）》从法治政府、司法建设、法治化营商环境、社会治理等方面，聚焦法治热点，梳理总结了各地的法治探索与经验创新。

　　总报告立足全国，对各地迎难而上完善市场法治、优化市场主体发展环境、强化民生法治、加大民生保障力度、提升基层治理水平、完善区域协同法治、监督法治和应急法治等方面的成效进行梳理，指出今后应更好地服务大局，更好地统筹发展和安全，促进经济社会健康可持续发展，进一步增强人民群众满意度、获得感。

　　本卷蓝皮书继续重磅推出法治指数报告，并就政务公开、检察公益诉讼、民事执行等进行了深度挖掘研讨，提出了可操作、可复制、可推广的意见建议。

　　营商环境优化、学校信息公开、府检联动、不诚信诉讼规制等是地方法治纵深推进的前沿话题，本卷蓝皮书梳理现状、总结成效、指出问题，对各地典型样本实践进行了实证研讨。

关键词： 地方法治　法治政府　司法建设　法治社会　法治化营商环境

目　录　⟋

Ⅰ　总报告

Ⅱ　法治政府

Ⅲ 司法建设

Ⅳ 法治化营商环境

V　社会治理

皮书数据库阅读**使用指南**

总 报 告
General Report

B.1
中国地方法治的成效与展望（2023）

中国社会科学院国家法治指数研究中心项目组*

摘　要：　2023 年，各地迎难而上积极推进法治建设，在营商环境优化、民生保障、基层治理等方面取得良好成效。地方法治要更好地服务大局、更好地统筹发展和安全、为发展提供新动能，需要进一步完善市场法治、优化市场主体发展环境，强化民生法治、加大民生保障力度、提升基层治理水平，完善应急法治、最大限度减少各类极端事件、事故发生及影响，切实防范化解重点领域风险。

---

* 项目组负责人：田禾，中国社会科学院国家法治指数研究中心主任、法学研究所研究员，中国社会科学院大学法学院特聘教授；吕艳滨，中国社会科学院法学研究所法治国情调研室主任、研究员，中国社会科学院大学法学院行政法教研室主任、教授。项目组成员：王小梅、王祎茗、刘雁鹏、李雨桐、郑鹏飞、胡昌明、栗燕杰等（按姓氏笔画排序）。执笔人：栗燕杰，中国社会科学院法学研究所副研究员；刘雁鹏，中国社会科学院法学研究所助理研究员；田禾、吕艳滨。中国社会科学院大学法学院硕士研究生李雨桐、郑鹏飞提供了部分素材资料。

关键词： 营商环境优化 民生法治 市场法治 监督法治

2023 年，各地更好地统筹改革与法治，依托法治推进经济社会高质量发展，法治建设取得良好成效。

一 市场法治持续发力

中共中央、国务院出台《中共中央 国务院关于促进民营经济发展壮大的意见》，要求构建高水平社会主义市场经济体制，持续优化稳定公平透明可预期的发展环境，强化民营经济发展法治保障，充分激发民营经济生机活力。各地通过加强立法、出台政策推进营商环境优化，政府、企业沟通更加畅通，持续整治乱收费、乱罚款、乱摊派，解决政府拖欠企业账款问题，各类自贸（片）区、自贸港对接国际高标准经贸规则，持续打造市场化、法治化、国际化营商环境。

（一）重视营商环境优化

解放生产力需要在法治轨道上优化营商环境。各地营商环境专门立法热度不减。2023 年以来，已有山东省滨州市、安徽省芜湖市、山东省济宁市、山东省临沂市、广东省云浮市、河北省石家庄市、浙江省杭州市、江苏省无锡市、安徽省宣城市、安徽省铜陵市就优化营商环境出台地方性法规。《杭州市优化营商环境条例》对标国际标准，围绕破解市场主体生产经营活动中可能遇到的痛点难点堵点问题，就企业全生命周期中的市场准入、商事登记、自主迁移、公平竞争、跨境贸易、公共资源交易、金融支持、中介服务和市场退出等进行了专门规定。《漳州市政务服务条例》于 2023 年 1 月 1 日起正式施行，本着"让数据多跑路、让群众少跑腿"的理念，从规范网上办事服务、优化线下大厅服务、创新审批服务模式等方面，加快一体化政务服务平台建设，深化"一网通办"，推进"全程网办"，实现政务服务事项线上线下同要素管理、无差别受理、同标准办理，推进政务服务实体大厅及事项办理标准化规范化。这些地方立法的做法，为今后全国层面营商环境优化提供了重要样本。

浙江省绍兴市全面推进政务服务 2.0 建设，打造"枫桥式"政务服务模式。其主要做法，一是推行"无差别全科受理"，实现"一门办理、集成服务"，实现群众企业办事"进一门、跑一窗"；二是建立企业综合服务中心，提供全方位、点对点的服务；三是着力加强乡镇街道、村社区政务服务标准化建设，已实现镇村政务服务代办点全覆盖，到 2023 年 8 月，平均向每个乡镇街道延伸政务服务事项 356 项，村社区 98 项；四是推进"最多跑一次"改革，除省级明确不适宜跑零次事项外，绍兴政务服务跑零次实现率达 96.8%，其中市本级达 98%①。山东省济宁市聚合全市人口、法人、证照、空间地理、公共信用等基础库，汇聚 80 多亿条数据，筑牢政务数据底座，在此基础上开发"惠企通"服务平台，整合涉企数据、政策数据，为企业精准画像，实现政策"一键匹配"，企业优惠"免审即享"。山东省曲阜市整合"爱山东济时通"App、小程序等，推出 100 个"一键审批"智能审批事项，实现高频事项"刷脸办"。海南省于 2023 年 7 月印发了《海南省 2023 年营商环境制度集成创新重点任务》，提出建立"项目策划+产业招商+土地超市+极简审批"全流程项目直通车服务机制，实施"信用+免审"、一照通行等改革，建设"机器+"智能政务体系，打造"请您来投诉"和"为您来服务"一条链服务品牌②。

（二）推行包容审慎监管

针对以往市场执法中广泛存在的重监管轻服务、严格有余柔性不足的现象，许多地方探索开展包容审慎监管，将执法服务向源头和后端延伸，从管

① 绍兴市政务服务办：《政务服务工作推进情况》（内部材料）。
② 《海南发布营商环境制度集成创新重点任务　推动开办企业时效最优提升 50%》，https：// baijiahao. baidu. com/s? id=1770997902205656244&wfr=spider&for=pc，最后访问日期：2023 年 7 月 19 日。

理型执法向服务型执法转变，更加重视人性化执法。

不少地方探索以"清单制"推进包容审慎监管。广东省中山市出台首违不罚清单、免罚清单、不予实施行政强制措施清单。该市实施分类分级监管，按照"轻重有别"理念，编制生态环境领域重点监管名录，实行重点监管；编制监督执法正面清单，对纳入企业减少检查频次，减少对企业的不必要干扰。在交通运输领域推行"行业诚信体系建设"，与行业协会、出租车企业和互联网出行平台签订"诚信公约"，并实施信用联合奖惩；推行"4A"评级管理和"ABCD"差异性监管。同时，中山市还推动涉企"综合查一次"与"双随机、一公开"融合，编制"综合查一次企业清单"，以技术手段实现"综合查一次"，已覆盖企业达十多万户。山东省青岛市生态环境局印发《中小微企业生态环境监督执法专项正面清单实施方案》。在前期将重点企业纳入执法正面清单的基础上，清单范围扩大到中小微企业。经过企业申请、资格审查、自主承诺等审核程序，现已有 2226 家符合条件的中小微企业纳入清单管理，全市正面清单企业总数逾 2500 家①。

（三）加强知识产权保护

知识产权是现代经济社会发展的核心要素之一。各地将加强知识产权的立法保护、行政保护、司法保护、纠纷化解作为市场法治的重要组成部分。

知识产权制度规范不断完善。近年来，各地出台了不少知识产权保护的地方性法规、地方政府规章和规范性文件。2022 年以来，已有海南、江苏、广东、山东、北京、湖南、浙江等地就保护和促进知识产权制定出台专门地方性法规。《浙江省知识产权保护和促进条例》自 2023 年 1 月 1 日起施行，注重发挥知识产权数字化改革先行优势，建设知识产权强国先行省，打通知识产权"创造、运用、保护、管理、服务"全链条，强化知识产权创新激励，设立知识产权奖，推进专利公开实施制度、知识产权税费减免制度、商

---

① 《全国首创！生态环境监督执法正面清单"扩容"，中小微企业纳入其中》，https：//baijiahao.baidu.com/s？id=1771742611268118292&wfr=spider&for=pc，最后访问日期：2023 年 7 月 19 日。

标保护制度、数据知识产权保护运用和类知识产权保护，实施商业秘密联合保护等一系列措施。

知识产权保护政务服务集成优化。上海市上线知识产权保护"一件事"集成服务平台，覆盖知识产权从创造、运用、保护到管理、服务全链条 74 个服务事项，实现"专利申请优先审查推荐"等事项全过程网办。2023 年 3 月，上海知识产权保护中心投入运行，提供专利快速预审、快速确权、快速维权等服务。上海市知识产权局同上海数据交易所合作开发数据知识产权登记系统和审查系统，推进登记审查系统上链，引导各类市场主体积极进行数据知识产权登记并进入市场交易流通，推动知识产权服务机构拓展数据知识产权业务的发展。

知识产权海外侵权责任险逐步推广。广州开发区知识产权局推出知识产权海外侵权责任险，推动保险机构搭建起"承保前进行风险评估、承保中提供专业预警服务、出险后积极有效应对"全链条工作机制。其经验写入国务院印发的《关于做好自由贸易试验区第七批改革试点经验复制推广工作的通知》，在全国自贸区复制推广。

知识产权司法审判改革优化。北京知识产权法院成立技术调查室并选任技术调查官，协助法官查明技术类案件中的技术事实，为法官审理案件提供技术支持，先后出台《技术调查官管理办法》《技术调查官工作规则》《技术类案件咨询费用管理办法》《技术调查官回避实施细则》，并将技术领域进行三级分类，由经验丰富的技术调查官兼负技术领域识别工作，准确甄别案件所涉具体技术领域，并在此基础上指派最适配的技术调查官；对于疑难复杂涉及交叉学科的案件，设置"双技术调查官"，结合企事业单位、科研机构和专利审查部门等不同来源，共同服务案件审理；针对各法院知识产权案件不断增多的问题，探索构建技术调查官资源共享机制。2023 年 7 月，四川省成都市中级人民法院"技术调查官流动站"正式运行。"技术调查官流动站"是成都中院打造的知识产权审判一体运行机制化平台。整合司法、行政、高校等多元力量整体布局，瞄准涉专精特新技术司法保护痛点，通过"站点接受委托、站内完成委托、站外通力协作"的多元架构，实现"技术咨询随时，技术人员随地，技术保障全程"，为护航地区创新主体发展提供更强有力的司法保障[1]。上海市建立起知识产权行政调解司法确认机制、知识产权民事纠纷诉调对接机制，推动设立长三角 G60 科创走廊知识产权行政保护协作中心，在临港新片区设立企业知识产权维权互助基金。世界知识产权组织仲裁与调解上海中心作为司法部批准的首家在中国境内开展涉外知识产权争议案件仲裁与调解业务的境外仲裁机构，为国际知识产权纠纷化解提供了一条快速、便捷、低成本的新路径。

（四）探索推进企业破产一件事改革

市场主体救治与退出的畅通性与实施效率，是衡量市场法治水平的重要指标。企业破产涉及多个甚至数十个部门单位，传统协同方式效率不高，成本高昂，各方难以取得一致。各地立足问题导向，着力破解企业破产办理的难点堵点，寻找"最优解"，将企业破产办理与营商环境优化相结合，推动法律效果、社会效果有机统一。

深圳市着力完善"法院裁判、政府管理、管理人办理、公众监督"四位一体破产办理体系。2023 年 7 月，深圳市中级人民法院推动建设的深圳市破产管理人协会破产保护综合服务平台上线，提供庭外重组咨询服务、府院联动一键办理服务、破产投融资支持服务、跨境破产协作服务、破产财产处置服务、权利申报和债权人会议服务、管理人内部协作等功能，在前端为困境企业提供破产保护综合服务和投融资资源，在中端为管理人办理破产提供全流程的便捷联动配套，保障管理人履职、债权人有效参与、公众知情监督。

浙江省绍兴市中级人民法院牵头研发企业破产一件事应用，打造多跨协同数字化破产案件办理模式，编制协同职责清单，变层层请求协助为一揽子推进协同，通过府院联动、多跨协同、一网通办的数字化办案体系，一揽子

---

[1] 《成都中院上新这次是全国首创！》，https：//m.thepaper.cn/baijiahao_23740935，最后访问日期：2023 年 7 月 19 日。

解决市场主体拯救和退出问题。破产程序启动前，归集企业案件、融资、监管风险信息，通过算法模型对预警企业现状、前景等整体状况生成风险防范精准"画像"，对具有挽救价值的企业，及时制定止损策略，保护市场主体；破产程序启动后，以公共数据平台为依托，集成企业财产状况、股权变更、企业年报等 31 项基础数据，绘制企业生产经营和资产"社会画像"，形成"资不抵债"数据，反馈给法院和破产管理人，为其管控企业风险提供参考依据；实施"重大案件判前社会效果评估机制"，邀请专家、学者、社会代表和债权人代表对破产强制批准事项和潜在信访隐患提出建议和意见，导入司法处置过程，最终形成各方均较为认可的处理结果。

（五）加强平台经济治理

党的二十大提出，"促进数字经济和实体经济深度融合"，平台经济与实体经济相互促进、共同发展是大势所趋。伴随平台经济的快速崛起，加强平台经济常态化监管、稳定各方预期，对推动经济社会高质量发展具有重要意义。2023 年 7 月，浙江省印发《关于促进平台经济高质量发展的实施意见》，要求本着鼓励创新原则，完善包容审慎监管规则，分领域制订监管规则和标准；对一时看不准的新业态，设置一定观察期，采取行政指导、行政约谈、警示告诫等柔性执法方式，谨慎使用行政处罚等执法措施，在严守安全底线的前提下为平台经济新业态发展留足空间。

2023 年 3 月，北京市市场监督管理局印发《北京市市场监督管理局关于试行开展支持平台经济发展 优化个体网店经营者登记管理工作的通知》，从支持个体电商高质量发展、促进电商平台规范发展、打造监管闭环等三个方面提出具体举措。其中，支持个体电商通过地址变更方式拓展线下经营渠道、支持个体电商采用"一照多址"方式记载多经营场所信息、支持个体电商通过"个转企"方式转换为现代企业制度三项举措全国首创①。

---

① 《北京市丰台区颁出全国首张个体电商转实体营业执照》，http：//www.rmzxb.com.cn/c/2023-03-23/3318849.shtml，最后访问日期：2023 年 7 月 19 日。

（六）优化自贸区合作区管理

建设各类自贸区、自贸港、合作区是党中央、国务院在新时代推进改革开放的重要战略举措。2020年通过的《深圳经济特区前海蛇口自由贸易试验片区条例》于2023年9月修正，进一步优化了前海合作区管理体制机制。《横琴粤澳深度合作区发展促进条例》于2023年3月1日正式施行，作为引领和保障合作区建设的首部综合性法规，对合作区治理体制、规划建设与管理、产业发展促进、澳门居民生活就业便利化、琴澳一体化及相关法治保障等方面作出规定。珠海市人大常委会通过《澳门特别行政区医疗人员在横琴粤澳深度合作区执业管理规定》和《澳门特别行政区药学技术人员在横琴粤澳深度合作区药品零售单位执业备案管理规定》两部专项"小切口"法规，前者明确在合作区取得执业证书的澳门医生、中医生和牙科医生在其执业的合作区医疗机构具有处方权，对申请人是否为永久性居民、是否取得内地医师资格证不再作要求；后者明确澳门药剂师、中药师、中医生和药房技术助理符合规定条件并经合作区药品监督管理部门备案后，即可在合作区药品零售单位直接提供药学服务，无须参加内地相应考试。

二 民生法治全面加强

法治建设为了人民、依靠人民，这在民生保障领域体现得尤为充分。近年来，民生保障成为各地法治推进的重要抓手，有力增强了群众的法治获得感和幸福感。

（一）社会救助加强兜底

社会救助是社会保障体系的基础性安排，负有民生兜底保障的责任。2023年出台的《江苏省民政厅 中共江苏省委农村工作领导小组办公室 江苏省财政厅 江苏省乡村振兴局关于切实做好最低生活保障等社会救助兜底保障工作的通知》（苏民规〔2023〕5号）提出，推动社会救助扩围、提质、增效，兜住兜准兜好困难群众基本生活底线，其内容涉及完善家庭收入核算办法与家庭财产认定标准，完善低保渐退缓退政策，以及加大临时救助力度，健全社会救助工作衔接机制，优化办理流程等。广东省广州市聚焦实施救助后生活仍有困难的群众，建立"政府救助+慈善帮扶"支持模式，编制事项清单，纳入全市社会救助服务"一证一书一清单"，实现困难群众救助帮扶系统化和规范化。广州市民政局等部门先后出台多个文件制度，建立政府救助与慈善帮扶转办转介机制，建设全市慈善项目转办转介平台，将救助帮扶需求转办转介到慈善组织，推动社会救助与慈善力量衔接，多种方式满足困难群众需求。2022年，全市共实施转办转介7000多人次，成为民生保障的重要力量。浙江省台州市人民政府出台了《台州仲裁委员会仲裁救助实施办法》，以做好仲裁过程中困难群众的救助工作。

（二）基本医疗保障显著提升

"病有所医"是国家发展的重要目标，医疗保障是民生保障的基本内容，对于减轻群众就医负担、维护社会和谐稳定不可或缺。各地持续推进医疗保障的制度完善、机制优化、流程便民改革。

医疗保障强化法治建设。全国人大常委会2023年度立法工作计划中，制定医疗保障法被列为预备审议项目。在中央立法已列入议题的背景下，地方立法先行一步，为全国层面医疗保障法治化提供助力。继2021年《浙江省医疗保障条例》出台实施之后，《江苏省医疗保障条例》自2023年6月1日起施行。《江苏省医疗保障条例》构建以基本医疗保险为主体，大病医疗保险为补充，医疗救助为托底，补充医疗保险、商业医疗保险、慈善医疗救助、医疗互助等其他医疗保障协调发展的多层次医疗保障体系。

重特大疾病的医疗保障，既关乎患者生命健康，也关乎其医疗费用负担，是做好民生保障的重要举措。《成都市重特大疾病医疗保险和救助制度实施办法》自2023年7月7日起施行，覆盖对象包括特困人员、孤儿、低保对象、低保边缘家庭成员，防止出现返贫和因病致贫重病患者；城乡居民大病保险对特困人员、孤儿、低保对象起付标准降低50%，分段报销比例提高5%；特困人员、孤儿在定点医疗机构发生的普通门诊医疗费用，扣除基本医保报销后，剩余的政策范围内医疗费用给予全额救助；对规范转诊且在省域内就医的医疗救助对象，经基本医保、大病保险、大病医疗互助补充保险、医疗救助综合保障后，政策范围内个人年度累计自付费用超过本市防止返贫监测收入标准部分的医疗费用，按照55%的比例倾斜救助，一个自然年度救助限额为4万元。

参保群众异地就医特别是跨省就医过程中的就医结算，其堵点难点痛点一直较为突出。对此，各地积极探索破解之道。湖南推行异地就医结算与基层医保代办服务，群众享受医保服务更加便捷。湖南全省近3万个村（社区）实现医保直办帮代办服务，惠及208万人次。全省999家二级以上定点医院均开通异地结算，解决了广大群众异地就医"垫资跑路报销难"的问题，打造医保15分钟服务圈，群众在家门口就可以办理参保登记登医保业务。截至2023年8月，湖南省跨省住院异地就医直接结算率达到76.45%，较年初增长了27个百分点；省内住院异地就医直接结算率达到94.48%，较年初增长15个百分点。全省异地就医直接结算服务惠及人群305.37万人次，较上年同期增长了246.32%①。2023年1月，宁夏出台《关于进一步做好基本医疗保险跨省异地就医直接结算工作的通知》，进一步简化医疗费用跨省直接结算手续。2023年上半年，宁夏清算跨省异地就医资金6.48亿元，拨付和收到跨省异地就医预付金分别为6947万元和4911万元，预付金、清算资金均按规定时限完成首付款确认，资金清算率100%②。安徽省医保局和省财政厅共同出台《关于进一步做好基本医疗保险跨省异地就医直接结算工作的通知》，统一全省跨省异地就医直接结算政策、业务经办流程，健全异地就医业务协同机制，规范医保经办机构和定点医药机构服务行为，提升住院跨省直接结算率，支持跨省异地长期居住人员在备案地和参保

① 《异地就医有"医"靠，在家医保经办服务全 全省医疗保障重点民生实事项目指标提前完成》，《湖南日报》2023年9月16日，第2版。
② 数据参见《优化管理规定 做好直接结算 宁夏上半年清算跨省异地就医资金6.48亿元》，《宁夏日报》2023年7月23日，第1版。

地双向享受医保待遇，异地就医备案手续更加简便，等等。湖北省医疗保障局印发《湖北省医疗救助经办服务规程（试行）》，明确参保缴费资助的资格和核定流程，实行医疗费用救助"一站式"结算，完善一次性医疗救助机制等。广州市推出专门慈善医疗救助平台，整合政府医疗救助、公益慈善组织、社会爱心力量等资源，扩大慈善介入重大疾病的救助范围和种类，为困难群众提供医疗咨询、救助服务。

（三）环境治理整治有序

加强环境卫生工作，是民生保障法治的重点话题。河北省邢台市、辽宁省本溪市、广西壮族自治区河池市、新疆维吾尔自治区昌吉回族自治州等出台或修订了当地的环境卫生专门地方性法规。黑龙江省哈尔滨市出台实施《哈尔滨市农村环境卫生条例》，填补了乡村环境卫生治理方面的立法空白，要求将与农村环境卫生相关的行为规范纳入村规民约，对非规模化畜禽养殖、垃圾治理、村保洁等与农村环境密切相关的实际问题设定了具体举措和罚则。浙江"千万工程"① 以环境清理整治为先手棋，深入推进农村人居环境整治提升，建设宜居宜业和美乡村。2003~2010 年，"千村示范、万村整治"示范引领，以村庄环境综合整治为重点，推动广大乡村更加整洁有序。近年来，"千村精品、万村美丽"深化提升，以美丽乡村建设为重点，推动广大乡村更加宜居。浙江全省农村卫生厕所全面覆盖，平均每个行政村有 3 座农村公厕；浙江农村居民人均纯收入由 2003 年的 5431 元提高到 2022 年的 37565 元，在全国处于第一梯队。

（四）未成年人保护全面发力

党和国家历来高度重视未成年人的健康成长，各地方就未成年人保护全

① 2003 年 6 月 5 日，时任浙江省委书记习近平亲自谋划、亲自部署、亲自推动"千村示范、万村整治"工程，以整治环境"脏乱差"为先手棋，全域推进农村环境"三大革命"。2018 年 9 月 27 日，"千万工程"荣获联合国最高环保荣誉"地球卫士奖"。参见《浙江乡村，20 年坚持一件事——写在"千万工程"实施 20 周年之际》，浙江省人民政府官方网站，https：//www.zj.gov.cn/art/2023/6/5/art_ 1554467_ 60134137.html，最后访问日期：2023 年 9 月 2 日。

面发力，取得良好成效。

立法保护更加健全。在中央立法基础上，一些地方从当地实际出发，推动地方性法规的出台和修改。2021年儿童节，修订后的《未成年人保护法》《预防未成年人犯罪法》正式施行。之后，多地推动当地立法完善，进行制度细化、可操作和特色化规定。为解决未成年人权益受侵害"发现难、发现晚"问题，修改后的《未成年人保护法》设置了强制报告制度。新修订的《江西省未成年人保护条例》明确，遇有突发事件，学校、幼儿园应当及时启动应急预案，并向有关部门报告；新修订的《上海市未成年人保护条例》特别关注未成年人心理健康，要求学校对存在严重心理健康问题的未成年学生，及时向教育、卫生健康等部门报告。《浙江省未成年人保护条例（修订草案征求意见稿）》就困境未成年人、农村留守儿童、监护缺失应急处置等专章规定了特别保护条款。由此，中央立法与地方立法形成合力，推进未成年人保护的法律制度体系化。

行政保护持续发力。浙江省市场监管部门在"铁拳""亮剑2023"综合执法行动中，公开了一批涉及生产销售伪劣儿童用品、无底线营销、侵犯未成年人个人信息等的违法行为[①]。四川省雅安市市场监管部门将校园及周边食品经营店、餐饮店列入重点监管对象，重点检查是否存在无照无证经营和超范围经营，推进面向未成年人无底线营销食品专项治理。

司法保护成效凸显。司法保护是未成年人保护的最后一道防线。大量案件实例显示，如果未能提早介入未成年人不当行为，未成年人可能陷入严重违法犯罪境地。2023年六一儿童节前后，江苏、江西、海南、云南、北京、上海多地检察院、法院发布了本地区未成年人司法保护方面的白皮书、典型案例，湖北、浙江、青海等省司法机关发布了未成年人司法保护案例。北京市密云区人民法院发布的《未成年人权益司法保护白皮书》显示，未成年罪犯人数降幅达66.7%，未成年罪犯人数占同期犯罪人数的比例从2.4%降低到0.75%。

---

① 《浙江省市场监管局发布"铁拳""亮剑2023"第四批典型案例》，东方网，https://j.021east.com/p/1685454263030862，最后访问日期：2023年7月18日。

监护缺位、家庭教育缺失、安全教育存在漏洞、网络平台保护机制不健全等系导致未成年人违法犯罪或遭遇侵害的常见因素，密云区人民法院走访慰问常态化，选配法治副校长提供订单式普法，开展法治微课、法院开放日、模拟法庭、庭审观摩等各类活动 150 余次，受益师生超过 5 万人。

近年来，未成年人用网行为活跃，充值打赏、网络购物、网络言论、人格权被侵犯等相关纠纷案件滋长。北京互联网法院于 2021 年 5 月挂牌互联网少年法庭，集中审理涉未成年人网络案件。2023 年 5 月，北京互联网法院对外发布了《2023 未成年人网络司法保护白皮书》，并与中国社会科学院大学互联网法治研究中心合作编制《网络服务提供者未成年人用户账号管理指引》《网络服务提供者涉侵害未成年人权益投诉处理指引》，就加强未成年人网络空间权益保护提供指引。

未成年人检察业务集中统一办理。2021 年起，最高人民检察院部署将涉未成年人刑事、民事、行政和公益诉讼检察职能交由未成年人检察部门统一集中办理并全面推开。早在 2018 年，江苏省开始探索将未成年人刑事、民事、行政、公益诉讼检察业务交由未成年人检察部门集中统一办理。全省 13 家设区的市人民检察院均已设立未成年人检察专门机构；在各基层检察院中，69 家设立了未成年人检察专门机构，无专门机构的也成立专门办案组或安排专门负责人办理涉未成年人案件[1]。

儿童友好城市建设广泛开展。在公共服务、交通、基础设施等领域，儿童友好理念逐渐强化，儿童友好城市建设的立法和制度保障稳步推进。2022 年 9 月，《上海市儿童友好城市建设实施方案》发布，首次提出通过政策、服务、保障、空间和环境 5 方面的举措，到 2025 年基本建成儿童友好、人人友好的幸福活力之城的总体目标。2022 年 11 月，上海将学前教育与托育服务合并立法，颁布了《上海市学前教育与托育服务条例》，加强了对托育服务的立法支撑。2023 年 1 月，《浦东新区儿童友好城区规划导则》正式发

---

① 数据参见《江苏省未成年人检察工作白皮书（2019～2022）》，江苏检察网，http：//www.jsjc.gov.cn/jianwugongkai/gkshx/202305/P020230530588951462882.pdf，最后访问日期：2023 年 7 月 18 日。

布，成为国内首个儿童友好城市建设领域的城区层面规划导则。儿童友好社区、城市建设也相继被写入新修订的《上海市未成年人保护条例》《上海市无障碍环境建设条例（草案）》①。2023 年 1 月 4 日，全国首部"儿童友好城市建设"地方性法规《菏泽市儿童友好城市建设促进条例》正式施行，条例立足当地实际和存在的突出问题，以制度创新为工作重点，对症下药、精准施策②。

（五）老年人权益保障立法多维

人口老龄化已成为中国基本国情，并具有规模大、发展快、不平衡等鲜明特征③。老年人相关立法、执法监管、司法审判，成为地方法治推进的重点。

养老服务地方立法进入高峰期。截至 2023 年，安徽省宣城市、安徽省蚌埠市、浙江省丽水市、陕西省、珠海经济特区、湖南省郴州市、新疆维吾尔自治区哈密市和海南省海口市等地新出台实施居家养老地方性法规。《聊城市失能老年人照护服务条例》于 2023 年 5 月 1 日正式施行，其内容包括加强养老服务设施网络建设、推动优化养老资源布局、完善居家照护制度保障、健全养老机构收住制度、明确从业人员行为规范、强化专业人才队伍建设等多个方面，在全国设区市地方立法中属首例，是探索解决失能养老问题的有益实践④。

针对市场化养老机构存在的服务质量不高、监管机制不健全、收费不合

---

① 《六一儿童节，你是否注意到了上海"儿童友好城市"建设的这些改变?》，https：//baijiahao. baidu. com/s? id=1767551464330567602&wfr=spider&for=pc，最后访问日期：2023 年 7 月 18 日。

② 《全国首部! 菏泽市率先实施"儿童友好城市建设"地方性法规》，https：//baijiahao. baidu. com/s? id=1754097688214440405&wfr=spider&for=pc，最后访问日期：2023 年 7 月 18 日。

③ 《全国人民代表大会常务委员会专题调研组关于实施积极应对人口老龄化国家战略、推动老龄事业高质量发展情况的调研报告》（2022 年 8 月 30 日第十三届全国人民代表大会常务委员会第三十六次会议）。

④ 《〈聊城市失能老年人照护服务条例〉将于 5 月 1 日起实施》，https：//baijiahao. baidu. com/s? id=1763208185980703100&wfr=spider&for=pc，最后访问日期：2023 年 7 月 19 日。

理等问题，北京市推行养老服务合同网签，以规范养老机构合同监管。截至2023年6月，全市养老机构已签订网签合同7000余份。北京养老服务网、北京养老服务小程序和北京养老服务管理信息系统的上线，为老年人及社会各界搭建起供需对接的数字化平台，构建养老服务全要素记录、全流程监管、全口径分析的全息管理机制，一体化监管格局初步形成①。

对于养老机构普遍存在"养有余而医不足"，居家养老人员的日常照护和健康管理需求如何更好兼顾，传统医养结合模式面临健康服务内容单一、服务模式黏合度不高等问题，上海市静安区探索"五床联动"居家和社区整合性照护服务模式，将专业机构"里边"和社区"周边"的照护服务，延伸至老人的"身边""床边"，为老人提供高质量的养老和医疗服务。2023年8月起，静安区在全区范围推广此模式②。

针对涉老案件普遍存在老年人诉讼能力弱、行动不便、理解能力差等问题，宜春市、广安市、老河口市等多地设立老年人权益保障法官工作室，畅通老年群体维权路径，采取优先审理、快审快结方式，减轻老年当事人诉累；对行动有障碍、交通不方便的老人，采取上门立案、上门审理，落实贫困老年群体诉讼费减免政策；对于符合司法救助条件的老年当事人，积极与法律援助机构协调配合，依法及时转交老年当事人的法律援助申请。

三　基层治理统筹推进

基层实践不断变化，针对社会转型、经济形势变动等带来的新问题、新情况，各地基层治理进行法治化探索，其经验值得聚焦关注。

---

① 《破解养老机构监管难题，本市全面推行养老服务合同网签》，https：//m.sohu.com/a/691467520_121106842/，最后访问日期：2023年7月19日。
② 《养老新模式！国内首创："五张床联动"，让老年人真正实现老有所养！无数老人点赞！》，https：//www.163.com/dy/article/I89VDD920528BRQQ.html，最后访问日期：2023年7月19日。

（一）推动网格服务法治化

网格治理、网格服务已成为中国基层治理的重要样态，针对网格进行地方立法，也成为多地的共同选择。截至 2023 年 8 月，已有山东省东营市、山东省枣庄市、浙江省舟山市、广东省清远市、黑龙江省黑河市出台相关网格化服务的专门地方性法规。《舟山市网格化服务管理条例》明确了网格化服务管理事项，以及专职网格员和网格化服务管理人员的权利义务；针对实践中职能部门随意将自身职责推给网格员的问题，就网格员可拒绝实施的事项作出了规定；针对专职网格员待遇不高、流动性过大的问题，要求健全薪酬增长机制。《东营市社会治理网格化服务管理条例》要求，完善全市网格化服务管理工作任务清单和事项责任清单，探索建立与网格员技能鉴定相适应的等级管理制度，加强专属网格工作委员会建设。

（二）优化公共法律服务

覆盖城乡、便捷高效、均等普惠的现代公共法律服务体系是法治建设的重要组成部分。各地逐步迈向公共法律服务网络全覆盖，流程全规范的新模式。广东省珠海市司法局印发《关于加强生产性法律服务 助力经济高质量发展的若干措施》，要求在制造业集聚的产业园区、法律服务需求较大的商圈，设立公共法律服务联络点、平台；与政协社会和法制委员会、市工信局、市商务局、工商联等单位建立常态化沟通对接机制，定期到企业实地调研，更好地把握企业法律服务需求；组建"珠海市助企公共法律服务团"，汇聚公证、律师、调解、司法鉴定、法律援助、行政复议等资源，为市场主体提供无缝衔接、全链条式司法行政服务。

（三）规范多元纠纷化解

纠纷多元有效快速化解是社会治理融洽的重要内容。为及时化解各类基层矛盾纠纷，切实维护群众合法权益，营造和谐稳定的社会环境，一些地方坚持以需求为导向，不断创新体制机制，优化整合资源，积极探索矛盾纠纷化解新路径新举措，提升了工作质效。《天津市矛盾纠纷多元化解条例》自 2023 年 1 月 1 日起施行，从固化经验做法完善制度机制、构建防范体系注重源头预防、协调联动推动多元化解三个方面，要求充分发挥社会矛盾纠纷调处化解中心的平台功能，统筹各类矛盾纠纷化解资源，对各类矛盾纠纷一站式接收、一揽子调处、全链条解决；明确要求加强人民法庭、检察室、公安派出所、司法所以及人民调解组织、法官检察官服务站点、社区警务室等建设，推动矛盾纠纷化解力量向基层倾斜，协助配合基层开展矛盾纠纷预防、排查和化解工作；着力构建以人民调解为基础，人民调解、行政调解、行业性专业性调解、司法调解优势互补、衔接联动的"大调解"工作体系，发挥好行政裁决、行政复议、仲裁、公证等制度机制的分流作用。

（四）推动法治素养提升

在全民法治素养提升方面，浙江省出台《浙江省持续提升公民法治素养行动纲要》《持续提升公民法治素养行动主要任务分工方案》《公民法治素养观测点工作指引（试行）》等文件，构建以公民法治素养基准通识版、地方版、行业版为主要内容的省域公民法治素养基准体系，已发布《浙江省公民法治素养基准通识版（第一版）》及配套应用，建成省市县三级公民法治素养观测点 949 个，每年服务和观测对象已超过 1000 万人次①。

为提升关键少数的法治素养，《法治中国建设规划（2020~2025 年）》提出，要"建立领导干部应知应会法律法规清单制度，推动领导干部做尊法学法守法用法的模范"。上海市交通委、河南省应急管理厅、西藏自治区自然资源厅、新疆维吾尔自治区生态环境厅等多家政府机关出台本地区本系统的应知应会法律法规清单，一些地方组织实施专门培训、考试，有效提升了领导干部、执法队伍的法治素养。2023 年 8 月，中共中央办公厅、国务院办公厅印发的《关于建立领导干部应知应会党内法规和国家法律清单制

---

① 《浙江省公民法治素养提升工作领跑全国》，《浙江法治报》2023 年 2 月 20 日。

度的意见》向社会公布，要求"分级分类制定领导干部应知应会党内法规和国家法律清单"，各地领导干部的法律学习和法治素养提升迎来新高潮。

四 区域协调法治多维发展

区域协调法治有助于打破行政区划界限，强化统筹协调，整合各方资源，优化区域配置，推动区域协同发展。

首先，加强粤港澳大湾区规则衔接与机制对接。围绕《粤港澳大湾区发展规划纲要》关于"粤港澳大湾区要打破区域空间距离和行政壁垒"等要求，大湾区在统一市场制度规则、畅通要素资源流动、促进跨区域基本公共服务便利共享等方面进行跨区域法治协同的深度探索，推动规则衔接与机制对接，实现三地优势互补、融合共赢。广东省推出"湾区社保通"，省人社部门、澳门社保基金与横琴粤澳深度合作区执委会民生事务局在横琴开设"粤澳社保一窗通"专窗，同地同窗同规提供广东 76 项、澳门 7 项社保服务；在横琴合作区的澳门公务员纳入内地社保体系，在横琴合作区的澳门居民可便利参加内地社保。广州市实施"湾区通"工程，推出实施两批 72 项与港澳规则衔接事项清单，完成南沙国际航运保险业务税收优惠政策、试点香港工程建设管理模式、科研物资跨境自由流动试点等事项。前海围绕《前海建设工程管理制度港澳规则衔接改革方案》，在建设规划设计管控、工程监管、计量计价、招标投标等领域，探索推行对接港澳及国际通行规则的工程建设模式。前海国际人才港已推出 635 项一站式国际人才服务，提升对港澳青年、国际人才的吸引力。由此，将制度规则差异转变为制度规则优势，驱动改革开放高质量发展。

其次，探索跨区域立法协同。区域协同立法有利于打破地域局限和行政壁垒，推动实现制度预期目标与协调发展。广东省人大常委会出台专门文件，提出广东的区域协同立法范围要更加广泛，创新省市协同立法工作机制，拓宽区域协同立法的范围和领域，提高区域协同立法的质量效益。探索"1+N"省市协同立法模式，"1"是省级立法，解决共性问题，"N"是立法意愿较强、地域特征突出的地市，结合当地实际解决具体问题。其典型案例是对"粤菜"进行立法。2022 年，广东省人大常委会通过《广东省粤菜发展促进条例》之后，2023 年广东省人大常委会审查批准《汕头市潮汕菜特色品牌促进条例》《佛山市广府菜传承发展条例》《梅州市客家菜传承发展促进条例》《江门市侨乡广府菜传承发展条例》《潮州市潮州菜传承与产业促进条例》，形成法规合力，助推全省粤菜产业高质量发展。今后，广东还将继续推动广佛轨道交通协同立法，以及广州、清远两市围绕产业有序转移先行探索开展协同立法等，推动相关地方"错位布局"和"抱团发展"。

再次，加强跨区域知识产权协同保护。2023 年是长三角一体化发展上升为国家战略五周年。2018 年，上海、江苏、浙江、安徽三省一市人大常委会分别通过《关于支持和保障长三角地区更高质量一体化发展的决定》。四地就法律援助立法、公共数据开放共享立法、公共卫生法治保障、优化营商环境立法等开展协同立法。对于事关协同的已有地方性法规，也将进行步调一致的修改。知识产权联动执法方面，上海和浙江等地市场监管部门通过案前违法线索信息共享，行动中案情动态实时互通、精准定位、快速跟进，对侵犯"西湖龙井"商标专用权行为实现了跨区域、一体化、全链条打击。

最后，强化区域生态环境法治保障。长三角按照"一体化"和"一盘棋"理念，推进生态环境安全，共同建设"美丽长三角"，加强生态环境保护协同，健全跨区域污染联防联治机制。第十四届全国人大常委会第三次会议决定将 8 月 15 日设立为全国生态日。2020 年，江苏、浙江、上海的人大常委会分别表决通过《关于促进和保障长三角生态绿色一体化发展示范区建设若干问题的决定》，赋予示范区执委会行使跨区域管辖权。2023 年，上海市人大牵头，江苏省人大、浙江省人大、安徽省人大参加的协同立法，总结示范区改革创新经验，拟制定"促进长三角生态绿色一体化发展示范区高质量发展条例"，通过协同立法解决制约一体化发展的重点、难点和瓶颈问题，并将长三角生态绿色一体化发展示范区在管理体制、执法机制、放管服改革等方面的创新成果通过立法予以固化。2023 年 8 月，上海市青浦区、苏州市吴江区、嘉兴市嘉善县的环境监测机构共同开展长三角生态绿色一体化示范区跨界饮用水水源地联合监测，在"统一断面、统一指标、统一时间、统一频率、统一方法"的前提下，同步完成监测、同步数据分析和共享，为保障饮用水水源地生态环境安全起到积极作用。

五 强化并提升监督法治效果

在党的统一领导下，构建权威高效的权力运行制约监督法治，是地方法治的重要内容。

首先，加强立法监督与备案审查。2023年5月，山东省司法厅印发《山东省司法厅办理设区的市政府规章备案审查工作规定》，围绕"谁来审""审什么""怎么审"进行制度设计，从工作主体、职责分工、工作流程、整改处理等方面进行机制构建；在流程上规定了规章报备材料的接收、转送、形式审查、登记、分送、实质审查等流程，明确了实质审查的审查主体、审查内容、审查方式、审查时限以及审查意见反馈等要求；在处置上规定了听取意见、督促处理反馈、依法改变撤销等整改程序，以及沟通协调、书面发函、通报、督促检查、法治督察督办等纠错方式。

其次，完善行政执法责任制与责任追究制度。2023年3月，浙江省人大常委会听取并审议全省法治政府建设情况报告，打造法治政府建设监督应用场景的智慧化应用，使监督可看、可评、可执行。2023年2月，吉林省吉林市政府同步修订《吉林市行政执法监督案件办理规定》《吉林市行政执法过错责任追究办法》《吉林市行政执法责任制规定》。

六 未来展望

党的二十大报告提出："必须更好发挥法治固根本、稳预期、利长远的保障作用"，为此，必须解决法治推进的目标问题、路径问题、方法问题和惯性问题。未来，应当将法治与各项业务对接融合，延伸推广"法治就是最好的营商环境"理念，明确抓法治就是抓业务、抓法治就是抓民生、推进法治就是推进社会治理的理念，将法治工作与机关履职、普法宣传与矛盾纠纷化解、法律实施与工作推进相融合，将法治、公平、平等理念贯穿地方立法、政府管理、司法审判、社会治理的全过程与各方面，增强规范性、制度化、常态化和法治化，统筹推进法治建设高水平与经济社会发展高质量。

着力加强基层法治建设。全面依法治国重点在基层，难点也在基层。基层法治的推进，是法治中国落地落实的关键所在。应当意识到，法治推进"上热中温下冷"的现象依然较为普遍，乡镇街道法治建设依然是薄弱环节。在基层法治推进中，应突出在各项事务工作中全面嵌入法治，推动落地落实。在各项业务开展和公权力行使中，要牢牢树立法治观念，推动法治与具体业务融合。把法律依据、法律要求和法律责任明确落实到决策、管理、执法等各环节和各部门、机构和岗位，确保依据明确、岗位确定、权力确定、责任明确、赏罚有据，推动法治工作落地落实。这有利于解决法治工作推进后劲不足、逐层衰减的问题。

以法治服务经济高质量发展。法治不仅仅是照章办事，还应当以增强社会活力、促进社会公平正义、维护社会和谐稳定大局为宗旨。为此，应开展更加实质化的"增值式"政务服务改革，充分总结各地优化服务的经验，聚焦内容增值、流程增值、信息增值，构建服务方式更多样、服务体系更健全、服务效率更高、企业群众获得感满意度更强的政务服务新模式。牢固树立包容审慎监管理念，从重管理到重服务，从简单粗暴执法监管转向刚柔并济、分级分类精准执法监管。体现功能导向，推动社会各方广泛感知、参与，发挥好社会第三方力量的评估、监督功能。在执法领域，应总结中山等地行政执法社会监督员的做法，依托第三方开展评估，确保包容审慎监管、分级分类监管贯彻落实，不跑偏变样。

推进地区间法治协同深度发展。在已有立法协同、执法监管协同等探索基础上，推进法治协同达到更高水平。在立法方面，还应探索五年立法规划、年度立法计划协同；在后端，还应加强协同立法执法检查联动，就区域间关联度较大事项的法规执行实施情况同步开展监督。

突出防范风险，维护安全稳定。《法治中国建设规划（2020～2025

年）》多处提到"风险"，要求"建立健全行政执法风险防控机制"，各级领导干部要全面提高运用法治思维和法治方式"应对风险能力"，等等。2023 年，各类安全生产事故时见报端，特别是银川市兴庆区某烧烤店发生的特别重大燃气爆炸事故和齐齐哈尔市第三十四中学校体育馆楼顶坍塌事故，为各地敲响警钟，安全法治的落实仍待完善。执法部门要注重构建安全生产宣传引导监管长效机制，着力加强部门监管与属地监管，发挥好社区、民警等基层力量，形成监管合力；政府应畅通监管链条，明晰生产、运营等有关单位的权责，增强动态监管的实效性。地方政府应当更加重视生产安全执法监管和宣传引导。实践中宣传活动往往缺乏针对性，地方政府应更加重视针对经营主体的宣传工作，提高安全意识；定期组织开展相关行业工作人员培训，增强其安全生产责任感。

提升现代科技应用水平，推进法治数字化。未来必然是高度数字化、信息化时代，法治工作必须深度融入数字中国建设。在生产、生活、娱乐不断信息化的今天，必须推进法治工作深度数字化改造，将法治要求嵌入各个业务系统平台，实现以数据驱动的法治现代化。可考虑借助各类信息可视化工具，明确各个层级、部门、机构和岗位的事项、权利、义务、职责、期限、岗位风险等，确保清晰简洁、一目了然，进而破解法治推进中各自为政导致偏差错误的问题。

法治政府

Government Ruled by Law

全国政府网站及政务新媒体评估报告

摘 要： 政府网站和政务新媒体是移动互联网时代党和政府联系群众、服务群众、凝聚群众的重要渠道，是加快转变政府职能、建设服务型政府的重要手段，是引导网上舆论、构建清朗网络空间的重要阵地，有利于创新社会治理模式、提高社会治理能力。中国社会科学院国家法治指数研究中心项目组围绕政府网站建设和政务新媒体建设对全国 31 家省级政府、333 家地级市政府、抽检的 121 家县（市、区）政府进行了第三方评估。评估显示，各级政府在政府网站建设方面表现良好，政务新媒体领域建设水平还需提升，逐步打造智能便民型网上政府。

关键词： 政府网站　政务新媒体　政务服务　政务公开

一　评估背景及意义

政府网站和政务新媒体是展现政府工作的重要窗口，是网络时代政府履行职责和面向社会提供服务的重要平台，更是政府机关实现政务信息公开、服务企业和社会公众、互动交流的重要渠道。为推动政府网站与政务新媒体健康有序发展，中国社会科学院国家法治指数研究中心项目组开展了全国政府网站和政务新媒体评估。

二　评估对象、依据及方法

本次政府网站及政务新媒体的评估对象为 31 家省级政府（不包括港澳台地区）、333 家地级市政府、121 家县（市、区）政府。评估主要依据《国务院办公厅秘书局关于印发政府网站与政务新媒体检查指标、监管工作年度考核指标的通知》（国办秘函〔2019〕19 号）、《国务院办公厅关于推进政务新媒体健康有序发展的意见》（国办发〔2018〕123 号）、《国务院办公厅关于印发政府网站发展指引的通知》（国办发〔2017〕47 号）、《网络安全法》以及有关部门近年来发布的关于政府网站与政务新媒体考核的一系列文件。

本次评估中，政府网站及其二级指标主要考察政府网站功能建设和政府网站内容安全规范性（指标详见附表 1），政务新媒体及其二级指标主要考察政务新媒体建设及内容更新情况、政务新媒体内容安全准确规范性（指标详见附表 4~7）。

（一）政府网站

1. 网站功能建设：政府网站访问及信息获取是否便民

《国务院办公厅关于印发政府网站发展指引的通知》指出：政府网站要

方便公众浏览使用。因此，政府网站建设要坚持以公众需求为导向，重视倾听民意。政府网站功能建设主要是针对网站功能可用性的评估，对网站整体上是否可以正常访问以及网站上的链接是否可以正常访问的评估，分为网站可用性达标率和错误链接两大部分。此次评估是网站功能建设制度机制和群众访问体验的直观体现，同时也是对政府网站建设是否能够有序推动政务公开、优化政务服务的重要检验，意在推动建设整体联动、高效惠民的网上政府。

网站可用性达标率指的是政府网站在一定时间内可被成功访问的次数占总访问次数的比例，反映了政府网站建设对利企便民基本原则的重视以及落实程度。通常情况下，网站超过 15 秒仍打不开即被认定为访问不成功，监测频次为每天间隔性访问 20 次以上，监测时长为一周，以此周期性结果对政府网站进行评估总结。

政府网站要对发布的信息和数据进行科学分类并及时更新，确保网站发布的信息准确权威，便于公众使用。错误链接指的是网站上引用但无法访问的链接，对人民群众获取政府信息造成阻碍。网站首页上引用且无法访问的链接即首页错误链接，其余页面上引用但无法访问的链接，按照链接的类型分类：与网站首页域名相同且无法访问的链接属于内部错误链接；反之，与网站上首页域名不同且无法访问的链接属于外部错误链接；网站页面上引用到，但无法显示的图片为缺失图片错误链接；页面上引用到，但是无法打开的附件为附件错误链接。政府网站建设及运维过程中，应当在依法做好安全保障和隐私保护的前提下，以机器可读的数据格式，通过政府网站集中规范向社会开放政府数据集，并持续更新，提供正确有效的数据接口，为人民群众获取政府信息提供便利，保障人民群众知情权。

2. 网站内容安全规范性

根据政府网站发展指引，政府网站要根据《网络安全法》等要求，贯彻落实网络安全等级保护制度，采取必要措施，对攻击、侵入和破坏政府网站的行为以及影响政府网站正常运行的意外事故进行防范，确保网站稳定、可靠、安全运行。对政府网站的安全性评估，本次主要设计了暗链、伪链这两个指标。暗链指的是网站上没有明确列出的链接，但是点击可以跳转到新的页面，这个页面可能是一些不合规的网站；伪链即被伪装的链接，通常是经由非法手段借助其他公司的网址链接作伪装，植入某些违法违规链接。暗链和伪链的存在，不仅可能会对政府网站访客带来一定安全风险，同时也会间接影响政府网站的形象和信誉。政府网站是中国各级政府机关履行职能、面向社会提供服务的官方网站，是政府机关实现政务信息公开、服务企业和社会公众、互动交流的重要渠道。错链、伪链等安全性问题是建设更加全面的政务公开平台过程中需引起重视的问题。

对政府网站的内容安全规范性评估，主要包括错别字、涉密信息等。对政府网站内容规范性的评估，主要包括严重表述错误以及一般错别字。其中严重表述错误，指的是涉及国家领导人、国家重大政策、国家机关名称等特殊固定表述的错误。对政府网站涉密信息的评估，主要考察政府网站页面内容中是否出现涉及国家秘密信息或公民个人隐私信息等内容。其中国家秘密信息主要包括不应上网或不宜公开的军队番号、涉密文件、内部日常性信息等，公民个人隐私信息主要包括身份证号、家庭住址、电话号码等。

（二）政务新媒体

对政务新媒体的评估，主要考察政府单位对政务新媒体账号的建设运营情况，主要包含两个方面，一是政务新媒体建设及内容更新情况，二是对账号发布内容安全准确规范性的具体考察。

1. 政务新媒体建设及内容更新情况

各级政府部门应加强政务新媒体的规范运维管理。本次评估首先确认评估单位是否开设了新媒体账号，是否在开通后实际投入使用，是否以合理的频次更新内容。更新频率不应低于2周1次。

2. 政务新媒体内容安全准确规范性

《国务院办公厅关于推进政务新媒体健康有序发展的意见》指出，各级政府部门应做好内容保障和安全防护工作，严格落实内容发布审核制度并执行《网络安全法》等法律法规，落实安全管理责任，建立健全安全管理制度、保密审查制度和应急预案，提高政务新媒体安全防护能力。对政务新媒体内容规范以及安全性的评估，主要考察新媒体账号发布的内容中是否含有严重表述错误，是否涉嫌泄露国家秘密，是否发布或链接反动、暴力、色情等对政府形象和公信力造成不良影响的信息。

三　各指标评估情况

2022年，各级政府认真贯彻落实中共中央办公厅和国务院办公厅的要求，逐步加强和完善政府网站及政务新媒体日常管理和常态化监管工作，取得显著成效。

1. 政府网站性能逐步优化，用户体验稳步提升，政民互动渠道畅通

评估结果显示，2022年，全国政府网站的访问速度普遍维持相对良好，网站响应速度快，网站媒体资源（主要指网站上的图片、附件、音视频等媒体资源）普遍可用。各级政府网站评估排名数据显示，在省级政府网站评估排名数据中，仅有2家省级政府的网站可用性达标率平均值低于80%，93.55%的省级政府网站可用性达标率平均值高于80%；在地市级政府以及抽检的区县政府网站评估排名中，政府网站可用性达标率平均值高于80%的分别有93.09%和95.04%。从访问者角度讲，访问体验较以往有了明显提升，网页兼具美观与实用性，运行流畅，功能日趋完善，保证了政民互动渠道的畅通性。

2. 政府网站安全防护意识普遍较高

在过去一年中，各级政府网站的安全意识有所强化。各级政府部门的网站建设内容安全性达标率平均值均表现良好。省级政府、地市级政府以及抽检的区县政府网站评估排名显示，政府网站的内容安全性达标率平均值分别为97.58%、98.51%和98.68%。各级政府部门对能够引起安全攻击的内容做到及时处置、有效管理，并形成安全防护工作的常态化机制，有利于推动

政务公开工作安全有序进行。

3.政府网站和政务新媒体发布内容逐步规范化

2022年，全国政府网站和政务新媒体内容建设普遍遵照了《政府网站与政务新媒体检查指标》要求，省级政府、地市级政府以及抽检的区县政府网站评估排名显示，政府网站的内容规范性达标率平均值分别为81.89%、81.57%和89.40%，进一步完善和规范网络发布内容，规避内容安全风险。

四 评估发现的主要问题

（一）政府网站资源可用性仍需优化

实际监测抽查显示，个别政府网站仍存在访问不通畅情况，有的首页打开时间超过了规定的访问时间，存在响应慢的问题。本次评估抽取了一段时间内政府网站的首页可用情况进行监测，其中有16家省级政府单位、143家参与评估的地市级政府单位、71家抽检的区县政府单位网站可用率为100%，分别占评估对象的51.61%、42.94%、58.68%。

同时，部分政府网站仍然存在不能访问的链接。监测结果显示，25家省级政府单位、285家参与评估的地市级政府单位、85家抽检的区县政府单位网站存在首页不可用链接，分别占评估对象总数的80.65%、85.59%、70.25%。

本次评估监测的政府网站中，仅有极少单位网站未监测到任何错误链接情况。从监测结果来看，首页错误链接整体占比较少，这也是首页错误相对于其他页面错误更容易被发现、更容易及时解决的特点决定的。其他页面的错误链接，一部分是由于网站更新改版后，引用历史链接的页面因疏于维护，没有及时更新页面链接。这些错误链接出现的位置往往相对隐蔽，不易发现，维护相对困难。

总体上，政府网站访问流畅程度及信息获取的便民性仍有待加强。

（二）政府网站内容规范性及安全重视程度有待提升

部分政府网站仍然存在少量严重错误和敏感信息。对政府网站内容规范性，本次评估重点考察了严重错误、隐私泄露、一般错别字三个方面。

1. 严重错误

本次评估过程中发现，个别政府网站上存在一些严重表述错误，主要指涉国家领导人、国家重大政策、国家机关名称等特殊固定表述的错误。从评估结果看，这些存在严重错误的页面多数为历史页面，网页位置相对隐蔽，或者错误内容本身不在正文中，相对不容易察觉。

2. 隐私泄露

本次评估发现，有个别政府网站出现泄露公民隐私情况，主要为公民个人身份证号码泄露。其中有 1 家省级政府单位、9 家地市级政府单位、10 家抽检的区县政府单位监测到隐私泄露情况，分别占评估对象的 3.23%、2.70%、8.26%。

整体而言，政府网站隐私泄露情况虽然相对少见，但相比严重错误，政府网站建设中相对更易被忽略，其影响依然不容小觑，需要各级政府单位引起重视。

3. 一般错别字

本次评估发现，各级政府单位网站上普遍存在错别字以及不规范表述，其中不规范表述占大多数。

政府网站上出现的不规范表述，多为对国家政策、战略思想、国家机构名称的不规范使用，还有一部分是由于时代变迁，相关政治用语发生改变，但政府网站依然沿用了原来的书写习惯。监测结果显示，政府网站上普遍存在表述不规范的政治用语以及错别字。其中，有 2 家省级政府、55 家地市级政府、9 家抽检的区县政府网站监测到存在严重表述错误，分别占评估对象的 6.45%、16.52%、7.44%。各级政府部门必须引起重视，避免对政府网站形象以及发布内容权威性造成不良影响，影响政府公信力。

（三）政务新媒体更新情况有待改进

评估结果显示，各级政府单位普遍设立了新媒体账号，部分政府单位设立的单渠道账号超过 1 个，新媒体账号大多能够做到及时、有效更新。

从更新情况看，评估结果显示，有 31 家省级政府单位、331 家地市级政府单位的微信公众号 1 年内有内容更新，分别占评估对象的 100%、99.40%，其中 28 家省级政府单位、217 家地市级政府单位年更新量超过 1000 条。有 30 家省级政府单位、256 家地市级政府单位的官方微博账号 1 年内有内容更新，分别占评估对象的 96.77%、76.88%，其中 25 家省级政府单位、173 家地市级政府单位年更新量超过 1000 条。

（四）政务新媒体内容规范情况仍需加强

在内容规范性上，各级单位政务新媒体或多或少存在错别字，不少单位存在不规范表述，个别单位存在严重错误。

评估结果显示，有 11 家省级政府单位、144 家地市级政府单位的微信公众号存在严重错误，分别占评估对象的 35.48%、43.24%；有 5 家省级政府单位、40 家地市级政府单位的官方微博账号存在严重错误，分别占评估对象的 16.13%、12.01%。

五　未来展望

随着数字政府建设推进，各级政府网站建设应进一步提高网站可用性，注重政府网站发布内容的规范安全性，尽量避免出现严重错误或者泄露个人隐私的情况。保持政府网站工作常态化，提升各级政府的政务服务水平，更好地为企业及社会公众提供便利服务。根据中央要求，各级政府也要与时俱进做好政务新媒体建设，提高更新频率，及时发布信息，避免出现滞后；也要确保发布内容安全规范，避免出现严重表述错误或内容重大错误等问题，建立完善的政府网站与政务新媒体管理机制，创新利企便民路径和方法，使政务公开更好地服务企业群众。

附表1 省级政府网站评估排名

网站可用性达标率：权重占比30%，详细指标包括网站内部错误链接、外部错误链接、缺失图片、附件无法下载。

内容安全性达标率：权重占比20%，详细指标包括网站信息泄露、非法链接（包括暗链、伪链）。

内容规范性达标率：权重占比50%，详细指标包括网站一般性表述错误、严重表述错误以及敏感信息。

单位：%

排名	省级政府单位	网站可用性达标率	内容安全性达标率	内容规范性达标率	网站总达标率
1	上海市人民政府	99.10	98.25	96.64	97.70
2	北京市人民政府	97.34	99.50	94.24	96.22
3	贵州省人民政府	99.18	97.25	90.76	94.58
4	河北省人民政府	98.26	97.75	90.88	94.47
5	江苏省人民政府	98.12	99.00	90.04	94.26
6	新疆维吾尔自治区人民政府	97.18	97.00	89.74	93.42
7	浙江省人民政府	98.90	98.00	88.00	93.27
8	天津市人民政府	98.96	96.75	88.24	93.16
9	广东省人民政府	96.18	98.75	88.60	92.90
10	重庆市人民政府	97.36	96.25	88.12	92.52
11	内蒙古自治区人民政府	96.98	98.25	87.40	92.44
12	西藏自治区人民政府	98.70	97.00	86.02	92.02
13	青海省人民政府	98.86	96.75	85.96	91.99
13	吉林省人民政府	98.42	96.50	86.32	91.99
15	甘肃省人民政府	92.42	99.00	87.64	91.35
16	宁夏回族自治区人民政府	98.18	97.75	84.58	91.29
17	湖南省人民政府	98.52	96.75	83.86	90.84
18	广西壮族自治区人民政府	89.96	98.50	87.28	90.33

续表

排名	省级政府单位	网站可用性达标率	内容安全性达标率	内容规范性达标率	网站总达标率
19	黑龙江省人民政府	95.68	97.25	83.86	90.08
20	安徽省人民政府	86.04	99.75	85.12	88.32
21	云南省人民政府	95.48	97.25	78.10	87.14
22	四川省人民政府	92.28	96.75	76.90	85.48
23	陕西省人民政府	93.44	97.00	75.64	85.25
24	福建省人民政府	96.36	99.25	71.98	84.75
25	湖北省人民政府	88.32	96.85	74.20	82.97
26	海南省人民政府	97.06	98.00	67.80	82.62
27	辽宁省人民政府	71.70	97.25	80.74	81.33
28	山西省人民政府	91.58	96.50	68.92	81.23
29	河南省人民政府	94.88	97.50	60.68	78.30
30	江西省人民政府	97.50	96.00	57.94	77.42
31	山东省人民政府	67.22	96.75	62.26	70.65
	平均值	94.20	97.58	81.89	88.72

附表2 地级市政府网站评估排名

网站可用性达标率：权重占比30%，详细指标包括网站内部错误链接、外部错误链接、缺失图片、附件无法下载。

内容安全性达标率：权重占比20%，详细指标包括网站信息泄露、非法链接（包括暗链、伪链）。

内容规范性达标率：权重占比50%，详细指标包括网站一般性表述错误、严重表述错误以及敏感信息。

单位：%

排名	地级市政府单位	网站可用性达标率	内容安全性达标率	内容规范性达标率	网站总达标率
1	云南省迪庆州	99.56	98.50	98.44	98.79
2	安徽省安庆市	99.98	99.75	96.34	98.11

续表

排名	地级市政府单位	网站可用性达标率	内容安全性达标率	内容规范性达标率	网站总达标率
3	河南省开封市	96.58	99.25	98.52	98.08
3	四川省成都市	100.00	97.75	97.06	98.08
5	黑龙江省绥化市	99.92	98.75	96.10	97.78
6	河北省张家口市	99.60	99.25	95.62	97.54
7	山西省朔州市	99.56	99.50	95.08	97.31
7	西藏自治区拉萨市	99.16	98.00	95.92	97.31
9	海南省海口市	97.38	100.00	95.80	97.11
10	山东省菏泽市	98.12	98.25	95.98	97.08
11	河南省鹤壁市	99.58	97.75	95.26	97.05
12	浙江省舟山市	99.90	99.25	94.42	97.03
13	青海省西宁市	99.66	98.50	94.84	97.02
14	辽宁省抚顺市	97.34	97.75	96.46	96.98
15	内蒙古自治区阿拉善盟	99.28	98.50	94.84	96.90
16	湖南省长沙市	98.94	99.50	94.48	96.82
17	广东省珠海市	99.26	98.00	94.72	96.74
18	四川省甘孜州	98.24	98.75	94.90	96.67
19	湖北省武汉市	98.94	99.75	93.94	96.60
20	河南省三门峡市	98.42	98.25	94.78	96.57
21	黑龙江省大兴安岭地区	99.74	99.75	93.34	96.54
22	山东省滨州市	98.44	99.00	94.36	96.51
23	河北省唐山市	99.66	98.75	93.70	96.50
24	江苏省扬州市	99.38	99.00	93.76	96.49
25	新疆维吾尔自治区阿克苏地区	99.68	98.50	93.64	96.42
26	山西省临汾市	96.78	100.00	94.60	96.33
26	辽宁省沈阳市	99.76	100.00	92.80	96.33
28	新疆维吾尔自治区巴音郭楞蒙古自治州	99.84	98.00	93.52	96.31
29	江西省吉安市	99.42	98.25	93.48	96.22
30	黑龙江省黑河市	96.42	99.00	94.96	96.21
30	黑龙江省鹤岗市	98.62	99.75	93.34	96.21
32	甘肃省酒泉市	99.82	98.50	92.94	96.12
33	江苏省宿迁市	99.82	99.25	92.62	96.11

续表

排名	地级市政府单位	网站可用性达标率	内容安全性达标率	内容规范性达标率	网站总达标率
34	吉林省长春市	97.66	98.25	94.18	96.04
35	福建省泉州市	98.94	100.00	92.70	96.03
36	内蒙古自治区乌海市	97.82	99.75	93.34	95.97
37	云南省昆明市	98.50	100.00	92.80	95.95
38	河北省石家庄市	98.60	98.00	93.52	95.94
39	新疆维吾尔自治区阿勒泰地区	98.92	98.50	93.04	95.90
40	江西省萍乡市	99.98	99.00	91.96	95.77
41	内蒙古自治区呼和浩特市	99.38	98.50	92.44	95.73
42	河北省保定市	99.52	98.25	92.38	95.70
43	山东省聊城市	97.24	99.25	93.22	95.63
44	河北省沧州市	99.20	99.00	91.96	95.54
45	江苏省淮安市	99.98	100.00	91.00	95.49
45	青海省海北州	99.82	98.25	91.78	95.49
47	河北省衡水市	99.72	99.25	91.42	95.48
48	吉林省辽源市	99.96	98.00	91.72	95.45
49	江苏省徐州市	98.38	98.50	92.44	95.43
50	江西省鹰潭市	99.70	100.00	91.00	95.41
51	黑龙江省鸡西市	95.50	98.25	94.18	95.39
52	宁夏回族自治区银川市	99.10	98.25	91.78	95.27
53	新疆维吾尔自治区克拉玛依市	98.28	99.75	91.54	95.20
54	西藏自治区那曲市	93.16	99.75	94.54	95.17
55	浙江省宁波市	98.84	99.00	91.36	95.13
55	江苏省苏州市	97.30	99.50	92.08	95.13
57	黑龙江省齐齐哈尔市	99.84	98.25	90.58	94.89
58	江苏省镇江市	99.74	99.00	90.16	94.80
59	吉林省白山市	99.68	99.00	90.16	94.78
60	辽宁省营口市	96.42	98.25	92.38	94.77
61	浙江省湖州市	99.52	100.00	89.80	94.76
62	河南省焦作市	99.78	97.75	90.46	94.71
63	甘肃省白银市	99.62	98.75	89.90	94.59
64	吉林省四平市	100.00	98.00	89.92	94.56

续表

排名	地级市政府单位	网站可用性达标率	内容安全性达标率	内容规范性达标率	网站总达标率
65	湖南省永州市	99.20	97.75	90.46	94.54
66	湖北省十堰市	99.56	98.00	89.92	94.43
67	黑龙江省牡丹江市	99.42	98.00	89.92	94.39
68	吉林省通化市	99.82	99.25	89.02	94.31
69	河南省安阳市	99.34	98.75	89.50	94.30
70	西藏自治区山南市	99.76	98.25	89.38	94.27
71	甘肃省平凉市	97.84	99.00	90.16	94.23
71	吉林省延边朝鲜族自治州	99.92	100.00	88.50	94.23
73	湖北省襄阳市	99.04	97.75	89.86	94.19
74	新疆维吾尔自治区喀什地区	95.68	99.75	90.94	94.12
75	黑龙江省双鸭山市	98.58	98.75	89.50	94.07
75	贵州省贵阳市	97.62	97.75	90.46	94.07
77	吉林省白城市	98.02	98.25	89.98	94.05
78	陕西省铜川市	97.46	99.25	89.62	93.90
79	云南省大理州	99.68	98.00	88.72	93.86
80	四川省资阳市	97.78	98.75	89.50	93.83
81	辽宁省盘锦市	99.68	99.75	87.94	93.82
82	辽宁省辽阳市	96.64	97.75	90.46	93.77
83	福建省厦门市	100.00	98.25	88.18	93.74
84	山东省潍坊市	98.06	99.00	88.96	93.70
85	黑龙江省大庆市	99.28	98.75	88.30	93.68
86	江西省抚州市	98.20	98.75	88.90	93.66
87	西藏自治区日喀则市	93.70	98.25	91.78	93.65
88	湖北省黄石市	98.92	98.75	88.30	93.58
89	内蒙古自治区锡林郭勒盟	99.34	100.00	87.40	93.50
90	西藏自治区昌都市	93.66	99.50	90.88	93.44
91	湖南省张家界市	99.54	99.75	87.24	93.43
92	甘肃省金昌市	94.20	98.00	91.12	93.42
92	陕西省汉中市	99.46	97.75	88.06	93.42
92	甘肃省临夏州	98.86	99.25	87.82	93.42
95	辽宁省丹东市	98.94	97.75	88.06	93.26

续表

排名	地级市政府单位	网站可用性达标率	内容安全性达标率	内容规范性达标率	网站总达标率
96	辽宁省铁岭市	97.44	99.00	88.36	93.21
97	山西省阳泉市	96.78	98.50	88.84	93.15
98	甘肃省嘉峪关市	98.48	98.75	87.60	93.09
99	江苏省南京市	98.32	98.25	87.58	92.94
100	广东省佛山市	96.68	98.75	88.30	92.90
101	海南省三沙市	96.36	99.00	88.26	92.84
102	安徽省六安市	97.84	99.25	87.22	92.81
103	广西壮族自治区南宁市	99.08	99.00	86.56	92.80
104	辽宁省朝阳市	98.98	99.75	86.14	92.71
105	青海省海南州	99.78	99.75	85.54	92.65
106	内蒙古自治区鄂尔多斯市	98.90	99.50	86.08	92.61
107	青海省黄南州	99.66	98.75	85.90	92.60
108	江苏省泰州市	98.98	99.50	85.98	92.58
109	黑龙江省伊春市	98.06	98.25	86.98	92.56
109	安徽省芜湖市	87.32	98.00	93.52	92.56
111	河南省郑州市	99.84	98.25	85.78	92.49
112	河北省邯郸市	98.00	99.25	86.42	92.46
113	河北省承德市	99.20	97.75	86.26	92.44
114	江西省上饶市	98.90	100.00	85.50	92.42
115	广西壮族自治区钦州市	98.92	99.75	85.54	92.40
116	河南省洛阳市	90.42	98.25	91.18	92.37
117	四川省阿坝州	98.94	98.25	85.78	92.22
118	宁夏回族自治区固原市	98.46	99.50	85.48	92.18
119	宁夏回族自治区吴忠市	97.84	99.00	85.96	92.13
120	安徽省宿州市	96.74	98.00	86.92	92.08
121	陕西省商洛市	99.30	99.25	84.82	92.05
122	广东省潮州市	98.28	98.25	85.78	92.02
122	内蒙古自治区兴安盟	98.68	99.75	84.94	92.02
124	西藏自治区林芝市	94.52	99.00	87.66	91.99
125	广西壮族自治区来宾市	98.10	99.00	85.36	91.91
126	四川省宜宾市	99.18	99.75	84.34	91.87

续表

排名	地级市政府单位	网站可用性达标率	内容安全性达标率	内容规范性达标率	网站总达标率
127	安徽省淮北市	98.58	99.25	84.82	91.83
128	江西省南昌市	99.00	99.75	84.34	91.82
129	四川省达州市	98.66	100.00	84.40	91.80
130	四川省巴中市	96.40	98.25	86.38	91.76
131	山东省日照市	98.46	99.00	84.76	91.72
132	辽宁省阜新市	99.18	98.25	84.58	91.69
133	贵州省黔东南苗族侗族自治州	99.84	98.50	84.04	91.67
134	广东省深圳市	97.52	98.75	85.30	91.66
135	浙江省台州市	99.58	97.75	84.46	91.65
136	黑龙江省哈尔滨市	95.16	98.25	86.88	91.64
137	浙江省杭州市	99.56	99.50	83.68	91.61
138	广西壮族自治区百色市	98.02	97.75	85.06	91.49
139	山东省青岛市	97.70	98.75	84.70	91.41
140	新疆维吾尔自治区哈密市	99.90	98.50	83.44	91.39
141	黑龙江省佳木斯市	99.32	99.00	83.56	91.38
142	甘肃省甘南州	98.36	100.00	83.60	91.31
143	辽宁省鞍山市	99.76	98.25	83.38	91.27
144	辽宁省大连市	98.76	99.00	83.56	91.21
145	江苏省南通市	99.74	99.00	82.96	91.20
146	甘肃省兰州市	90.36	100.00	88.00	91.11
147	青海省海西州	99.48	99.75	82.54	91.06
147	广西壮族自治区桂林市	98.52	98.75	83.50	91.06
149	河南省信阳市	98.04	98.25	83.98	91.05
150	湖北省黄冈市	98.48	98.55	83.56	91.03
151	甘肃省张掖市	96.48	97.75	85.06	91.02
152	浙江省温州市	99.02	99.00	82.96	90.99
153	江西省赣州市	99.44	97.75	83.16	90.96
154	云南省红河州	99.04	98.25	83.18	90.95
155	贵州省遵义市	99.14	98.75	82.90	90.94
156	贵州省铜仁市	99.30	99.50	82.48	90.93
156	云南省丽江市	97.72	99.25	83.52	90.93

排名	地级市政府单位	网站可用性达标率	内容安全性达标率	内容规范性达标率	网站总达标率
158	四川省乐山市	97.68	99.00	83.56	90.88
159	河南省周口市	99.86	97.75	82.66	90.84
160	湖北省恩施土家族苗族自治州	97.90	97.75	83.76	90.80
161	新疆维吾尔自治区伊犁哈萨克自治州	99.28	99.25	81.72	90.49
162	山西省晋城市	99.70	98.25	81.58	90.35
163	吉林省松原市	98.86	98.00	82.12	90.32
164	山东省淄博市	98.60	100.00	81.40	90.28
165	贵州省毕节市	99.54	99.00	81.16	90.24
166	贵州省黔西南布依族苗族自治州	95.64	99.75	83.14	90.21
167	甘肃省陇南市	90.58	97.75	86.86	90.15
168	山西省大同市	83.46	98.75	90.70	90.14
169	河北省邢台市	91.68	98.25	85.78	90.04
170	安徽省合肥市	94.42	99.00	83.56	89.91
171	山西省晋中市	99.60	97.75	80.86	89.86
172	山西省吕梁市	99.58	97.75	80.86	89.85
173	湖北省孝感市	94.72	98.50	83.44	89.84
173	辽宁省葫芦岛市	93.72	98.50	84.04	89.84
175	浙江省衢州市	97.22	97.75	82.06	89.75
176	广西壮族自治区河池市	95.14	98.50	82.84	89.66
177	湖南省常德市	99.56	99.50	79.38	89.46
178	广西壮族自治区梧州市	95.08	98.75	82.30	89.42
179	新疆维吾尔自治区克孜勒苏柯尔克孜自治州	99.16	99.50	79.48	89.39
180	陕西省宝鸡市	92.96	99.50	83.08	89.33
181	江西省新余市	99.58	97.75	79.66	89.25
182	陕西省咸阳市	98.58	98.50	79.84	89.19
182	西藏自治区阿里地区	99.26	98.00	79.62	89.19
184	湖南省湘西自治州	99.44	98.75	79.20	89.18
185	安徽省铜陵市	99.46	98.75	78.70	88.94
186	广东省阳江市	97.44	99.50	79.48	88.87
187	辽宁省锦州市	97.68	98.25	79.78	88.84
187	陕西省渭南市	99.68	98.25	78.58	88.84

排名	地级市政府单位	网站可用性达标率	内容安全性达标率	内容规范性达标率	网站总达标率
187	贵州省黔南布依族苗族自治州	94.04	99.00	81.66	88.84
190	黑龙江省七台河市	93.08	97.75	82.56	88.75
190	安徽省黄山市	85.04	99.50	86.68	88.75
192	吉林省吉林市	97.92	99.50	78.88	88.72
193	湖北省宜昌市	98.42	98.00	79.12	88.69
194	新疆维吾尔自治区昌吉回族自治州	98.42	99.75	78.34	88.65
195	海南省三亚市	93.68	98.25	81.58	88.54
196	浙江省金华市	96.52	99.25	79.42	88.52
197	广东省清远市	98.58	98.25	78.58	88.51
197	甘肃省庆阳市	97.84	98.00	79.12	88.51
199	浙江省嘉兴市	97.08	98.25	79.18	88.36
200	贵州省六盘水市	99.28	98.00	77.92	88.34
201	广西壮族自治区玉林市	98.18	99.00	78.16	88.33
202	四川省广安市	99.02	99.00	77.56	88.29
203	内蒙古自治区巴彦淖尔市	99.70	99.25	77.02	88.27
204	宁夏回族自治区石嘴山市	90.52	99.25	82.42	88.22
205	河南省新乡市	98.72	98.00	77.92	88.18
206	云南省普洱市	96.84	97.75	79.06	88.13
207	湖南省娄底市	97.12	99.00	78.16	88.02
208	广西壮族自治区贺州市	99.34	97.75	77.26	87.98
209	新疆维吾尔自治区塔城地区	67.36	98.50	96.04	87.93
209	云南省曲靖市	97.82	99.00	77.56	87.93
211	江苏省盐城市	98.96	98.75	76.90	87.89
212	内蒙古自治区乌兰察布市	98.38	98.25	77.38	87.85
213	湖南省株洲市	97.56	98.00	77.92	87.83
214	湖北省咸宁市	97.74	98.75	77.50	87.82
215	宁夏回族自治区中卫市	98.82	98.50	76.84	87.77
216	内蒙古自治区通辽市	97.00	99.25	77.62	87.76
217	江西省宜春市	99.72	97.75	76.56	87.75
218	河南省许昌市	98.86	99.25	76.42	87.72
218	浙江省丽水市	99.32	99.75	75.94	87.72
220	湖北省鄂州市	98.98	99.00	76.36	87.67

续表

排名	地级市政府单位	网站可用性达标率	内容安全性达标率	内容规范性达标率	网站总达标率
221	广西壮族自治区崇左市	97.86	99.00	76.96	87.64
222	陕西省榆林市	97.04	97.75	77.86	87.59
223	广西壮族自治区柳州市	98.38	98.25	76.78	87.55
223	湖南省郴州市	97.76	99.75	76.54	87.55
225	湖南省怀化市	99.14	99.25	75.82	87.50
225	安徽省滁州市	98.72	97.75	76.66	87.50
227	安徽省马鞍山市	95.70	97.75	78.36	87.44
228	湖南省岳阳市	97.92	99.00	76.36	87.36
229	新疆维吾尔自治区吐鲁番市	76.68	99.25	88.92	87.31
230	云南省西双版纳州	99.80	99.00	75.06	87.27
231	广西壮族自治区贵港市	98.10	98.50	76.24	87.25
232	山西省太原市	95.96	99.50	77.08	87.23
233	湖南省邵阳市	96.94	98.50	76.84	87.20
234	安徽省淮南市	98.32	99.00	75.76	87.18
235	河南省商丘市	96.40	98.75	76.30	86.82
236	四川省内江市	95.32	99.50	76.48	86.74
237	贵州省安顺市	96.54	98.25	76.18	86.70
238	新疆维吾尔自治区和田地区	81.88	98.50	84.64	86.58
239	四川省绵阳市	95.82	98.50	76.24	86.57
240	云南省楚雄州	96.52	98.75	75.60	86.51
241	青海省果洛州	94.16	98.50	76.84	86.37
242	四川省眉山市	98.06	99.50	74.08	86.36
243	江西省景德镇市	99.90	98.50	73.24	86.29
244	山西省忻州市	98.74	98.50	73.74	86.19
244	山西省运城市	99.00	98.25	73.68	86.19
246	内蒙古自治区包头市	98.98	99.00	73.26	86.12
247	湖北省荆州市	71.64	98.75	89.50	85.99
248	山西省长治市	94.22	99.75	75.34	85.89
249	安徽省蚌埠市	60.74	100.00	95.28	85.82
250	山东省泰安市	96.10	99.50	74.08	85.77
251	云南省文山州	99.64	98.25	72.28	85.68
252	四川省泸州市	93.74	99.50	75.28	85.66
252	河南省平顶山市	98.44	99.00	72.66	85.66

排名	地级市政府单位	网站可用性达标率	内容安全性达标率	内容规范性达标率	网站总达标率
254	浙江省绍兴市	98.56	99.50	72.18	85.56
255	广东省肇庆市	91.28	99.50	76.48	85.52
256	四川省南充市	96.52	98.25	73.78	85.50
257	内蒙古自治区呼伦贝尔市	87.12	99.50	78.88	85.48
258	云南省昭通市	93.98	97.45	75.46	85.41
259	河北省廊坊市	99.78	98.00	71.32	85.19
260	河南省驻马店市	78.16	98.25	83.38	84.79
261	广东省东莞市	96.68	97.75	72.46	84.78
262	江苏省常州市	93.94	97.75	73.66	84.56
263	山东省济南市	89.86	97.75	76.06	84.54
264	安徽省池州市	93.16	99.25	73.32	84.46
264	广东省中山市	97.52	98.75	70.90	84.46
266	辽宁省本溪市	99.54	97.75	70.06	84.44
267	陕西省西安市	90.24	98.50	75.04	84.29
267	广东省河源市	98.50	98.25	70.18	84.29
269	湖北省荆门市	95.62	97.85	71.92	84.22
270	山东省威海市	83.14	98.50	79.14	84.21
271	陕西省延安市	94.84	98.75	72.00	84.20
272	江西省九江市	92.14	99.75	72.94	84.06
273	广西壮族自治区北海市	97.98	98.00	70.02	84.00
274	山东省临沂市	97.70	99.75	69.34	83.93
275	湖北省随州市	94.54	97.00	72.22	83.87
276	广西壮族自治区防城港市	97.22	97.75	70.06	83.75
277	湖南省衡阳市	98.68	99.00	68.56	83.68
278	山东省德州市	91.74	98.25	72.58	83.46
279	广东省广州市	96.84	97.75	69.46	83.33
279	河南省南阳市	97.66	99.00	68.46	83.33
281	甘肃省武威市	90.62	98.00	73.02	83.30
282	安徽省亳州市	86.34	98.00	75.52	83.26
283	河南省濮阳市	60.62	90.05	93.88	83.14
284	安徽省宣城市	85.90	99.75	74.14	82.79
285	江苏省无锡市	65.28	98.25	86.38	82.42
286	山东省烟台市	92.48	98.50	69.54	82.21

续表

排名	地级市政府单位	网站可用性达标率	内容安全性达标率	内容规范性达标率	网站总达标率
287	海南省儋州市	94.20	98.25	68.38	82.10
288	新疆维吾尔自治区博尔塔拉蒙古自治州	97.18	100.00	65.80	82.05
289	云南省临沧市	93.76	99.25	68.02	81.99
290	山东省枣庄市	96.34	97.75	66.96	81.93
291	四川省自贡市	97.04	99.10	65.52	81.69
291	广东省惠州市	93.10	98.00	68.32	81.69
293	青海省海东市	88.08	99.75	70.54	81.64
294	广东省揭阳市	92.66	99.75	67.54	81.52
295	四川省广元市	99.94	94.55	65.22	81.50
296	内蒙古自治区赤峰市	98.84	99.00	63.16	81.03
297	四川省德阳市	96.50	97.75	64.66	80.83
298	江苏省连云港市	76.02	99.00	76.36	80.79
299	河北省秦皇岛市	84.72	99.75	70.54	80.64
300	新疆维吾尔自治区乌鲁木齐市	77.72	99.25	74.02	80.18
301	甘肃省定西市	89.06	98.30	67.48	80.12
302	四川省雅安市	95.90	99.75	62.74	80.09
303	福建省南平市	98.62	99.75	60.94	80.01
304	广东省湛江市	85.74	99.00	67.96	79.50
305	四川省攀枝花市	81.42	98.75	69.70	79.03
306	河南省漯河市	99.22	28.95	86.74	78.93
307	福建省龙岩市	61.98	98.00	80.92	78.65
308	广东省汕头市	90.52	98.25	63.48	78.55
309	云南省怒江州	99.06	99.25	57.22	78.18
310	福建省漳州市	96.90	98.75	57.60	77.62
311	广东省云浮市	77.56	98.50	68.44	77.19
312	云南省玉溪市	95.92	98.50	57.04	77.00
313	福建省三明市	60.66	98.75	76.90	76.40
314	四川省凉山州	98.54	98.75	54.00	76.31
315	广东省韶关市	63.60	98.25	74.98	76.22
316	福建省宁德市	61.10	99.50	74.68	75.57

排名	地级市政府单位	网站可用性 达标率	内容安全性 达标率	内容规范性 达标率	网站总 达标率
317	山东省济宁市	60.28	98.25	75.58	75.52
318	甘肃省天水市	62.20	97.75	74.26	75.34
319	青海省玉树州	93.82	98.25	54.78	75.19
320	福建省莆田市	63.94	98.00	72.42	74.99
321	云南省保山市	91.36	99.75	54.94	74.83
322	湖南省湘潭市	93.98	100.00	52.60	74.49
323	福建省福州市	60.40	99.50	72.88	74.46
324	广东省汕尾市	87.06	97.75	56.26	73.80
325	广东省梅州市	84.98	97.75	56.26	73.17
326	广东省茂名市	62.80	98.00	67.72	72.30
327	云南省德宏州	92.86	99.75	47.34	71.48
328	四川省遂宁市	60.58	99.00	65.56	70.75
329	安徽省阜阳市	81.14	99.50	52.88	70.68
330	湖南省益阳市	74.58	99.50	55.98	70.26
331	陕西省安康市	98.96	98.75	41.50	70.19
332	山东省东营市	60.98	100.00	56.00	66.29
333	广东省江门市	60.48	98.00	53.92	64.70
	平均值	94.91	98.51	81.57	88.96

附表3　抽检的区县政府网站评估排名

网站可用性达标率：权重占比 30%，详细指标包括网站内部错误链接、外部错误链接、缺失图片、附件无法下载。

内容安全性达标率：权重占比 20%，详细指标包括网站信息泄露、非法链接（包括暗链、伪链）。

内容规范性达标率：权重占比 50%，详细指标包括网站一般性表述错误、严重表述错误以及敏感信息。

单位：%

排名	区县政府单位	网站可用性达标率	内容安全性达标率	内容规范性达标率	网站总达标率
1	哈尔滨市道里区人民政府	98.86	100.00	98.20	98.76
2	合肥市蜀山区人民政府	99.72	98.75	97.90	98.62
3	湖州市长兴县人民政府	99.96	99.25	97.42	98.55
4	安阳市汤阴县人民政府	99.82	97.75	97.66	98.33
5	南京市建邺区人民政府	98.18	100.00	97.60	98.25
6	苏州市太仓市人民政府	99.76	98.20	97.24	98.19
7	天津市武清区人民政府	99.92	100.00	96.40	98.18
8	苏州市吴江区人民政府	99.54	97.75	97.06	97.94
9	南通市启东市人民政府	99.58	100.00	95.80	97.77
10	唐山市曹妃甸区人民政府	99.68	98.55	96.06	97.64
11	南京市溧水区人民政府	99.06	99.00	96.16	97.60
12	固原市彭阳县人民政府	98.94	99.75	95.74	97.50
13	上海市虹口区人民政府	97.50	100.00	96.40	97.45
14	郑州市中原区人民政府	99.80	100.00	94.60	97.24
15	沧州市任丘市人民政府	99.84	97.75	95.26	97.13
16	苏州市虎丘区人民政府	99.92	98.25	94.78	97.02
17	呼和浩特市新城区人民政府	99.22	99.75	94.54	96.99
18	嘉兴市桐乡市人民政府	99.96	98.50	94.24	96.81
19	济南市历下区人民政府	99.64	98.75	94.30	96.79
19	苏州市昆山市人民政府	98.62	98.75	94.90	96.79
21	武汉市江岸区人民政府	99.26	98.00	94.72	96.74
22	兰州市城关区人民政府	99.38	97.75	94.66	96.69
23	天津市河西区人民政府	99.82	95.90	94.90	96.58
24	重庆市渝中区人民政府	98.98	99.50	93.88	96.53
25	成都市双流区人民政府	99.30	99.00	93.76	96.47
26	吴忠市青铜峡市人民政府	97.68	99.50	94.48	96.44
27	宜宾市翠屏区人民政府	99.66	98.50	93.64	96.42
28	泉州市南安市人民政府	96.78	98.25	95.38	96.37
29	贵阳市观山湖区人民政府	98.18	100.00	93.40	96.15
30	天津市南开区人民政府	98.56	98.50	93.64	96.09
31	南通市如皋市人民政府	99.74	98.25	92.98	96.06
32	扬州市江都区人民政府	99.08	98.50	93.04	95.94
33	无锡市江阴市人民政府	99.42	98.50	92.44	95.75

续表

排名	区县政府单位	网站可用性 达标率	内容安全性 达标率	内容规范性 达标率	网站总 达标率
34	泉州市石狮市人民政府	98.20	97.75	93.46	95.74
35	温州市乐清市人民政府	99.96	98.75	91.90	95.69
36	苏州市张家港市人民政府	99.78	99.25	91.42	95.49
37	成都市武侯区人民政府	98.74	98.25	92.38	95.46
38	南通市通州区人民政府	99.80	98.00	91.72	95.40
38	南宁市青秀区人民政府	98.92	99.75	91.54	95.40
40	沈阳市浑南区人民政府	93.26	99.00	94.96	95.26
41	徐州市铜山区人民政府	98.04	98.25	92.38	95.25
42	遵义市播州区人民政府	98.88	99.25	91.42	95.22
42	长沙市岳麓区人民政府	99.66	98.50	91.24	95.22
44	杭州市余杭区人民政府	99.60	98.25	91.18	95.12
45	北京市东城区人民政府	95.26	98.50	93.64	95.10
46	郑州市上街区人民政府	99.98	99.25	90.22	94.95
47	嘉兴市海宁市人民政府	99.34	99.75	90.34	94.92
48	宿州市灵璧县人民政府	98.56	98.25	91.18	94.81
49	佛山市顺德区人民政府	95.60	99.75	92.14	94.70
50	温州市瑞安市人民政府	99.66	99.40	89.80	94.68
50	六安市金寨县人民政府	99.52	99.75	89.74	94.68
52	上海市浦东新区人民政府	97.18	99.00	91.36	94.63
53	黔西南布依族苗族 自治州贞丰县人民政府	99.02	100.00	89.60	94.51
54	苏州市常熟市人民政府	99.46	98.00	89.92	94.40
55	温州市瓯海区人民政府	98.10	98.25	90.58	94.37
56	六安市裕安区人民政府	95.78	99.00	91.36	94.21
57	长沙市雨花区人民政府	99.74	98.00	89.32	94.18
58	百色市平果市人民政府	98.98	98.45	89.50	94.13
59	长沙市浏阳市人民政府	99.64	99.50	88.48	94.03
60	上海市徐汇区人民政府	97.18	99.75	89.74	93.97
61	遵义市仁怀市人民政府	98.48	98.20	89.44	93.90
62	宁波市余姚市人民政府	97.92	99.50	89.08	93.82
63	威海市荣成市人民政府	99.36	98.00	88.72	93.77
64	深圳市罗湖区人民政府	96.94	100.00	89.20	93.68
64	北京市西城区人民政府	89.00	99.00	94.36	93.68

续表

排名	区县政府单位	网站可用性达标率	内容安全性达标率	内容规范性达标率	网站总达标率
66	宁波市鄞州区人民政府	99.58	99.25	87.82	93.63
66	南昌市东湖区人民政府	98.64	98.25	88.78	93.63
68	杭州市上城区人民政府	99.90	97.75	88.06	93.55
69	长沙市天心区人民政府	98.72	99.75	87.94	93.54
70	盐城市大丰区人民政府	99.66	98.25	87.58	93.34
71	宜昌市宜都市人民政府	99.64	99.50	86.68	93.13
72	西安市未央区人民政府	99.00	98.75	87.10	93.00
72	常州市武进区人民政府	99.72	99.00	86.56	93.00
74	广州市越秀区人民政府	98.46	98.25	87.58	92.98
75	银川市灵武市人民政府	99.36	98.25	86.98	92.95
76	上海市金山区人民政府	97.48	99.75	87.34	92.86
77	贵港市桂平市人民政府	99.66	99.75	85.54	92.62
78	玉溪市红塔区人民政府	98.14	99.00	86.56	92.52
79	常州市溧阳市人民政府	98.98	98.25	86.28	92.48
80	绍兴市诸暨市人民政府	99.46	98.50	85.84	92.46
81	银川市贺兰县人民政府	99.36	99.50	85.48	92.45
82	哈尔滨市松北区人民政府	92.66	98.25	89.98	92.44
83	重庆市奉节县人民政府	98.36	100.00	85.60	92.31
84	泉州市晋江市人民政府	95.58	99.75	87.34	92.29
85	西安市雁塔区人民政府	97.40	97.75	86.86	92.20
86	北京市通州区人民政府	97.38	97.75	86.86	92.19
87	宁波市宁海县人民政府	99.02	99.00	85.26	92.14
88	杭州市拱墅区人民政府	99.82	87.35	88.90	91.87
89	长沙市长沙县人民政府	99.80	99.00	84.16	91.82
90	合肥市庐阳区人民政府	96.42	99.00	85.96	91.71
91	烟台市龙口市人民政府	97.78	99.50	84.88	91.67
92	佛山市南海区人民政府	78.18	98.75	96.60	91.50
93	六盘水市六枝特区人民政府	95.08	98.50	86.44	91.44
94	贵阳市南明区人民政府	98.86	99.75	83.64	91.43
95	广州市黄埔区人民政府	97.86	98.25	84.58	91.30
96	台州市温岭市人民政府	93.70	97.85	86.92	91.14
97	佛山市禅城区人民政府	97.42	100.00	83.80	91.13
98	青岛市胶州市人民政府	97.80	97.75	84.46	91.12

排名	区县政府单位	网站可用性达标率	内容安全性达标率	内容规范性达标率	网站总达标率
99	天津市滨海新区人民政府	99.78	99.50	82.48	91.07
100	广州市海珠区人民政府	96.50	97.75	85.06	91.03
101	金华市东阳市人民政府	95.28	98.25	85.18	90.82
102	北京市朝阳区人民政府	78.86	98.75	94.20	90.51
103	杭州市萧山区人民政府	98.18	98.25	82.78	90.49
104	无锡市宜兴市人民政府	99.64	98.50	81.64	90.41
105	宁波市江北区人民政府	99.12	98.25	81.94	90.36
106	惠州市博罗县人民政府	95.18	98.00	83.32	89.81
106	宁波市慈溪市人民政府	99.30	99.75	80.14	89.81
108	昆明市盘龙区人民政府	99.66	98.00	80.32	89.66
109	上海市普陀区人民政府	98.14	98.75	79.90	89.14
110	黄山市徽州区人民政府	74.58	99.25	93.82	89.13
111	鄂尔多斯市东胜区人民政府	94.60	98.25	82.18	89.12
111	南昌市南昌县人民政府	83.12	97.75	89.26	89.12
113	南宁市西乡塘区人民政府	99.58	96.20	79.72	88.97
114	昆明市官渡区人民政府	97.60	99.75	77.74	88.10
115	福州市鼓楼区人民政府	71.40	97.75	92.86	87.40
116	榆林市榆阳区人民政府	99.44	99.50	74.68	87.07
117	上海市黄浦区人民政府	92.84	97.75	78.96	86.88
118	昆明市安宁市人民政府	96.08	100.00	76.00	86.82
119	北京市海淀区人民政府	76.54	99.00	87.76	86.64
120	福州市福清市人民政府	70.00	98.25	84.58	82.94
121	金华市义乌市人民政府	86.38	98.00	64.02	77.52
	平均值	96.97	98.68	89.40	93.53

附表4 省级政府政务微信评估排名

信息更新达标率：权重占比 30%；一般错误达标率：权重占比 30%；严重错误达标率：权重占比 40%。

若该单位未开设该渠道官方账号、开设账号但近一年没有更新内容或因特殊原因内容无法监测，则该单位不计入排名。

单位：%

排名	省级政府政务微信	信息更新达标率	一般错误达标率	严重错误达标率	总达标率
1	上海市	99.50	95.00	98.00	97.55
2	江西省	92.50	94.70	98.00	95.36
3	陕西省	86.50	93.20	99.00	93.51
4	山西省	83.50	94.15	100.00	93.30
5	海南省	80.00	94.40	100.00	92.32
6	内蒙古自治区	82.50	93.75	98.00	92.08
7	江苏省	82.50	91.90	99.00	91.92
8	贵州省	79.50	93.50	100.00	91.90
9	河南省	78.00	94.10	100.00	91.63
10	浙江省	78.50	93.50	100.00	91.60
11	辽宁省	82.50	93.45	97.00	91.59
12	重庆市	81.00	93.35	98.00	91.51
13	四川省	77.50	94.15	100.00	91.50
14	北京市	77.00	93.85	100.00	91.26
15	湖北省	80.00	93.45	98.00	91.24
16	云南省	80.00	90.75	100.00	91.23
17	天津市	77.00	93.15	100.00	91.05
18	广西壮族自治区	82.50	92.05	96.00	90.77
19	湖南省	78.00	92.30	99.00	90.69
20	黑龙江省	75.50	93.25	100.00	90.63
21	河北省	76.00	92.55	100.00	90.57
22	山东省	74.50	93.65	100.00	90.45
23	甘肃省	75.00	91.70	100.00	90.01
24	青海省	72.50	93.55	100.00	89.82
25	安徽省	84.50	94.10	90.00	89.58
26	福建省	71.50	91.30	100.00	88.84
27	广东省	70.50	90.50	100.00	88.30
28	吉林省	69.50	90.05	100.00	87.87
29	新疆维吾尔自治区	69.00	88.95	100.00	87.39
30	宁夏回族自治区	68.00	89.80	100.00	87.34
31	西藏自治区	64.50	87.65	100.00	85.65
	平均值	78.37	92.64	99.03	90.92

附表5 地级市政府政务微信评估排名

信息更新达标率：权重占比 30%；一般错误达标率：权重占比 30%；严重错误达标率：权重占比 40%。

若该单位未开设该渠道官方账号、开设账号但近一年没有更新内容或因特殊原因内容无法监测，则该单位不计入排名。

单位：%

排名	地级市政府政务微信	信息更新达标率	一般错误达标率	严重错误达标率	总达标率
1	广东省深圳市	99.50	92.60	99.00	97.23
2	云南省西双版纳州	98.50	90.95	100.00	96.84
3	四川省巴中市	97.50	93.15	99.00	96.80
4	广东省佛山市	97.50	93.45	98.00	96.49
5	福建省漳州市	98.00	89.20	100.00	96.16
6	四川省成都市	95.50	91.55	100.00	96.12
7	云南省玉溪市	93.50	92.40	100.00	95.77
8	吉林省长春市	94.50	92.50	99.00	95.70
9	云南省文山州	90.50	91.50	100.00	94.60
10	广东省汕头市	97.50	92.35	94.00	94.56
10	安徽省芜湖市	90.00	91.85	100.00	94.56
12	新疆维吾尔自治区喀什地区	89.50	91.00	100.00	94.15
13	吉林省通化市	89.00	92.70	99.00	94.11
14	四川省乐山市	89.00	92.55	99.00	94.07
15	辽宁省鞍山市	94.00	94.20	94.00	94.06
16	浙江省丽水市	88.50	92.95	98.00	93.64
17	四川省泸州市	85.50	92.85	100.00	93.51
18	陕西省西安市	89.00	91.45	98.00	93.34
19	浙江省杭州市	85.00	92.75	100.00	93.33
20	河南省平顶山市	84.50	92.90	100.00	93.22
21	四川省宜宾市	84.50	92.45	100.00	93.09
22	西藏自治区拉萨市	88.00	92.55	97.00	92.97
22	新疆维吾尔自治区哈密市	83.00	93.55	100.00	92.97

续表

排名	地级市政府政务微信	信息更新达标率	一般错误达标率	严重错误达标率	总达标率
24	四川省眉山市	88.50	91.70	97.00	92.86
25	贵州省毕节市	85.50	91.75	99.00	92.78
26	贵州省贵阳市	90.00	92.55	95.00	92.77
27	云南省昆明市	83.50	92.35	100.00	92.76
28	吉林省白山市	90.50	91.90	95.00	92.72
29	安徽省合肥市	84.00	93.00	99.00	92.70
30	安徽省宿州市	88.00	87.45	100.00	92.64
31	四川省德阳市	83.50	93.20	99.00	92.61
32	四川省达州市	83.00	92.20	100.00	92.56
33	浙江省温州市	82.50	92.65	100.00	92.55
34	河北省廊坊市	82.50	92.50	100.00	92.50
35	江苏省南京市	82.50	92.05	100.00	92.37
36	广东省韶关市	83.00	92.20	99.00	92.16
36	湖南省郴州市	81.50	92.35	100.00	92.16
38	湖南省常德市	84.50	91.95	98.00	92.14
38	江苏省泰州市	82.00	91.80	100.00	92.14
38	浙江省湖州市	81.50	92.30	100.00	92.14
41	海南省三亚市	83.50	92.75	98.00	92.08
42	浙江省衢州市	80.50	92.75	100.00	91.98
43	浙江省嘉兴市	83.50	92.35	98.00	91.96
44	新疆维吾尔自治区阿勒泰地区	82.00	91.10	100.00	91.93
44	河南省漯河市	81.00	92.10	100.00	91.93
46	辽宁省大连市	80.50	92.30	100.00	91.84
47	河南省郑州市	80.00	92.75	100.00	91.83
48	黑龙江省佳木斯市	80.50	92.20	100.00	91.81
49	黑龙江省哈尔滨市	80.50	92.15	100.00	91.80
50	安徽省黄山市	81.50	92.45	99.00	91.79
51	浙江省台州市	84.50	92.10	97.00	91.78
52	广西壮族自治区玉林市	88.00	92.45	94.00	91.74
53	四川省绵阳市	80.00	91.90	100.00	91.57
54	江苏省常州市	83.00	90.20	99.00	91.56
55	浙江省舟山市	80.50	92.65	99.00	91.55
56	河南省三门峡市	79.50	92.25	100.00	91.53

排名	地级市政府政务微信	信息更新达标率	一般错误达标率	严重错误达标率	总达标率
57	湖北省十堰市	78.50	93.25	100.00	91.53
58	青海省海北州	81.50	90.20	100.00	91.51
59	湖北省咸宁市	80.00	91.60	100.00	91.48
60	新疆维吾尔自治区和田地区	81.00	90.55	100.00	91.47
61	安徽省宣城市	80.00	92.80	99.00	91.44
62	安徽省淮南市	83.00	91.10	98.00	91.43
63	云南省曲靖市	79.00	92.25	100.00	91.38
64	四川省南充市	78.00	93.05	100.00	91.32
65	湖北省宜昌市	81.50	92.10	98.00	91.28
66	内蒙古自治区呼和浩特市	81.50	93.40	97.00	91.27
67	广西壮族自治区防城港市	83.50	91.35	97.00	91.26
68	贵州省黔东南苗族侗族自治州	80.00	90.70	100.00	91.21
69	河南省信阳市	79.00	93.00	99.00	91.20
70	安徽省阜阳市	81.50	91.80	98.00	91.19
70	安徽省六安市	80.50	92.80	98.00	91.19
72	广东省潮州市	82.50	92.10	97.00	91.18
73	广西壮族自治区梧州市	85.00	92.05	95.00	91.12
74	广东省湛江市	78.50	91.80	100.00	91.09
75	山东省淄博市	77.00	93.10	100.00	91.03
76	内蒙古自治区赤峰市	78.50	91.50	100.00	91.00
77	江苏省盐城市	81.00	91.60	98.00	90.98
78	黑龙江省七台河市	82.50	92.65	96.00	90.95
79	四川省广元市	77.50	92.30	100.00	90.94
80	湖南省湘潭市	78.00	91.70	100.00	90.91
81	广东省惠州市	78.50	92.50	99.00	90.90
82	安徽省马鞍山市	80.00	92.15	98.00	90.85
83	江西省景德镇市	77.50	91.85	100.00	90.81
84	湖北省孝感市	80.50	92.75	97.00	90.78
84	四川省遂宁市	77.50	91.75	100.00	90.78
86	贵州省六盘水市	79.00	91.50	99.00	90.75
87	海南省海口市	84.00	93.05	94.00	90.72
88	辽宁省盘锦市	78.00	92.35	99.00	90.71
89	青海省果洛州	81.00	88.00	100.00	90.70

续表

排名	地级市政府政务微信	信息更新达标率	一般错误达标率	严重错误达标率	总达标率
90	江西省鹰潭市	78.00	92.30	99.00	90.69
91	河南省商丘市	79.00	91.10	99.00	90.63
92	河北省沧州市	84.00	91.40	95.00	90.62
93	青海省海西州	78.00	90.70	100.00	90.61
93	陕西省商洛市	77.00	91.70	100.00	90.61
95	湖北省黄石市	84.00	92.65	94.00	90.60
95	辽宁省营口市	76.00	92.65	100.00	90.60
97	陕西省汉中市	81.00	91.50	97.00	90.55
97	河南省安阳市	76.50	92.00	100.00	90.55
99	河北省石家庄市	77.00	91.45	100.00	90.54
100	四川省凉山州	79.00	89.40	100.00	90.52
101	湖北省随州市	76.50	91.80	100.00	90.49
102	河北省张家口市	80.50	90.40	98.00	90.47
103	安徽省安庆市	77.00	92.50	99.00	90.45
103	云南省大理州	77.00	91.15	100.00	90.45
105	云南省保山市	77.00	92.45	99.00	90.44
106	辽宁省辽阳市	74.50	93.60	100.00	90.43
107	山东省潍坊市	79.00	91.55	98.00	90.37
107	四川省甘孜州	76.00	91.90	100.00	90.37
109	山东省东营市	76.00	91.85	100.00	90.36
110	山西省晋中市	76.50	91.30	100.00	90.34
111	贵州省黔南布依族苗族自治州	78.00	91.05	99.00	90.32
112	青海省西宁市	76.50	91.15	100.00	90.30
113	山西省阳泉市	79.00	91.25	98.00	90.28
113	内蒙古自治区巴彦淖尔市	77.00	90.60	100.00	90.28
115	云南省楚雄州	76.50	91.05	100.00	90.27
116	广西壮族自治区桂林市	76.00	91.50	100.00	90.25
116	广西壮族自治区北海市	72.50	95.00	100.00	90.25
118	广东省广州市	77.50	91.30	99.00	90.24
118	福建省泉州市	77.00	91.80	99.00	90.24
120	安徽省蚌埠市	76.50	92.20	99.00	90.21
121	河北省承德市	81.50	91.15	96.00	90.20
121	江苏省宿迁市	79.50	90.50	98.00	90.20

排名	地级市政府政务微信	信息更新达标率	一般错误达标率	严重错误达标率	总达标率
123	云南省德宏州	76.50	90.80	100.00	90.19
123	山东省泰安市	74.50	92.80	100.00	90.19
125	江西省抚州市	76.50	90.75	100.00	90.18
125	广东省东莞市	75.50	91.75	100.00	90.18
127	内蒙古自治区鄂尔多斯市	75.00	92.20	100.00	90.16
128	四川省自贡市	77.00	90.15	100.00	90.15
129	四川省阿坝州	75.50	91.55	100.00	90.12
130	河北省唐山市	78.00	90.25	99.00	90.08
131	内蒙古自治区阿拉善盟	75.00	91.85	100.00	90.06
131	新疆维吾尔自治区阿克苏地区	74.00	92.85	100.00	90.06
133	广西壮族自治区钦州市	79.50	91.30	97.00	90.04
133	辽宁省本溪市	77.50	91.95	98.00	90.04
133	四川省资阳市	73.50	93.30	100.00	90.04
136	河北省邢台市	81.00	91.10	96.00	90.03
136	安徽省池州市	79.00	91.75	97.00	90.03
136	山东省济南市	75.50	91.25	100.00	90.03
139	陕西省安康市	78.50	89.50	99.00	90.00
140	安徽省铜陵市	82.00	91.30	95.00	89.99
141	湖南省娄底市	75.50	91.10	100.00	89.98
142	宁夏回族自治区固原市	74.00	92.55	100.00	89.97
143	江西省九江市	75.50	90.95	100.00	89.94
144	广东省肇庆市	75.50	90.85	100.00	89.91
145	广东省茂名市	78.50	91.80	97.00	89.89
145	内蒙古自治区锡林郭勒盟	75.00	91.30	100.00	89.89
147	湖北省襄阳市	75.50	92.10	99.00	89.88
147	新疆维吾尔自治区博尔塔拉蒙古自治州	74.50	91.75	100.00	89.88
149	江西省南昌市	74.50	91.70	100.00	89.86
150	广东省梅州市	74.00	92.15	100.00	89.85
151	云南省普洱市	77.50	89.95	99.00	89.84
152	山西省晋城市	72.50	93.60	100.00	89.83
153	山东省青岛市	75.50	90.35	100.00	89.76
153	江西省上饶市	74.00	91.85	100.00	89.76

续表

排名	地级市政府政务微信	信息更新达标率	一般错误达标率	严重错误达标率	总达标率
155	平均值	76.27	91.03	98.89	89.74
156	青海省玉树州	76.50	89.25	100.00	89.73
157	广东省中山市	76.00	91.00	99.00	89.70
157	山东省威海市	73.00	92.65	100.00	89.70
159	吉林省白城市	75.50	91.40	99.00	89.67
159	辽宁省阜新市	75.00	90.55	100.00	89.67
161	甘肃省嘉峪关市	79.00	90.50	97.00	89.65
161	湖南省邵阳市	75.00	90.50	100.00	89.65
163	甘肃省酒泉市	76.00	89.45	100.00	89.64
164	贵州省铜仁市	76.00	90.75	99.00	89.63
165	广东省揭阳市	75.50	91.20	99.00	89.61
165	湖北省武汉市	74.50	90.85	100.00	89.61
165	广东省珠海市	73.00	92.35	100.00	89.61
168	江苏省扬州市	74.00	91.30	100.00	89.59
169	江苏省淮安市	74.00	91.25	100.00	89.58
170	河北省邯郸市	76.50	91.40	98.00	89.57
171	江西省宜春市	74.50	90.70	100.00	89.56
172	陕西省铜川市	75.00	91.45	99.00	89.54
173	广东省汕尾市	77.00	90.75	98.00	89.53
173	湖北省荆门市	74.00	91.10	100.00	89.53
175	海南省三沙市	72.50	92.55	100.00	89.52
176	江苏省苏州市	75.00	91.25	99.00	89.48
177	山西省朔州市	73.00	91.90	100.00	89.47
178	贵州省遵义市	75.50	90.70	99.00	89.46
179	贵州省安顺市	77.00	90.35	98.00	89.41
179	新疆维吾尔自治区昌吉回族自治州	75.00	89.70	100.00	89.41
181	河南省周口市	71.50	93.15	100.00	89.40
182	黑龙江省鹤岗市	73.50	92.45	99.00	89.39
183	甘肃省武威市	77.50	89.75	98.00	89.38
184	江苏省无锡市	75.00	90.90	99.00	89.37
185	浙江省宁波市	71.50	92.90	100.00	89.32
186	湖南省长沙市	73.50	90.85	100.00	89.31

排名	地级市政府政务微信	信息更新达标率	一般错误达标率	严重错误达标率	总达标率
187	黑龙江省齐齐哈尔市	72.50	91.75	100.00	89.28
187	湖北省荆州市	72.00	92.25	100.00	89.28
189	湖南省衡阳市	74.50	90.95	99.00	89.24
190	山东省德州市	74.00	91.35	99.00	89.21
190	河南省许昌市	73.50	91.85	99.00	89.21
192	山西省长治市	74.00	90.00	100.00	89.20
192	山东省聊城市	72.50	91.50	100.00	89.20
194	吉林省延边朝鲜族自治州	69.50	94.45	100.00	89.19
195	山西省运城市	81.00	92.25	93.00	89.18
196	内蒙古自治区包头市	73.00	90.85	100.00	89.16
196	黑龙江省黑河市	72.50	91.35	100.00	89.16
196	辽宁省铁岭市	71.00	92.85	100.00	89.16
199	湖北省鄂州市	73.50	92.95	98.00	89.14
200	福建省三明市	73.50	91.55	99.00	89.12
201	西藏自治区阿里地区	74.50	89.15	100.00	89.10
202	宁夏回族自治区石嘴山市	75.00	91.30	98.00	89.09
203	江西省吉安市	75.50	92.05	97.00	89.07
204	云南省昭通市	75.00	89.75	99.00	89.03
205	四川省雅安市	70.00	93.40	100.00	89.02
206	福建省福州市	74.00	90.70	99.00	89.01
207	河南省焦作市	78.50	87.50	98.00	89.00
208	江苏省镇江市	69.50	93.70	100.00	88.96
209	河南省洛阳市	72.00	91.15	100.00	88.95
209	陕西省宝鸡市	71.50	91.65	100.00	88.95
211	安徽省滁州市	79.00	90.80	95.00	88.94
212	广西壮族自治区柳州市	70.00	93.10	100.00	88.93
213	云南省怒江州	74.00	89.00	100.00	88.90
214	内蒙古自治区通辽市	73.50	90.80	99.00	88.89
214	江西省新余市	73.50	89.45	100.00	88.89
216	安徽省淮北市	74.00	91.60	98.00	88.88
216	广西壮族自治区百色市	72.00	92.25	99.00	88.88
218	湖北省黄冈市	74.50	91.05	98.00	88.87
219	黑龙江省绥化市	72.00	90.85	100.00	88.86

续表

排名	地级市政府政务微信	信息更新达标率	一般错误达标率	严重错误达标率	总达标率
220	辽宁省沈阳市	72.50	90.30	100.00	88.84
221	四川省攀枝花市	77.50	93.10	94.00	88.78
221	内蒙古自治区乌兰察布市	72.00	90.60	100.00	88.78
223	河南省驻马店市	68.50	93.95	100.00	88.74
224	河北省衡水市	71.00	91.35	100.00	88.71
225	浙江省绍兴市	70.50	91.80	100.00	88.69
226	福建省莆田市	71.50	90.75	100.00	88.68
227	湖南省永州市	70.50	91.75	100.00	88.68
228	河南省濮阳市	69.00	93.15	100.00	88.65
229	云南省迪庆州	73.50	88.55	100.00	88.62
229	福建省龙岩市	72.00	91.40	99.00	88.62
231	山东省临沂市	72.50	89.35	100.00	88.56
231	河南省开封市	72.50	89.35	100.00	88.56
231	广西壮族自治区崇左市	70.50	91.35	100.00	88.56
234	山东省菏泽市	74.50	90.00	98.00	88.55
234	黑龙江省大庆市	72.00	91.15	99.00	88.55
236	广东省江门市	73.50	89.20	99.00	88.41
237	福建省南平市	69.50	91.80	100.00	88.39
238	陕西省咸阳市	80.50	91.40	92.00	88.37
239	新疆维吾尔自治区伊犁哈萨克自治州	72.00	90.45	99.00	88.34
240	陕西省榆林市	72.00	91.75	98.00	88.33
241	内蒙古自治区兴安盟	72.50	89.90	99.00	88.32
241	河南省鹤壁市	70.50	91.90	99.00	88.32
243	江苏省徐州市	81.50	91.50	91.00	88.30
243	吉林省四平市	69.00	92.00	100.00	88.30
245	海南省儋州市	73.50	92.65	96.00	88.25
246	河南省新乡市	69.00	91.75	100.00	88.23
247	辽宁省葫芦岛市	70.50	90.20	100.00	88.21
247	江苏省连云港市	70.50	90.20	100.00	88.21
249	西藏自治区林芝市	68.50	92.10	100.00	88.18
250	江苏省南通市	71.00	89.45	100.00	88.14
250	江西省萍乡市	69.50	90.95	100.00	88.14

排名	地级市政府政务微信	信息更新达标率	一般错误达标率	严重错误达标率	总达标率
252	吉林省辽源市	69.00	91.45	100.00	88.14
253	陕西省渭南市	69.50	92.15	99.00	88.10
254	四川省广安市	70.50	89.80	100.00	88.09
254	宁夏回族自治区银川市	69.50	90.80	100.00	88.09
256	黑龙江省大兴安岭地区	72.00	90.90	98.00	88.07
257	辽宁省抚顺市	70.00	90.20	100.00	88.06
258	黑龙江省伊春市	70.50	89.60	100.00	88.03
259	陕西省延安市	70.50	89.50	100.00	88.00
260	广西壮族自治区贵港市	70.50	89.45	100.00	87.99
260	内蒙古自治区呼伦贝尔市	68.50	91.45	100.00	87.99
260	吉林省吉林市	68.00	91.95	100.00	87.99
263	黑龙江省双鸭山市	75.50	91.05	95.00	87.97
263	河南省南阳市	72.00	87.90	100.00	87.97
265	甘肃省张掖市	68.00	91.80	100.00	87.94
265	贵州省黔西南布依族苗族自治州	68.00	91.80	100.00	87.94
267	辽宁省朝阳市	71.00	90.05	99.00	87.92
267	湖南省怀化市	70.50	90.55	99.00	87.92
269	青海省海东市	68.50	91.15	100.00	87.90
270	山东省滨州市	73.00	90.60	97.00	87.88
270	福建省厦门市	70.00	89.60	100.00	87.88
272	新疆维吾尔自治区塔城地区	69.00	90.55	100.00	87.87
272	甘肃省平凉市	68.50	91.05	100.00	87.87
272	甘肃省天水市	68.00	91.55	100.00	87.87
275	广西壮族自治区南宁市	75.50	89.30	96.00	87.84
275	河北省秦皇岛市	73.00	90.45	97.00	87.84
275	吉林省松原市	69.00	90.45	100.00	87.84
278	甘肃省甘南州	72.00	88.75	99.00	87.83
279	江西省赣州市	71.50	89.20	99.00	87.81
279	甘肃省金昌市	70.00	89.35	100.00	87.81
279	山西省临汾市	69.50	89.85	100.00	87.81
282	山西省吕梁市	71.50	90.50	98.00	87.80
283	云南省红河州	70.50	88.75	100.00	87.78
283	山西省大同市	69.50	91.10	99.00	87.78
285	四川省内江市	69.00	90.20	100.00	87.76

续表

排名	地级市政府政务微信	信息更新达标率	一般错误达标率	严重错误达标率	总达标率
285	福建省宁德市	68.00	91.20	100.00	87.76
287	云南省临沧市	69.50	89.60	100.00	87.73
288	广东省阳江市	71.00	88.05	100.00	87.72
288	山东省日照市	69.50	90.90	99.00	87.72
290	湖南省岳阳市	69.00	90.00	100.00	87.70
291	黑龙江省鸡西市	70.00	88.90	100.00	87.67
291	宁夏回族自治区中卫市	69.50	89.40	100.00	87.67
291	山西省太原市	68.00	90.90	100.00	87.67
294	甘肃省定西市	70.50	88.15	100.00	87.60
294	浙江省金华市	69.00	91.00	99.00	87.60
296	湖北省恩施土家族苗族自治州	69.50	89.10	100.00	87.58
297	云南省丽江市	68.00	90.50	100.00	87.55
298	湖南省益阳市	73.50	90.20	96.00	87.51
299	黑龙江省牡丹江市	69.50	88.60	100.00	87.43
300	甘肃省临夏州	72.00	87.35	99.00	87.41
301	西藏自治区日喀则市	74.00	88.00	97.00	87.40
302	广东省云浮市	69.50	89.80	99.00	87.39
303	辽宁省丹东市	68.00	89.75	100.00	87.33
304	安徽省亳州市	70.00	88.95	99.00	87.29
305	新疆维吾尔自治区克拉玛依市	68.00	89.55	100.00	87.27
306	湖南省湘西自治州	71.00	89.20	98.00	87.26
306	广东省河源市	70.00	88.85	99.00	87.26
308	甘肃省白银市	69.00	88.50	100.00	87.25
309	广西壮族自治区贺州市	71.50	89.70	97.00	87.16
309	青海省黄南州	69.50	87.70	100.00	87.16
311	辽宁省锦州市	81.00	93.05	87.00	87.02
312	湖南省张家界市	70.00	87.95	99.00	86.99
313	甘肃省陇南市	68.50	87.85	100.00	86.91
314	广东省清远市	68.00	88.30	100.00	86.89
315	新疆维吾尔自治区乌鲁木齐市	68.00	88.25	100.00	86.88
316	河北省保定市	78.00	86.00	94.00	86.80
317	山东省枣庄市	69.00	86.95	100.00	86.79
318	西藏自治区那曲市	71.00	88.80	97.00	86.74
319	山东省烟台市	69.00	86.60	100.00	86.68

排名	地级市政府政务微信	信息更新达标率	一般错误达标率	严重错误达标率	总达标率
320	宁夏回族自治区吴忠市	69.00	87.40	99.00	86.52
321	青海省海南州	68.50	86.40	100.00	86.47
322	内蒙古自治区乌海市	70.50	86.55	98.00	86.32
323	新疆维吾尔自治区克孜勒苏柯尔克孜自治州	72.00	83.70	99.00	86.31
324	山东省济宁市	68.50	85.75	100.00	86.28
324	新疆维吾尔自治区吐鲁番市	68.00	86.25	100.00	86.28
326	西藏自治区昌都市	70.00	89.50	96.00	86.25
327	湖南省株洲市	68.50	84.30	100.00	85.84
328	甘肃省庆阳市	68.50	83.90	100.00	85.72
329	山西省忻州市	68.50	83.05	100.00	85.47
330	广西壮族自治区来宾市	76.00	89.65	89.00	85.30
	平均值	76.27	91.03	98.89	89.74

附表6　省级政府政务微博评估排名

信息更新达标率：权重占比30%；一般错误达标率：权重占比30%；严重错误达标率：权重占比40%。

未开设该渠道官方账号、近一年没有更新内容以及特殊原因内容无法监测的账号，该单位不计入排名。

单位：%

排名	省级政府政务微博	信息更新达标率	一般错误达标率	严重错误达标率	总达标率
1	四川省	99.80	96.94	100.00	99.02
2	北京市	98.60	96.97	100.00	98.67
3	上海市	95.00	96.94	100.00	97.58
4	云南省	93.60	96.61	100.00	97.06
5	河南省	90.80	96.73	100.00	96.26

续表

排名	省级政府政务微博	信息更新达标率	一般错误达标率	严重错误达标率	总达标率
6	安徽省	90.60	96.88	99.00	95.84
7	江西省	89.20	96.94	99.00	95.44
8	浙江省	89.40	96.85	98.00	95.08
9	青海省	89.20	96.79	98.00	95.00
10	重庆市	85.40	96.91	100.00	94.69
11	湖南省	83.40	96.82	100.00	94.07
12	甘肃省	83.60	96.37	100.00	93.99
13	河北省	82.40	96.91	100.00	93.79
14	海南省	82.20	96.79	100.00	93.70
15	山东省	82.20	96.67	100.00	93.66
16	吉林省	81.20	96.91	100.00	93.43
17	陕西省	80.60	96.79	100.00	93.22
18	湖北省	80.40	96.94	100.00	93.20
19	山西省	79.80	97.00	100.00	93.04
20	广西壮族自治区	81.00	96.46	99.00	92.84
21	福建省	79.00	97.00	100.00	92.80
22	广东省	79.00	96.91	100.00	92.77
23	黑龙江省	79.00	96.85	100.00	92.76
24	天津市	79.00	96.79	100.00	92.74
25	贵州省	78.60	96.52	100.00	92.54
26	新疆维吾尔自治区	78.40	96.43	100.00	92.45
27	辽宁省	78.20	96.46	100.00	92.40
28	江苏省	77.20	96.76	100.00	92.19
29	宁夏回族自治区	77.20	96.70	100.00	92.17
30	西藏自治区	77.00	94.45	100.00	91.44
	平均值	84.03	96.70	99.77	94.13

附表7 地级市政府政务微博评估排名

信息更新达标率：权重占比30%；一般错误达标率：权重占比30%；严重错误达标率：权重占比40%。

若该单位未开设该渠道官方账号、开设账号但近一年没有更新内容或因特殊原因内容无法监测，则该单位不计入排名。

单位：%

排名	地级市政府政务微博	信息更新达标率	一般错误达标率	严重错误达标率	总达标率
1	湖北省武汉市	99.85	94.75	100.00	98.38
2	甘肃省陇南市	91.30	94.85	100.00	95.85
3	江苏省苏州市	89.95	94.65	100.00	95.38
4	江苏省南京市	86.05	94.70	100.00	94.23
5	河南省三门峡市	84.85	94.65	100.00	93.85
6	四川省宜宾市	84.40	94.60	100.00	93.70
7	山东省青岛市	84.10	94.65	100.00	93.63
8	陕西省西安市	84.25	94.35	100.00	93.58
9	江苏省南通市	83.80	94.75	100.00	93.57
10	江苏省泰州市	83.50	94.85	100.00	93.51
11	湖南省永州市	83.50	94.70	100.00	93.46
12	福建省福州市	83.35	94.75	100.00	93.43
13	吉林省长春市	83.20	94.85	100.00	93.42
14	安徽省宿州市	89.05	94.40	95.00	93.04
15	山西省太原市	81.85	94.70	100.00	92.97
16	云南省红河州	81.55	94.25	100.00	92.74
17	吉林省延边朝鲜族自治州	81.10	94.60	100.00	92.71
18	湖北省宜昌市	80.80	94.70	100.00	92.65
18	安徽省铜陵市	85.15	94.35	97.00	92.65
20	安徽省滁州市	80.80	94.60	100.00	92.62
21	浙江省温州市	80.50	94.70	100.00	92.56
22	江苏省淮安市	79.75	94.80	100.00	92.37
23	浙江省金华市	79.30	94.70	100.00	92.20
24	湖南省株洲市	78.85	94.75	100.00	92.08
25	四川省达州市	80.95	94.70	98.00	91.90
26	云南省普洱市	79.30	94.70	99.00	91.80
27	辽宁省鞍山市	77.80	94.65	100.00	91.74
28	海南省海口市	77.50	94.65	100.00	91.65
29	海南省三亚市	77.20	94.80	100.00	91.60
30	安徽省宣城市	77.35	94.60	100.00	91.59
31	浙江省湖州市	76.60	94.75	100.00	91.41

续表

排名	地级市政府政务微博	信息更新达标率	一般错误达标率	严重错误达标率	总达标率
32	四川省雅安市	77.95	94.45	99.00	91.32
33	四川省德阳市	76.00	94.85	100.00	91.26
34	河南省郑州市	76.00	94.60	100.00	91.18
35	江苏省常州市	77.05	94.75	99.00	91.14
35	浙江省绍兴市	75.70	94.75	100.00	91.14
37	贵州省黔南布依族苗族自治州	77.80	93.95	99.00	91.13
38	甘肃省兰州市	78.55	94.50	98.00	91.12
39	江苏省徐州市	75.55	94.65	100.00	91.06
40	山东省泰安市	75.10	94.70	100.00	90.94
41	四川省成都市	74.95	94.80	100.00	90.93
42	云南省昆明市	75.10	94.60	100.00	90.91
43	安徽省黄山市	74.80	94.80	100.00	90.88
44	江苏省连云港市	74.95	94.60	100.00	90.87
45	广东省佛山市	74.65	94.80	100.00	90.84
46	江苏省盐城市	74.65	94.60	100.00	90.78
46	安徽省芜湖市	74.65	94.60	100.00	90.78
48	湖北省咸宁市	74.50	94.70	100.00	90.76
49	河北省唐山市	74.50	94.70	100.00	90.76
50	安徽省六安市	74.50	94.55	100.00	90.72
51	四川省乐山市	74.50	94.50	100.00	90.70
52	新疆维吾尔自治区阿克苏地区	74.05	94.80	100.00	90.66
53	云南省保山市	74.20	94.55	100.00	90.63
54	四川省遂宁市	73.75	94.85	100.00	90.58
54	新疆维吾尔自治区哈密市	73.90	94.70	100.00	90.58
56	广西壮族自治区南宁市	74.05	94.45	100.00	90.55
57	广东省江门市	74.05	94.35	100.00	90.52
58	山东省东营市	73.90	94.45	100.00	90.51
59	吉林省吉林市	73.75	94.30	100.00	90.42
60	广东省深圳市	73.30	94.50	100.00	90.34
60	浙江省嘉兴市	73.75	94.05	100.00	90.34
60	山东省淄博市	73.00	94.80	100.00	90.34
63	甘肃省平凉市	73.15	94.45	100.00	90.28
64	内蒙古自治区鄂尔多斯市	72.85	94.60	100.00	90.24

排名	地级市政府政务微博	信息更新达标率	一般错误达标率	严重错误达标率	总达标率
65	广东省潮州市	72.85	94.55	100.00	90.22
66	浙江省宁波市	72.85	94.50	100.00	90.21
66	湖南省衡阳市	72.85	94.50	100.00	90.21
68	浙江省丽水市	72.70	94.60	100.00	90.19
69	云南省文山州	72.55	94.65	100.00	90.16
70	黑龙江省哈尔滨市	73.90	94.60	99.00	90.15
70	山东省枣庄市	72.25	94.90	100.00	90.15
70	广东省揭阳市	72.70	94.45	100.00	90.15
73	四川省眉山市	72.55	94.40	100.00	90.09
74	辽宁省大连市	72.10	94.80	100.00	90.07
75	江苏省镇江市	72.10	94.75	100.00	90.06
75	广东省惠州市	72.25	94.60	100.00	90.06
77	江西省宜春市	71.95	94.85	100.00	90.04
77	山西省朔州市	72.70	94.10	100.00	90.04
79	江西省新余市	71.95	94.75	100.00	90.01
80	广东省韶关市	71.80	94.80	100.00	89.98
80	浙江省杭州市	71.80	94.80	100.00	89.98
82	吉林省白山市	71.65	94.90	100.00	89.97
82	新疆维吾尔自治区博尔塔拉蒙古自治州	71.80	94.75	100.00	89.97
82	山东省济南市	73.00	93.55	100.00	89.97
85	新疆维吾尔自治区克拉玛依市	71.65	94.75	100.00	89.92
85	安徽省淮南市	71.65	94.75	100.00	89.92
85	山西省阳泉市	72.10	94.30	100.00	89.92
88	湖北省黄石市	75.70	94.55	97.00	89.88
88	广东省珠海市	71.35	94.90	100.00	89.88
90	四川省绵阳市	71.65	94.50	100.00	89.85
90	福建省宁德市	71.35	94.80	100.00	89.85
92	广东省汕尾市	71.95	94.15	100.00	89.83
92	四川省巴中市	71.50	94.60	100.00	89.83
94	贵州省遵义市	71.50	94.55	100.00	89.82
95	安徽省池州市	71.20	94.80	100.00	89.80
95	广东省湛江市	71.50	94.50	100.00	89.80

排名	地级市政府政务微博	信息更新达标率	一般错误达标率	严重错误达标率	总达标率
97	甘肃省金昌市	76.60	94.65	96.00	89.78
98	广东省中山市	71.20	94.70	100.00	89.77
98	湖北省孝感市	71.20	94.70	100.00	89.77
98	河北省沧州市	71.50	94.40	100.00	89.77
101	陕西省汉中市	73.45	93.75	99.00	89.76
101	安徽省马鞍山市	71.50	94.35	100.00	89.76
103	河北省廊坊市	71.05	94.75	100.00	89.74
103	河北省邯郸市	71.50	94.30	100.00	89.74
105	山东省潍坊市	71.20	94.55	100.00	89.73
106	广东省阳江市	71.05	94.65	100.00	89.71
107	浙江省舟山市	70.90	94.75	100.00	89.70
108	广东省广州市	70.90	94.70	100.00	89.68
109	广西壮族自治区玉林市	70.90	94.55	100.00	89.64
110	吉林省辽源市	70.60	94.80	100.00	89.62
111	广西壮族自治区贺州市	70.60	94.75	100.00	89.61
111	广东省肇庆市	70.75	94.60	100.00	89.61
111	新疆维吾尔自治区巴音郭楞蒙古自治州	70.75	94.60	100.00	89.61
114	江西省九江市	70.45	94.85	100.00	89.59
115	山东省临沂市	70.60	94.55	100.00	89.55
115	四川省自贡市	70.90	94.25	100.00	89.55
117	山西省晋中市	70.30	94.80	100.00	89.53
118	江西省赣州市	70.30	94.75	100.00	89.52
118	四川省泸州市	70.45	94.60	100.00	89.52
118	湖南省湘潭市	70.60	94.45	100.00	89.52
121	江西省鹰潭市	70.30	94.70	100.00	89.50
122	广东省清远市	70.45	94.50	100.00	89.49
123	广西壮族自治区北海市	70.45	94.45	100.00	89.47
124	河北省石家庄市	70.15	94.70	100.00	89.46
124	湖北省荆州市	70.15	94.70	100.00	89.46
124	山西省晋城市	70.15	94.70	100.00	89.46
127	湖南省长沙市	71.65	94.50	99.00	89.45
128	河南省周口市	70.45	94.35	100.00	89.44

续表

排名	地级市政府政务微博	信息更新达标率	一般错误达标率	严重错误达标率	总达标率
129	江西省抚州市	70.00	94.75	100.00	89.43
130	湖北省荆门市	71.20	93.50	100.00	89.41
131	浙江省台州市	70.45	94.20	100.00	89.40
132	贵州省安顺市	69.85	94.75	100.00	89.38
132	河南省开封市	71.05	93.55	100.00	89.38
134	安徽省合肥市	69.85	94.70	100.00	89.37
134	贵州省毕节市	70.60	93.95	100.00	89.37
134	湖北省黄冈市	70.75	93.80	100.00	89.37
137	山东省德州市	71.50	94.35	99.00	89.36
138	广东省汕头市	69.85	94.65	100.00	89.35
139	内蒙古自治区呼和浩特市	70.00	94.45	100.00	89.34
140	四川省甘孜州	69.70	94.70	100.00	89.32
140	广东省东莞市	69.70	94.70	100.00	89.32
140	云南省昭通市	70.00	94.40	100.00	89.32
143	辽宁省朝阳市	69.55	94.75	100.00	89.29
143	湖北省随州市	71.35	92.95	100.00	89.29
145	江西省上饶市	70.00	94.10	100.00	89.23
146	江西省景德镇市	69.40	94.65	100.00	89.22
146	山西省吕梁市	69.25	94.80	100.00	89.22
148	山东省济宁市	69.25	94.75	100.00	89.20
148	四川省南充市	69.25	94.75	100.00	89.20
148	广西壮族自治区贵港市	69.55	94.45	100.00	89.20
151	内蒙古自治区包头市	69.25	94.70	100.00	89.19
151	河南省安阳市	69.85	94.10	100.00	89.19
153	广东省茂名市	69.25	94.65	100.00	89.17
153	广西壮族自治区防城港市	69.55	94.35	100.00	89.17
155	湖北省十堰市	69.10	94.75	100.00	89.16
155	福建省龙岩市	69.10	94.75	100.00	89.16
155	辽宁省辽阳市	69.85	94.00	100.00	89.16
158	宁夏回族自治区固原市	69.10	94.70	100.00	89.14
158	陕西省安康市	69.70	94.10	100.00	89.14
160	新疆维吾尔自治区和田地区	69.25	94.50	100.00	89.13

续表

排名	地级市政府政务微博	信息更新达标率	一般错误达标率	严重错误达标率	总达标率
160	新疆维吾尔自治区昌吉回族自治州	68.80	94.95	100.00	89.13
162	辽宁省丹东市	70.90	94.15	99.00	89.12
163	四川省凉山州	69.25	94.45	100.00	89.11
163	贵州省贵阳市	72.55	93.80	98.00	89.11
165	甘肃省酒泉市	70.15	93.50	100.00	89.10
165	广东省河源市	69.10	94.55	100.00	89.10
165	贵州省六盘水市	69.25	94.40	100.00	89.10
165	陕西省榆林市	70.30	93.35	100.00	89.10
169	广东省梅州市	69.70	93.90	100.00	89.08
170	四川省攀枝花市	68.80	94.75	100.00	89.07
170	新疆维吾尔自治区喀什地区	68.80	94.75	100.00	89.07
172	河北省邢台市	68.50	95.00	100.00	89.05
173	山东省烟台市	68.50	94.95	100.00	89.04
174	内蒙古自治区呼伦贝尔市	68.80	94.60	100.00	89.02
174	山西省忻州市	69.55	93.85	100.00	89.02
176	辽宁省锦州市	68.65	94.70	100.00	89.01
176	河北省衡水市	68.65	94.70	100.00	89.01
178	陕西省渭南市	69.25	94.05	100.00	88.99
179	陕西省铜川市	70.90	93.70	99.00	88.98
179	江西省吉安市	68.35	94.90	100.00	88.98
179	陕西省商洛市	69.25	94.00	100.00	88.98
182	西藏自治区日喀则市	68.20	94.95	100.00	88.95
182	云南省大理州	68.20	94.95	100.00	88.95
182	山西省临汾市	68.65	94.50	100.00	88.95
185	安徽省蚌埠市	71.20	93.25	99.00	88.94
186	河南省平顶山市	68.35	94.75	100.00	88.93
186	内蒙古自治区通辽市	68.65	94.45	100.00	88.93
186	河南省许昌市	68.65	94.45	100.00	88.93
189	湖南省常德市	68.05	95.00	100.00	88.92
189	甘肃省甘南州	68.05	95.00	100.00	88.92
189	吉林省四平市	68.05	95.00	100.00	88.92
189	青海省玉树州	68.05	95.00	100.00	88.92

排名	地级市政府政务微博	信息更新达标率	一般错误达标率	严重错误达标率	总达标率
189	云南省西双版纳州	68.65	94.40	100.00	88.92
189	宁夏回族自治区银川市	68.65	94.40	100.00	88.92
189	浙江省衢州市	68.20	94.85	100.00	88.92
189	河北省承德市	68.20	94.85	100.00	88.92
189	辽宁省抚顺市	68.35	94.70	100.00	88.92
189	新疆维吾尔自治区克孜勒苏柯尔克孜自治州	69.25	93.80	100.00	88.92
199	内蒙古自治区巴彦淖尔市	68.20	94.80	100.00	88.90
199	福建省南平市	68.80	94.20	100.00	88.90
199	安徽省阜阳市	69.70	93.30	100.00	88.90
202	辽宁省营口市	73.60	93.35	97.00	88.89
203	四川省阿坝州	68.50	94.40	100.00	88.87
203	福建省厦门市	68.65	94.25	100.00	88.87
203	陕西省延安市	69.25	93.65	100.00	88.87
206	江西省南昌市	68.20	94.65	100.00	88.86
206	甘肃省武威市	68.20	94.65	100.00	88.86
206	河北省张家口市	68.35	94.50	100.00	88.86
206	安徽省淮北市	68.95	93.90	100.00	88.86
206	湖北省鄂州市	68.05	94.80	100.00	88.86
206	宁夏回族自治区石嘴山市	68.05	94.80	100.00	88.86
212	山东省日照市	68.20	94.60	100.00	88.84
212	湖南省邵阳市	68.80	94.00	100.00	88.84
214	山西省运城市	70.75	93.35	99.00	88.83
214	贵州省铜仁市	69.10	93.65	100.00	88.83
216	山东省聊城市	70.90	94.50	98.00	88.82
216	山东省滨州市	70.00	94.05	99.00	88.82
218	湖南省岳阳市	68.05	94.65	100.00	88.81
218	宁夏回族自治区中卫市	68.05	94.65	100.00	88.81
218	山东省威海市	68.05	94.65	100.00	88.81
218	陕西省宝鸡市	68.95	93.75	100.00	88.81
218	湖南省益阳市	70.90	94.45	98.00	88.81
223	河南省焦作市	68.20	94.45	100.00	88.80
224	新疆维吾尔自治区阿勒泰地区	68.50	94.10	100.00	88.78
225	吉林省松原市	68.05	94.50	100.00	88.77

续表

排名	地级市政府政务微博	信息更新达标率	一般错误达标率	严重错误达标率	总达标率
226	吉林省通化市	76.00	93.20	95.00	88.76
226	湖北省恩施土家族苗族自治州	69.25	94.60	99.00	88.76
228	黑龙江省齐齐哈尔市	68.65	93.85	100.00	88.75
229	贵州省黔西南布依族苗族自治州	68.50	93.95	100.00	88.74
230	湖南省郴州市	68.05	94.35	100.00	88.72
231	湖南省娄底市	68.20	94.15	100.00	88.71
232	江西省萍乡市	68.95	94.70	99.00	88.70
233	安徽省安庆市	68.50	93.80	100.00	88.69
234	云南省丽江市	68.05	94.20	100.00	88.68
234	新疆维吾尔自治区吐鲁番市	68.35	93.90	100.00	88.68
234	内蒙古自治区乌海市	68.80	93.45	100.00	88.68
237	甘肃省天水市	71.50	94.70	97.00	88.66
237	新疆维吾尔自治区乌鲁木齐市	68.05	94.15	100.00	88.66
237	海南省儋州市	70.00	94.85	98.00	88.66
240	河北省秦皇岛市	68.95	94.55	99.00	88.65
240	山东省菏泽市	69.10	94.40	99.00	88.65
242	西藏自治区昌都市	68.80	94.60	99.00	88.62
243	吉林省白城市	68.05	93.75	100.00	88.54
244	河南省洛阳市	79.30	94.35	91.00	88.50
245	安徽省亳州市	68.65	94.05	99.00	88.41
246	四川省广元市	68.20	93.00	100.00	88.36
247	云南省曲靖市	69.10	91.75	100.00	88.26
248	辽宁省沈阳市	69.25	91.35	100.00	88.18
248	贵州省黔东南苗族侗族自治州	70.90	92.35	98.00	88.18
250	广西壮族自治区来宾市	68.65	94.25	98.00	88.07
251	广西壮族自治区梧州市	70.15	93.95	97.00	88.03
252	广西壮族自治区崇左市	68.35	91.45	100.00	87.94
253	广西壮族自治区钦州市	68.65	91.70	99.00	87.71
254	山西省大同市	69.85	92.25	97.00	87.43
255	河南省商丘市	68.05	90.00	100.00	87.42
256	河南省南阳市	70.30	92.50	95.00	86.84
257	河北省保定市	70.15	92.75	94.00	86.47
	平均值	72.25	94.37	99.66	89.85

B.3

法治政府建设年度观察（2023）

——基于"法治政府建设年度报告"的分析与评估

中国社会科学院国家法治指数研究中心项目组[*]

摘　要： 2023年是全面贯彻落实党的二十大精神开局之年。评估显示，各地区法治政府建设在政府机构职能体系、依法行政制度体系、行政决策制度体系和行政执法工作体系等方面建设取得较大进展；但与此同时，地方政府在法治政府建设过程中仍面临诸多问题与挑战。在此过程中必须坚持党的全面领导，确保法治政府建设方向正确，以法治政府建设年度报告为抓手，加快政府职能深刻转变，推进政府治理规范化程序化法治化。

关键词： 法治政府　政务公开　年度报告

为系统全面评估法治政府建设年度报告发布、编写情况以及法治政府建设情况，中国社会科学院国家法治指数研究中心项目组（以下简称"项目组"）自2017年以来连续七年对法治政府建设年度报告（以下简称"年度报告"）开展第三方评估。

---

* 项目组负责人：田禾，中国社会科学院国家法治指数研究中心主任、法学研究所研究员，中国社会科学院大学法学院特聘教授；吕艳滨，中国社会科学院法学研究所法治国情调研室主任、研究员，中国社会科学院大学法学院行政法教研室主任、教授。项目组成员：王小梅、王祎茗、王淑敏、车宇婷、刘定、刘海啸、刘雁鹏、牟璐宁、李玥、苑媛、周远平、昝蓉蓉、栗燕杰、常九如、曾小玲、曾令楠、詹雨青（按姓氏笔画排序）。执笔人：车宇婷，中国社会科学院国家法治指数研究中心学术助理；吕艳滨；王祎茗，中国社会科学院法学研究所副研究员。

2023 年的评估对象涵盖 34 家对外具有行政管理职能的国务院部门（含22 家国务院组成部门、1 家国务院直属特设机构、8 家国务院直属机构、3家国务院直属事业单位）、31 家省级政府、49 家较大的市政府和 120 家县（市、区）政府。项目组通过对法治政府建设年度报告发布内容和形式的分析，观察 2023 年度法治政府建设年度报告发布情况以及各地方各部门法治政府建设情况。

一　严格执行法治政府建设年度报告制度是完善法治政府建设推进机制的内在要求

中共中央、国务院印发的《法治政府建设实施纲要（2021~2025 年）》指出，要严格执行法治政府建设年度报告制度，按时向社会公开。中共中央办公厅、国务院办公厅印发的《法治政府建设与责任落实督察工作规定》（以下简称《规定》）明确要求，每年 4 月 1 日之前，地方各级政府和县级以上政府部门的法治政府建设年度报告，除涉及党和国家秘密的，应当通过报刊、网站等新闻媒体向社会公开，接受人民群众监督。同时，《规定》对法治政府建设年度报告的主要内容作出了要求，其中应当包括：①上一年度推进法治政府建设的主要举措和成效；②上一年度推进法治政府建设存在的不足和原因；③上一年度党政主要负责人履行推进法治建设第一责任人职责，加强法治政府建设的有关情况；④下一年度推进法治政府建设的主要安排；⑤其他需要报告的情况。编制和发布法治政府建设年度报告，有助于将政府行为全面纳入法治轨道，推进法治政府建设进程。

首先，编制和发布年度报告有助于分析法治建设得失、明确未来发展方向。通过编写法治政府建设年度报告，各地方各部门可以系统梳理上年度法治政府建设的各项工作进展、成效，发现法治政府建设中存在的问题和不足，为下一步工作提供改进方向和指导。其次，法治政府建设年度报告是向社会展示法治政府建设成效的重要窗口。年度报告向社会公众公开法治政府建设进展情况，不仅有助于提高政府工作透明度，并展示自身取得的成效，更是与公众沟通的重要桥梁。综上所述，编制法治政府建设年度报告不仅是地方政府在法治政府建设中的责任体现，也是推进法治建设的有效手段，能够在多个层面推动全面依法治国不断深入发展。

二 法治政府建设年度报告发布质效逐步提升，但仍有提升空间

2023 年是推进《法治政府建设实施纲要（2021~2025 年）》的第三年。法治政府建设年度报告在内容和形式上较上一年度有所提升，但仍有部分内容展示欠佳。

1. 多数被评估对象报告发布规范，少数被评估对象发布情况仍不达标

国务院办公厅印发的《法治政府建设与责任落实督察工作规定》要求，每年 4 月 1 日之前，地方各级政府和县级以上政府部门的法治政府建设年度报告，除涉及党和国家秘密的，应当通过报刊、网站等新闻媒体向社会公开，接受人民群众监督。评估发现，截至 2023 年 4 月 1 日，各级政府年度报告发布情况较 2022 年有所提升，但仍存在年度报告发布时效性较差的问题。少数被评估对象年度报告发布时间晚于当年 4 月 1 日，部分被评估对象在截止时间前一天发布年度报告，甚至出现在个别被评估对象政府网站未检索到其年度报告的情况（见表 1~4）。

表 1　国务院部门 2022 年法治政府建设年度报告发布情况

单位：个

评估对象	报告名称	是否查询到上一年度报告	发布时间	是否设有专门栏目	报告字数
国家发展和改革委员会	国家发展改革委 2022 年度推进法治政府建设进展情况	是	2023 年 3 月 22 日	否	4155
教育部		否			
科学技术部	科技部 2022 年法治政府建设情况报告	是	2023 年 3 月 31 日	否	4007

续表

评估对象	报告名称	是否查询到上一年度报告	发布时间	是否设有专门栏目	报告字数
工业和信息化部	工业和信息化部2022年度法治政府建设工作情况	是	2023年3月28日	否	3544
国家民族事务委员会	国家民委2022年法治政府建设年度报告	是	2023年3月31日	否	3045
公安部	公安部2022年度推进法治政府建设工作情况	是	2023年3月31日	否	4108
民政部	民政部2022年法治政府建设年度报告	是	2023年3月28日	否	4730
司法部	司法部2022年法治政府建设年度报告	是	2023年3月22日	是	4584
财政部	财政部2022年法治政府建设年度报告	是	2023年3月31日	否	3855
人力资源和社会保障部	人力资源社会保障部关于2022年法治政府建设情况的报告	是	2023年3月31日	否	3951
自然资源部	自然资源部2022年贯彻落实《法治政府建设实施纲要（2021－2025年）》情况	是	2023年4月4日	否	3466
生态环境部	关于生态环境部2022年法治政府建设情况的报告	是	2023年4月4日	否	4566
住房和城乡建设部	住房和城乡建设部2022年度法治政府建设工作情况	是	2023年3月8日	否	2615
交通运输部	交通运输部2022年度法治政府部门建设工作情况	是	2023年2月21日	否	2750
水利部	水利部2022年法治政府建设年度报告	是	2023年4月6日	是	4741

评估对象	报告名称	是否查询到上一年度报告	发布时间	是否设有专门栏目	报告字数
农业农村部	农业农村部 2022 年度法治政府建设情况	是	2023 年 3 月 31 日	是	3801
商务部	商务部 2022 年度法治政府建设情况报告	是	2023 年 5 月 12 日	否	2312
文化和旅游部	文化和旅游部 2022 年度法治政府建设情况报告	是	2023 年 3 月 27 日	否	4487
国家卫生健康委员会	国家卫生健康委 2022 年度法治政府建设工作情况的报告	是	2023 年 3 月 31 日	是	3244
应急管理部	应急管理部 2022 年法治政府建设年度报告	是	2023 年 3 月 16 日	是	3863
中国人民银行		否			
审计署	审计署关于 2022 年度法治政府建设情况的报告	是	2023 年 4 月 4 日	是	2803
国务院国有资产监督管理委员会	国务院国资委 2022 年法治建设工作情况报告	是	2023 年 3 月 28 日	是	3230
海关总署	海关总署党委　海关总署关于 2022 年度推进法治政府建设情况的报告	是	2023 年 3 月 27 日	是	5499
国家税务总局	国家税务总局 2022 年法治政府建设情况报告	是	2023 年 3 月 31 日	是	4513
国家市场监督管理总局	市场监管总局 2022 年法治政府建设年度报告	是	2023 年 3 月 6 日	否	4328
国家广播电视总局	国家广播电视总局关于 2022 年度法治政府建设年度报告	是	2023 年 3 月 31 日	否	3533

续表

评估对象	报告名称	是否查询到上一年度报告	发布时间	是否设有专门栏目	报告字数
国家体育总局	体育总局关于2022年法治政府建设工作情况的报告	是	2023年4月6日	否	3627
国家统计局	国家统计局2022年法治政府建设年度报告	是	2023年3月15日	否	3819
国家国际发展合作署		否			
国家医疗保障局	国家医疗保障局2022年法治政府建设情况报告	是	2023年3月31日	是	4864
中国气象局	中国气象局2022年度法治政府建设报告	是	2023年4月3日	是	3460
国家金融监督管理总局	中国银保监会2022年法治政府建设年度报告	是	2023年4月6日	否	4070
中国证券监督管理委员会	中国证监会2022年法治政府建设情况	是	2023年3月31日	否	3862

表2　省级政府2022年法治政府建设年度报告发布情况

单位：个

评估对象	报告名称	是否查询到上一年度报告	发布时间	是否设有专门栏目	报告字数
北京市	北京市2022年法治政府建设年度情况报告	是	2023年3月31日	是	2763
天津市	天津市人民政府2022年法治政府建设情况报告	是	2023年3月23日	是	4374
河北省	河北省2022年度法治政府建设情况报告	是	2023年3月31日	否	2868
山西省	山西省2022年度法治政府建设情况	是	2023年3月29日	否	4329

续表

评估对象	报告名称	是否查询到上一年度报告	发布时间	是否设有专门栏目	报告字数
内蒙古自治区	内蒙古自治区人民政府关于2022年度法治政府建设情况的报告	是	2023年3月15日	是	3870
辽宁省	辽宁省人民政府关于2022年法治政府建设情况的报告	是	2023年3月31日	否	2951
吉林省	吉林省人民政府关于2022年度法治政府建设情况的报告	是	2023年3月7日	否	3400
黑龙江省	黑龙江省2022年法治政府建设情况报告	是	2023年3月30日	是	4858
上海市	2022年上海市法治政府建设情况报告	是	2023年3月30日	是	16016
江苏省	江苏省2022年度法治政府建设情况报告	是	2023年3月30日	否	4610
浙江省	浙江省2022年法治政府建设情况	是	2023年3月30日	是	2640
安徽省	安徽省人民政府关于2022年法治政府建设情况的报告	是	2023年3月27日	是	2961
福建省	福建省2022年度法治政府建设情况	是	2023年3月14日	否	3041
江西省	江西省2022年度法治政府建设情况	是	2023年3月24日	否	4231
山东省	山东省2022年度法治政府建设情况	是	2023年3月15日	否	2976
河南省	河南省人民政府关于2022年度法治政府建设情况的报告	是	2023年3月7日	是	3256
湖北省	湖北省人民政府关于2022年度推进法治政府建设情况的报告	是	2023年3月30日	否	2993

续表

评估对象	报告名称	是否查询到上一年度报告	发布时间	是否设有专门栏目	报告字数
湖南省	湖南省人民政府关于2022年度法治政府建设情况的报告	是	2023年3月29日	否	4828
广东省	广东省人民政府关于2022年度法治政府建设情况的报告	是	2023年3月31日	是	4565
广西壮族自治区	广西壮族自治区2022年法治政府建设年度报告	是	2023年3月28日	否	4044
海南省	中共海南省委 海南省人民政府关于2022年度法治政府建设情况的报告	是	2023年3月27日	否	4789
重庆市	重庆市2022年法治政府建设情况报告	是	2023年3月28日	是	4660
四川省	四川省人民政府2022年度法治政府建设工作情况	是	2023年3月30日	是	4557
贵州省	贵州省2022年度法治政府建设工作情况报告	是	2023年3月27日	否	2921
云南省	中共云南省委 云南省人民政府关于2022年度法治政府建设情况的报告	是	2023年3月29日	是	4265
西藏自治区		否			
陕西省	陕西省人民政府关于2022年法治政府建设情况的报告	是	2023年3月9日	否	4389
甘肃省	甘肃省人民政府2022年法治政府建设情况报告	是	2023年3月30日	否	3013

续表

评估对象	报告名称	是否查询到上一年度报告	发布时间	是否设有专门栏目	报告字数
青海省	青海省 2022 年法治政府建设情况的报告	是	2023 年 3 月 31 日	否	2885
宁夏回族自治区	宁夏回族自治区 2022 年度法治政府建设工作报告	是	2023 年 3 月 31 日	是	4243
新疆维吾尔自治区	新疆维吾尔自治区 2022 年法治政府建设情况报告	是	2023 年 3 月 29 日	否	3070

表 3　较大的市政府 2022 年法治政府建设年度报告发布情况

单位：个

评估对象	报告名称	是否查询到上一年度报告	发布时间	是否设有专门栏目	报告字数
河北省石家庄市	石家庄市人民政府关于 2022 年度法治政府建设情况的报告	是	2023 年 2 月 21 日	否	7106
河北省唐山市	唐山市 2022 年法治政府建设情况报告	是	2023 年 3 月 17 日	否	4424
河北省邯郸市	邯郸市人民政府 2022 年依法行政和法治政府建设工作报告	是	2023 年 1 月 29 日	是	3651
山西省太原市	太原市 2022 年法治政府建设年度报告	是	2023 年 2 月 24 日	否	6344
山西省大同市	大同市 2022 年法治政府建设年度报告	是	2023 年 2 月 17 日	是	7444
内蒙古自治区呼和浩特市	呼和浩特市人民政府关于 2022 年法治政府建设情况的报告	是	2023 年 1 月 11 日	否	2963
内蒙古自治区包头市	包头市 2022 年法治政府建设情况报告	是	2022 年 12 月 28 日	否	3207
辽宁省沈阳市	沈阳市人民政府关于 2022 年法治政府建设情况的报告	是	2023 年 2 月 17 日	否	4900

续表

评估对象	报告名称	是否查询到上一年度报告	发布时间	是否设有专门栏目	报告字数
辽宁省大连市	大连市 2022 年法治政府建设情况报告	是	2023 年 3 月 28 日	否	3030
辽宁省鞍山市	中共鞍山市委 鞍山市人民政府关于 2022 年鞍山市法治政府建设情况的报告	是	2023 年 3 月 14 日	否	3317
辽宁省抚顺市	关于 2022 年法治政府建设情况的报告	是	2023 年 3 月 16 日	否	1765
辽宁省本溪市	本溪市 2022 年法治政府建设情况报告	是	2022 年 12 月 27 日	否	6271
吉林省长春市	长春市人民政府 2022 年度法治政府建设情况报告	是	2023 年 3 月 22 日	否	6864
吉林省吉林市	吉林市 2022 年度法治政府建设工作报告	是	2023 年 2 月 15 日	否	5282
黑龙江省哈尔滨市	哈尔滨市 2022 年法治政府建设情况报告	是	2023 年 3 月 13 日	否	3466
黑龙江省齐齐哈尔市	齐齐哈尔市 2022 年度法治政府建设情况的报告	是	2023 年 2 月 21 日	否	2331
江苏省南京市	南京市 2022 年度法治政府建设情况报告	是	2023 年 2 月 14 日	否	4774
江苏省无锡市	无锡市 2022 年法治政府建设情况报告	是	2023 年 2 月 27 日	是	5149
江苏省徐州市	关于徐州市 2022 年法治政府建设情况的报告	是	2023 年 3 月 28 日	是	5612
江苏省苏州市	苏州市人民政府关于 2022 年法治政府建设工作的报告	是	2023 年 2 月 16 日	是	5156
浙江省杭州市	杭州市人民政府关于杭州市 2022 年法治政府建设年度报告	是	2023 年 2 月 24 日	是	3578

评估对象	报告名称	是否查询到上一年度报告	发布时间	是否设有专门栏目	报告字数
浙江省宁波市	2022年宁波市人民政府法治政府建设情况报告	是	2023年3月31日	否	3314
安徽省合肥市	合肥市人民政府2022年法治政府建设情况报告	是	2023年3月10日	否	4949
安徽省淮南市	中共淮南市委淮南市人民政府关于2022年法治政府建设情况的报告	是	2023年3月16日	是	5157
福建省福州市	福州市2022年法治政府建设情况	是	2023年2月21日	否	3812
福建省厦门市	厦门市关于2022年法治政府建设情况的报告	是	2023年3月2日	否	2881
江西省南昌市	南昌市2022年法治政府建设情况的报告	是	2023年2月23日	是	4999
山东省济南市	济南市2022年法治政府建设情况报告	是	2023年3月3日	否	3986
山东省青岛市	青岛市人民政府关于2022年法治政府建设情况的报告	是	2023年3月10日	是	1864
山东省淄博市	淄博市2022年度法治政府建设工作的报告	是	2023年2月28日	是	2614
河南省郑州市	郑州市人民政府关于2022年度法治政府建设情况的报告	是	2023年3月9日	否	4211
河南省洛阳市	洛阳市人民政府关于2022年度法治政府建设工作情况的报告	是	2023年2月22日	是	3374
湖北省武汉市	武汉市人民政府关于2022年度推进法治政府建设情况的报告	是	2023年2月21日	是	2741

续表

评估对象	报告名称	是否查询到上一年度报告	发布时间	是否设有专门栏目	报告字数
湖南省长沙市	长沙市人民政府办公厅法治政府建设2022年度报告	是	2023年2月28日	是	2513
广东省广州市	广州市人民政府关于2022年度法治政府建设情况的报告	是	2023年2月1日	是	3065
广东省深圳市	深圳市2022年法治政府建设年度报告	是	2023年1月31日	是	5416
广东省珠海市	珠海市2022年法治政府建设年度报告	是	2023年1月31日	是	5339
广东省汕头市	汕头市2022年法治政府建设年度报告	是	2023年2月21日	否	4467
广西壮族自治区南宁市	南宁市2022年度法治政府建设工作情况报告	是	2023年1月30日	否	4376
海南省海口市	海口市人民政府关于2022年法治政府建设情况的报告	是	2023年3月31日	否	4627
四川省成都市	成都市人民政府关于2022年度法治政府建设情况的报告	是	2023年3月24日	否	4082
贵州省贵阳市	贵阳市人民政府2022年度法治政府建设工作情况报告	是	2023年3月22日	否	6400
云南省昆明市	昆明市2022年度法治政府建设工作情况报告	是	2023年3月14日	是	3816
西藏自治区拉萨市	拉萨市2022年度法治政府建设报告	是	2023年1月20日	否	3050
陕西省西安市	西安市2022年法治政府建设情况的报告	是	2023年3月15日	是	4711
甘肃省兰州市	兰州市2022年度法治政府建设情况报告	是	2023年2月14日	否	5191

评估对象	报告名称	是否查询到上一年度报告	发布时间	是否设有专门栏目	报告字数
青海省西宁市	西宁市 2022 年法治政府建设情况报告	是	2023 年 1 月 18 日	否	7365
宁夏回族自治区银川市	银川市 2022 年法治政府建设年度报告	是	2023 年 3 月 28 日	是	2959
新疆维吾尔自治区乌鲁木齐市	乌鲁木齐市人民政府 2022 年度法治政府建设情况报告	是	2023 年 3 月 21 日	是	2303

表 4　县（市、区）政府 2022 年法治政府建设年度报告发布情况

单位：个

评估对象	报告名称	是否查询到上一年度报告	发布时间	是否设有专门栏目	报告字数
北京市东城区	北京市东城区人民政府 2022 年法治政府建设年度情况报告	是	2023 年 2 月 27 日	否	5312
北京市西城区	北京市西城区政府办公室关于 2022 年法治政府建设年度情况的报告	是	2022 年 12 月 30 日	是	2010
北京市朝阳区	朝阳区人民政府 2022 年法治政府建设年度情况报告	是	2023 年 3 月 21 日	是	7951
北京市海淀区	北京市海淀区人民政府 关于印发本区 2022 年法治政府建设情况报告的通知	是	2023 年 3 月 30 日	否	7530
北京市通州区	北京市通州区人民政府 2022 年法治政府建设年度情况报告	是	2023 年 3 月 24 日	是	4844
天津市滨海新区	天津滨海高新区 2022 年法治政府建设报告	是	2023 年 3 月 23 日	是	3944

续表

评估对象	报告名称	是否查询到上一年度报告	发布时间	是否设有专门栏目	报告字数
天津市河西区	河西区2022年法治政府建设情况报告	是	2023年2月20日	是	5906
天津市南开区	南开区2022年度法治政府建设的情况报告	是	2023年3月23日	是	4258
天津市武清区	武清区人民政府关于武清区2022年法治政府建设情况的报告	是	2023年2月24日	是	3337
河北省石家庄市长安区	2022年长安区法治政府建设报告	是	2023年2月7日	是	4920
河北省唐山市丰润区	唐山市丰润区2022年法治政府建设工作报告	是	2023年3月31日	是	4410
内蒙古自治区呼和浩特市新城区	新城区人民政府2022年法治政府建设工作报告	是	2023年2月6日	否	3285
内蒙古自治区鄂尔多斯市伊金霍洛旗	伊金霍洛旗委　旗人民政府2022年法治政府建设情况	是	2023年2月7日	是	2924
辽宁省沈阳市浑南区	浑南区2022年度法治政府建设情况工作报告	是	2023年3月21日	否	2802
黑龙江省哈尔滨市道里区	关于2022年道里区法治政府建设情况的报告	是	2023年3月1日	是	3892
黑龙江省哈尔滨市松北区	松北区政府2022年度法治政府建设情况的报告	是	2023年3月28日	是	3566
上海市浦东新区	浦东新区人民政府2022年度法治政府建设情况报告	是	2023年3月27日	是	10379
上海市黄浦区	中共黄浦区委　黄浦区人民政府关于2022年度法治政府建设工作情况的报告	是	2023年3月1日	是	6167

评估对象	报告名称	是否查询到上一年度报告	发布时间	是否设有专门栏目	报告字数
上海市徐汇区	2022年徐汇区法治政府建设情况报告	是	2023年3月23日	是	7199
上海市普陀区	中共上海市普陀区委上海市普陀区人民政府关于2022年普陀区法治政府建设情况的报告	是	2023年2月13日	是	4857
上海市虹口区	中共虹口区委 虹口区人民政府关于2022年虹口区法治政府建设工作情况的报告	是	2023年2月14日	是	8583
上海市金山区	金山区2022年度法治政府建设情况报告	是	2023年2月8日	是	5893
江苏省南京市玄武区	玄武区人民政府关于2022年度法治政府建设工作情况的报告	是	2023年3月30日	是	3182
江苏省南京市建邺区	南京市建邺区2022年法治政府建设情况报告	是	2023年1月3日	是	5747
江苏省江阴市	江阴市人民政府2022年法治政府建设情况报告	是	2023年2月6日	是	4940
江苏省宜兴市	宜兴市人民政府2022年法治政府建设工作报告	是	2023年2月8日	是	6117
江苏省徐州市新沂市	新沂市2022年度法治政府建设工作报告	是	2023年3月2日	否	6454
江苏省常州市溧阳市	溧阳市2022年度法治政府建设工作报告	是	2023年1月20日	否	6032
江苏省常州市武进区	常州市武进区2022年度法治政府建设情况报告	是	2023年2月8日	否	5704

续表

评估对象	报告名称	是否查询到上一年度报告	发布时间	是否设有专门栏目	报告字数
江苏省张家港市	张家港市人民政府2022年法治政府建设情况报告	是	2023年2月6日	是	4824
江苏省苏州市苏州工业园区	苏州工业园区司法局2022年法治政府建设年度报告	是	2023年3月23日	是	4614
江苏省常熟市	常熟市2022年度法治政府建设情况报告	是	2023年2月23日	否	3915
江苏省太仓市	太仓市2022年度法治政府建设工作情况的报告	是	2023年2月17日	是	4361
江苏省昆山市	昆山市2022年法治政府建设年度报告	是	2023年2月28日	否	5228
江苏省苏州市吴江区	苏州市吴江区人民政府关于2022年度法治政府建设工作的报告	是	2023年3月13日	是	4613
江苏省南通市海安市	海安市人民政府关于2022年法治政府建设情况的报告	是	2023年1月3日	否	8343
江苏省南通市如皋市	2022年法治政府建设工作情况报告	是	2023年1月3日	是	10336
江苏省南通市启东市	启东市人民政府2022年法治政府建设情况报告	是	2023年2月7日	是	4284
江苏省泰州市靖江市	靖江市2022年度法治政府建设情况报告	是	2023年3月1日	否	5360
江苏省宿迁市沭阳县	中共沭阳县委 沭阳县人民政府关于沭阳县2022年度法治政府建设情况的报告	是	2023年3月1日	是	7902
浙江省杭州市上城区	杭州市上城区人民政府关于上城区2022年法治政府建设年度报告	是	2023年2月21日	是	4003

评估对象	报告名称	是否查询到上一年度报告	发布时间	是否设有专门栏目	报告字数
浙江省杭州市拱墅区	杭州市拱墅区人民政府关于拱墅区2022年法治政府建设年度报告	是	2023年2月1日	是	3744
浙江省杭州市萧山区	杭州市萧山区人民政府关于萧山区2022年度法治政府建设年度报告	是	2023年2月22日	是	2443
浙江省杭州市余杭区	杭州市余杭区人民政府关于余杭区2022年法治政府建设年度报告	是	2023年2月23日	是	7017
浙江省宁波市江北区	关于2022年度宁波市江北区法治政府建设情况的报告	是	2023年2月28日	否	4789
浙江省宁波市鄞州区	鄞州区2022年法治政府建设工作报告	是	2023年3月30日	是	3279
浙江省余姚市	余姚市人民政府关于2022年度法治政府建设工作情况的报告	是	2023年3月30日	是	8134
浙江省慈溪市	慈溪市人民政府关于2022年度法治政府建设情况的报告	是	2023年3月30日	是	4715
浙江省宁波市宁海县	2022年度宁海县法治政府建设年度报告	是	2023年3月30日	否	4611
浙江省温州市瓯海区	瓯海区人民政府2022年度法治政府建设年度报告	是	2023年3月1日	是	2973
浙江省温州市乐清市	乐清市2022年法治政府建设年度报告	是	2023年3月1日	是	2587
浙江省温州市瑞安市	2022年瑞安市法治政府建设年度报告	是	2023年3月16日	否	2601

续表

评估对象	报告名称	是否查询到上一年度报告	发布时间	是否设有专门栏目	报告字数
浙江省湖州市长兴县	关于长兴县2022年度法治政府建设工作的报告	是	2023年1月30日	是	5437
浙江嘉兴市海宁市	中共海宁市委海宁市人民政府关于海宁市2022年法治政府建设的年度报告	是	2023年3月1日	否	4380
浙江省嘉兴市桐乡市	2022年度桐乡市法治政府建设工作情况的报告	是	2023年2月16日	否	3757
浙江省绍兴市诸暨市	诸暨市2022年法治政府建设工作情况报告	是	2023年2月24日	是	5320
浙江省东阳市	东阳市司法局关于2022年法治政府建设工作情况的报告	是	2023年4月2日	是	4272
浙江省金华市义乌市	2022年义乌市法治政府建设工作情况报告	是	2023年4月2日	否	3946
浙江省台州市温岭市	温岭市人民政府2022年法治政府建设年度报告	是	2023年2月21日	是	4062
安徽省合肥市庐阳区	合肥市庐阳区2022年法治政府建设情况报告	是	2023年2月28日	否	4561
安徽省合肥市蜀山区	蜀山区关于2022年法治政府建设情况的报告	是	2023年3月20日	否	4560
安徽省宿州市灵璧县	灵璧县2022年度法治政府建设情况报告	是	2023年1月3日	是	5949
安徽省六安市金寨县	金寨县人民政府关于2022年法治政府建设情况的报告	是	2023年3月1日	否	4643
安徽省六安市裕安区	六安市裕安区人民政府关于2022年度法治政府建设情况的报告	是	2023年2月23日	否	2590

评估对象	报告名称	是否查询到上一年度报告	发布时间	是否设有专门栏目	报告字数
安徽省黄山市徽州区	中共黄山市徽州区委 黄山市徽州区人民政府关于2022年度法治政府建设情况的报告	是	2023年3月23日	是	4783
福建省福州市鼓楼区	福州市鼓楼区2022年度法治政府建设工作报告	是	2022年12月23日	否	2793
福建省福州市福清市	福清市人民政府关于2022年度法治政府建设工作的报告	是	2023年2月24日	否	7017
福建省泉州市石狮市	石狮市人民政府关于2022年法治政府建设情况的报告	是	2023年1月11日	是	4997
福建省泉州市晋江市	晋江市人民政府关于2022年法治政府建设工作情况的报告	是	2023年3月9日	是	5653
福建省泉州市南安市	中共南安市委　南安市人民政府关于南安市2022年法治政府建设情况的报告	是	2023年2月28日	是	7855
江西省南昌市南昌县	南昌县政府2022年度法治政府建设工作报告	是	2023年1月31日	是	8497
江西省南昌市东湖区	南昌市东湖区2022年度法治政府建设工作的报告	是	2023年1月17日	否	3870
山东省济南市历下区	济南市历下区统计局2022年度法治政府建设报告	是	2023年2月28日	是	4053
山东省青岛市胶州市	胶州市人民政府2022年度法治政府建设报告	是	2023年1月31日	是	2022
山东省烟台市龙口市	2022年度龙口市人民政府法治政府建设报告	是	2023年1月19日	是	1985

续表

评估对象	报告名称	是否查询到上一年度报告	发布时间	是否设有专门栏目	报告字数
山东省威海市荣成市	荣成市人民政府关于2022年度法治政府建设情况的报告	是	2023年1月12日	否	5031
河南省郑州市中原区	中原区2022年度法治政府建设工作报告	是	2023年2月21日	是	2405
河南省郑州市上街区	上街区2022年度法治政府建设工作情况报告	是	2023年3月24日	是	2267
河南省安阳市汤阴县	中共汤阴县委 汤阴县人民政府关于汤阴县2022年度法治政府建设工作情况的报告	是	2023年1月11日	否	2981
湖北省武汉市江岸区	江岸区2022年法治政府建设年度报告	是	2023年2月15日	是	4591
湖北省宜昌市宜都市	宜都市人民政府2022年法治政府建设年度报告	是	2023年1月30日	是	4365
湖南省长沙市天心区	天心区关于2022年度法治政府建设工作情况的报告	是	2023年1月31日	是	3324
湖南省长沙市岳麓区	关于2022年岳麓区法治政府建设工作情况的报告	是	2023年2月8日	否	4585
湖南省长沙市长沙县	长沙县2022年法治政府建设工作报告	是	2023年2月24日	否	5827
湖南省长沙市浏阳市	浏阳市2022年法治政府建设情况报告	是	2023年2月7日	否	4516
湖南省衡阳市衡阳县	中共衡阳县委 衡阳县人民政府关于2022年度法治政府建设工作情况报告	是	2023年3月30日	否	4637
广东省广州市越秀区	广州市越秀区人民政府2022年法治政府建设年度报告	是	2023年1月31日	是	1948

续表

评估对象	报告名称	是否查询到上一年度报告	发布时间	是否设有专门栏目	报告字数
广东省广州市海珠区	广州市海珠区人民政府关于 2022 年度法治政府建设情况的报告	是	2023 年 1 月 12 日	是	2911
广东省广州市黄埔区	广州市黄埔区　广州开发区关于 2022 年度法治政府建设情况的报告	是	2023 年 1 月 5 日	是	2846
广东省深圳市罗湖区	深圳市罗湖区人民政府 2022 年法治政府建设年度报告	是	2022 年 12 月 19 日	是	3430
广东省佛山市禅城区	佛山市禅城区人民政府 2022 年法治政府建设年度报告	是	2023 年 2 月 23 日	否	3105
广东省佛山市南海区	中共佛山市南海区委佛山市南海区人民政府关于 2022 年法治政府建设的报告	是	2023 年 1 月 18 日	是	2948
广东省佛山市顺德区	佛山市顺德区人民政府 2022 年法治政府建设年度报告	是	2023 年 2 月 17 日	否	5431
广东省惠州市博罗县	博罗县 2022 年法治政府建设年度报告	是	2023 年 2 月 24 日	否	7222
广西壮族自治区南宁市青秀区	南宁市青秀区 2022 年度法治政府建设工作情况报告	是	2023 年 2 月 14 日	是	3307
广西壮族自治区贵港市桂平市	桂平市人民政府 2022 年度法治政府建设情况报告	是	2023 年 1 月 11 日	是	3063
广西壮族自治区玉林市博白县	博白县 2022 年法治政府建设年度报告	是	2023 年 2 月 27 日	是	4833
广西壮族自治区百色市平果市	平果市 2022 年度法治政府建设工作报告	是	2023 年 1 月 10 日	是	4104

续表

评估对象	报告名称	是否查询到上一年度报告	发布时间	是否设有专门栏目	报告字数
重庆市渝中区	重庆市渝中区关于2022年法治政府建设情况的报告	是	2023年3月14日	是	5495
重庆市奉节县	奉节县人民政府关于2022年法治政府建设情况的报告	是	2023年2月9日	是	4829
四川省成都市武侯区	关于武侯区2022年度法治政府建设情况的报告	是	2023年3月10日	否	3399
四川省成都市龙泉驿区	成都市龙泉驿区2022年度法治政府建设情况的报告	是	2023年3月13日	否	5190
四川省眉山市仁寿县	仁寿县人民政府关于2022年度法治政府建设工作的报告	是	2023年3月6日	否	4869
贵州省贵阳市南明区	南明区人民政府关于2022年法治政府建设工作情况报告	是	2023年2月27日	否	6827
贵州省贵阳市观山湖区	观山湖区人民政府2022年度法治政府建设情况报告	是	2023年3月13日	是	3504
贵州省遵义市播州区	遵义市播州区人民政府关于2022年度法治政府建设的工作报告	是	2023年3月28日	否	2968
贵州省遵义市仁怀市	仁怀市人民政府关于2022年度法治政府建设情况的报告	是	2023年3月30日	是	5308
贵州省六盘水市六枝特区	六枝特区2022年度法治政府建设工作情况报告	是	2023年2月27日	否	6748
贵州省黔西南州贞丰县	贞丰县人民政府关于2022年法治政府建设工作情况的报告	是	2023年3月16日	否	3165

评估对象	报告名称	是否查询到上一年度报告	发布时间	是否设有专门栏目	报告字数
云南省昆明市五华区	五华区2022年度法治政府建设工作情况报告	是	2023年3月30日	否	7955
云南省昆明市呈贡区	中共昆明市呈贡区委昆明市呈贡区人民政府2022年度法治政府建设情况报告	是	2022年12月23日	否	5522
云南省楚雄州楚雄市	楚雄市人民政府关于楚雄市2022年度法治政府建设情况报告	是	2023年3月6日	否	2398
陕西省西安市未央区	2022年法治政府建设工作总结暨2023年工作思路	是	2023年1月20日	是	1388
陕西省咸阳市彬州市	2022年度法治建设工作的报告	是	2023年1月11日	是	2937
陕西省榆林市神木市	神木市2022年法治政府建设工作年度报告	是	2023年4月10日	是	3646
甘肃省酒泉市肃州区	肃州区2022年度法治政府建设工作报告	是	2023年3月21日	否	5021
宁夏回族自治区银川市金凤区	关于认真做好2022年度法治政府建设情况报告	是	2023年3月9日	是	2768
宁夏回族自治区银川市贺兰县	贺兰县2022年度法治政府建设情况报告	是	2023年2月7日	是	5519
宁夏回族自治区吴忠市青铜峡市	中共青铜峡市委员会青铜峡市人民政府关于2022年法治政府建设工作情况的报告	是	2023年2月7日	是	4352
宁夏回族自治区固原市彭阳县	彭阳县2022年度法治政府建设情况报告	是	2023年3月31日	是	5127

对于上述问题，首先，在《规定》已对年度报告发布时间作出明确要求的情况下，仍有少数被评估对象对年度报告发布时间重视不足，报告发布时效性有待提升。有少数被评估对象的法治政府建设年度报告发布日期晚于《规定》要求。有8家国务院部门、3家县（市、区）政府的发布时间晚于4月1日，分别占23.53%、2.50%。其次，部分被评估对象的年度报告发布时间虽未超期，但往往在《规定》截止时间前一天才发布。评估发现，有11家国务院部门、6家省级政府、2家较大的市政府和1家县（市、区）政府在2023年3月31日才发布年度报告，分别占32.35%、19.35%、4.08%、0.83%。最后，个别被评估对象的政府门户网站未能检索到其当年年度报告。有3家国务院部门、1家省级政府门户网站中未检索到其上一年度的年度报告，分别占8.82%、0.83%。

2. 网站集中发布情况较好，但发布平台规范性有待提升

《法治政府建设与责任落实督察工作规定》虽未对年度报告的发布平台及发布方式作出规定，但统一的发布路径与集成发布方式有助于进一步推进法治政府建设年度报告制度的法定化、常态化、长期化。

在本次评估中，项目组通过各级政府门户网站及司法行政部门网站对政府年度报告进行了检索，并对报告是否以专栏形式发布进行了观察。评估发现，各级政府年度报告发布主要存在以下两类问题。一是发布平台不统一。主要存在以下三种形式：在政府门户网站及司法行政部门网站均发布了年度报告、仅在当地政府门户网站发布年度报告、仅在当地司法行政部门网站发布年度报告。二是仅有部分被评估对象为年度报告发布设置了专门栏目，报告发布集约化水平仍需提升。

针对报告发布平台不统一问题，从第一种形式看，有5家省级政府、30家较大的市政府和22家县（市、区）政府在政府门户网站及司法行政部门网站均发布了年度报告，分别占16.13%、61.22%、18.33%。但此种情况也存在不同的发布方式，如黑龙江省哈尔滨市、安徽省淮南市的政府门户网站及司法局网站均可检索到法治政府建设年度报告。同时，其司法局网站与市政府门户网站发布的年度报告相互链接，司法局网站可跳转至人民政府门户网站。从第二种形式看，有 25 家省级政府、18 家较大的市政府和 98 家县（市、区）政府仅在当地政府门户网站发布年度报告，分别占 80.65%、36.73%、81.67%。从第三种形式看，有的被评估对象仅在司法行政部门网站发布了年度报告，如某市 2022 年法治政府建设年度报告仅在当地司法局门户网站发布，在该市人民政府门户网站检索相关内容直接跳转至省级人民政府门户网站，且未能检索到相关报告内容。

此外，针对发布年度报告的专栏设置情况，有 12 家国务院部门、10 家省级政府、14 家较大的市政府和 60 家县（市、区）政府仅在政府门户网站设置专栏集中发布年度报告，分别占 35.29%、32.26%、28.57%。50.00%；有 3 家省级政府、2 家较大的市政府和 1 家县（市、区）政府仅在司法行政部门网站设置专栏集中发布年度报告，分别占 9.68%、4.08%、0.83%；有 17 家省级政府、29 家较大的市政府和 44 家县（市、区）政府在以上两个渠道均未设置专门栏目，分别占 54.84%、59.18%、36.67%；有 4 家较大的市政府和 15 家县（市、区）政府在以上两个渠道均设置了专门栏目，分别占 8.16%、12.50%。综上，在政府门户网站和司法行政部门网站均设置年度报告发布专栏的被评估对象仅占被评估对象总数的 8.12%。建议各级政府日后进一步规范年度报告的发布平台及发布方式。

3. 个别评估对象积极发布报告解读，但解读水平还需提高

《法治政府建设与责任落实督察工作规定》指出，法治政府建设年度报告应当向社会公开并接受人民群众监督。对法治政府建设年度报告进行解读，能够有效促进公民对法治政府建设的理解，提升法治政府建设的公众参与度。评估发现，有 3 家较大的市政府与 3 家县（市、区）政府对年度报告进行了解读，占全部被评估对象的 2.56%。报告解读机制建设工作仍任重而道远。建议各级政府加强报告解读工作，发挥好年度报告发布与公众参与的桥梁纽带作用。

4. 多数被评估对象主动披露各项工作开展情况，但部分公开欠佳

主动向社会公众公开各类工作进展，是法治政府建设的进步表现。评估发现，有 27 家国务院部门、23 家省级政府、38 家较大的市政府、59 家县

（市、区）政府主动披露了上一年度政务公开工作开展情况，分别占79.41%、74.19%、77.55%、49.17%。有15家国务院部门、26家省级政府、18家较大的市政府、49家县（市、区）政府主动披露了上一年度法治政府考核情况，分别占44.12%、83.87%、36.73%、40.83%。有31家国务院部门、21家省级政府、32家较大的市政府、88家县（市、区）政府主动披露了上一年度普法宣传情况，分别占91.18%、67.74%、65.31%、73.33%。从各评估对象发布的年度报告披露的数据看，多数被评估对象积极主动披露政务公开、法治政府考核及普法宣传的工作进展情况，但仍有部分被评估对象对相关内容和数据的披露有所欠缺。

5. 积极总结法治政府建设问题，明晰未来发展重点方向

揭示存在的问题、列明未来努力的方向，是年度报告需要具备的要素。评估发现，多数被评估对象在年度报告中对上一年度法治政府建设存在的问题进行总结，对下一年度法治政府建设的重点方向进行了规划。有13家国务院部门、28家省级政府、45家较大的市政府、108家县（市、区）政府主动总结了上一年度政务公开工作开展过程中存在的问题，分别占38.24%、90.32%、91.84%、90.00%。有30家国务院部门、25家省级政府、47家较大的市政府、109家县（市、区）政府对下一年法治政府建设的重点及方向作出了规划，分别占88.24%、80.65%、95.92%、90.83%。

三　法治政府建设水平稳步提升，但仍显露部分问题

分析各地方各部门发布的法治政府建设年度报告内容可以发现，各评估对象在加强立法与重大行政决策机制建设、推进"放管服"改革、推进行政调解与行政复议工作等方面均有所进展，但仍有一些工作需要逐步加以完善。

1. 立法工作机制建设展示全面，但基层立法联系点相关数据披露较差

评估发现，各评估对象正逐步完善立法工作机制建设，并主动披露立法公开、立法参与、立法起草机制、咨询机制、评估机制等内容。其中，有

29 家国务院部门、26 家省级政府、40 家较大的市政府对立法工作机制建设的各方面作了较为详尽的阐述，分别占 85.29%、83.87%、81.63%。部分被评估对象响应国务院号召，加强重点领域立法工作。例如，国务院部门中，科学技术部研究起草《人类遗传资源管理条例实施细则》，加强重点领域行政执法指导，规范行政执法活动；农业农村部围绕农业高质量发展，推进重点领域法律制度修订。河南省人民政府、内蒙古自治区呼和浩特市、广东省广州市越秀区等多数被评估对象在报告中就围绕推动经济社会发展、改善民生、乡村振兴等重要领域不断完善立法工作机制等进行了阐述。

然而，各级政府对于基层立法联系点的披露情况却不尽如人意。评估发现，仅有 6 家省级政府、10 家较大的市政府与 7 家县（市、区）政府披露了基层立法联系点的数据，分别占 19.35%、20.41%、5.83%。

2. 加强重大行政决策机制建设，但公众参与程度欠佳

《法治政府建设实施纲要（2021~2025 年）》要求，严格落实重大行政决策程序，推行重大行政决策事项年度目录公开制度。涉及社会公众切身利益的重要规划、重大公共政策和措施、重大公共建设项目等，应当通过举办听证会等形式加大公众参与力度，深入开展风险评估，认真听取和反映利益相关群体的意见建议。评估发现，多数被评估对象在法治政府建设年度报告中对重大行政决策机制的完善情况作出了说明，包括目录管理机制、公众参与机制、合法性审查机制等。其中，有 16 家国务院部门、24 家省级政府、41 家较大的市政府和 111 家县（市、区）政府对重大行政决策事项机制建设情况作了较具体的说明，分别占 47.06%、77.42%、83.67%、92.50%。

《法治政府建设实施纲要（2021~2025 年）》指出，要严格落实重大行政决策程序，加强行政决策执行和评估。但从报告披露的内容看，各级政府对重大行政决策程序公众参与的重视程度欠佳，各级政府年度报告对相关内容进行展示的比例甚至不足 50%。其中，国务院部门的年度报告中未检索到重大行政决策发布公众参与情况，仅有 11 家省级政府、24 家较大的市政府与 49 家县（市、区）政府在年度报告中提及了群众参与相关内容，分别占 35.48%、48.98%、40.83%。

3. "放管服"改革取得进展，但仍需继续深入推进

《法治政府建设实施纲要（2021~2025年）》提出，要纵深推进"放管服"改革，大幅优化营商环境。评估发现，在深化行政审批制度改革方面，有23家国务院部门、20家省级政府、31家较大的市政府、95家县（市、区）政府对上一年度深化行政审批制度改革的情况作出说明，分别占67.65%、64.52%、63.27%、79.17%。在加强市场监管方面，有11家国务院部门、19家省级政府、31家较大的市政府、78家县（市、区）政府对上一年度加强市场监管情况作出说明，分别占32.35%、61.29%、63.27%、65.00%。其中，国务院部门中有多个被评估对象披露其结合实际工作加大"放管服"改革力度情况。例如，交通运输部新增"航运公司符合证明查询核验"等一批政务服务事项纳入"跨省通办"事项，推进"跨省通办"扩面增效，向全国复制推广"水铁空多式联运信息共享"等四项成熟度高、市场主体欢迎的交通运输营商环境试点改革措施。海关总署结合实际工作持续优化口岸营商环境，开展跨境贸易便利化专项行动，稳步推进海关政务服务"好差评"系统建设，提升服务水平。此外，不少地方政府也披露了有关实例。例如，江西省南昌市南昌县深入推进优化营商环境"一号改革工程"，大力推行"一网通办"服务，政务服务事项在线办理便利化程度高。总体而言，从报告反映的情况看，多数被评估对象简要分析了"放管服"改革推进情况，但仍有部分被评估对象的年度报告内容缺少具体数据支撑，相关改革措施仍需继续深入推进。

4. 注重公开执法体制改革情况，但案件整体数据披露较差

评估发现，大部分被评估对象在法治政府建设年度报告中对上一年度加强执法体制改革的情况作出了说明。有17家国务院部门、28家省级政府、41家较大的市政府、100家县（市、区）政府对上一年度加强执法体制改革的情况作出了说明，分别占50.00%、90.32%、83.67%、83.33%。

在深化行政执法体制改革方面，多数被评估对象对执法案件数据披露工作关注度不足。评估发现，仅有5家国务院部门对执法案件整体数据进行了披露，占14.71%，如水利部在年度报告中提到2022年度共"查处水事违

法案件 20649 件"。在省级政府中，辽宁省、河南省、云南省、陕西省等 9 家省级政府对 2022 年度行政执法案件数据进行了详细阐述，占 29.03%。有 24 家较大的市政府披露了案件整体数据，占 48.98%。有 24 家县（市、区）政府公开了行政执法案件数据整体情况，占 20.00%。总之，目前在法治政府建设过程中各级政府对执法案件数据披露有所忽略，对执法案件整体数据披露的规范体系建设亟待完善。

另外，对执法案卷评查工作重视程度较低，制约监督体系仍需规范。评估发现，仅有 2 家国务院部门、10 家省级政府、23 家较大的市政府、85 家县（市、区）政府在年度报告中阐述了执法案卷评查的相关内容，分别占 5.88%、32.26%、46.94%、70.83%。仅个别被评估对象披露了执法案卷评查工作数据。例如，贵州省贵阳市的年度报告中对执法案卷评查工作作出较为详细的表述："2021 年 7 月至 2022 年 2 月期间结案的全部行政处罚（不含简易程序）、行政强制案卷共 15355 件开展评查，其中第一批县级行政机关执法案件评查已结束，共评查案件 14106 件，发出检察建议 362 件，执法部门均已整改，整改率 100%。第二批市级行政机关执法案件评查于 11 月开始，共计评查案件 1249 件，目前正处于复评阶段。"贵阳市将评查工作开展的时间、范围、整改情况进行了分批次介绍。

5. 注重行政调解与行政复议工作，但整体仍需加强

及时妥善推进矛盾纠纷化解，建立公正权威、统一高效的行政复议体系，有助于将矛盾纠纷化解在萌芽状态，切实履行政府职责。

评估发现，在加强行政调解方面，有 18 家国务院部门、30 家省级政府、46 家较大的市政府、102 家县（市、区）政府对上一年度化解矛盾纠纷的情况作出了说明，分别占 52.94%、96.77%、93.88%、85.00%。在发挥行政复议化解行政争议主渠道作用的过程中，多数被评估对象对上一年度行政复议机制的建设情况进行了说明，其中 20 家国务院部门、23 家省级政府、40 家较大的市政府、110 家县（市、区）政府重点关注行政复议机制建设工作，在年度报告中对该方面工作情况予以阐明，分别占 58.82%、74.19%、81.63%、91.67%。除此之外，有 22 家国务院部门、23 家省级政府、39 家较大的市政府、96 家县（市、区）政府进一步统计了上一年度行政复议的收结案及纠错情况等数据，分别占 64.71%、74.19%、79.59%、80.00%。

四 展望：规范年度报告发布工作是法治政府建设的迫切要求

编制和发布法治政府建设年度报告旨在全面总结各级政府的法治建设工作开展情况，系统评估过去一年法治政府建设取得的成果和进展，深入分析未来面临的挑战，并接受公众监督。法治政府建设年度报告既是展示政府法治工作成效与对外沟通的"传声筒"，又是各级政府检验自身能力水平和工作质效的"放大镜"，同时也为各级政府法治建设工作提供了清晰框架，为未来法治政府完善方向作出指引并注入强劲动力。因此，应当重视并做好年度报告的编制与发布工作。首先，建议各级政府注重提升年度报告的发布时效，推动年度报告发布平台的规范化建设。其次，以各类数据作为各项工作开展情况的有力支撑，助力社会公众更加直观地理解政府法治工作建设情况；通过对比和分析数据，激励各级政府通过横纵对比，学习借鉴其他被评估对象的先进做法并查找工作中的进步和不足。最后，应当以《法治政府建设实施纲要（2021~2025 年）》为基础，结合自身工作特点因地制宜积极主动拓宽法治政府建设思路，探寻法治政府建设的新需求，推动法治政府建设不断向前发展。

B.4
公安机关法治政府建设年度报告 发布情况观察及评估

中国社会科学院国家法治指数研究中心项目组*

摘　要： 2023年，项目组围绕公开形式、公安队伍建设、依法决策、政务服务、行政执法、刑事执法以及监督救济等方面对73家公安机关的法治政府建设年度报告发布情况进行了评估，并根据评估结果对公安机关法治政府建设情况进行观察和分析。评估结果显示，新时代公安法治政府建设整体推进良好，具体表现为法治政府建设年度报告成为法治公安重点工作、公安队伍管理逐渐规范化和法治化、依法行政制度体系日益健全、公安行政决策公信力持续提升、政务服务持续优化、行政执法和刑事司法逐渐公开透明等。但是，年报公开形式较为单一、公安政务服务缺乏数据支撑以及数据开放整体趋于保守等问题值得关注。未来，公安法治政府建设工作应以人民为本位，创新法治政府建设年度报告发布方式、认真总结法治工作经验、详尽公开执法数据、完善公安依法决策体系，满足人民群众对法治社会的美好向往。

关键词： 法治政府建设　公安政务服务　公开透明　数据开放

＊ 项目组负责人：田禾，中国社会科学院国家法治指数研究中心主任、法学研究所研究员，中国社会科学院大学法学院特聘教授；吕艳滨，中国社会科学院法学研究所法治国情调研室主任、研究员，中国社会科学院大学法学院行政法教研室主任、教授。项目组成员：王小梅、王祎茗、尹雪、白秋晗、伍南希、刘军青、刘雁鹏、张燕、饶静、栗燕杰、彭聪、廖沛仪（按姓氏笔画排序）。执笔人：彭聪、饶静、张燕，中国社会科学院大学法学院2022级硕士研究生；王小梅，中国社会科学院法学研究所法治国情调研室副主任、副研究员，中国社会科学院大学法学院副教授。

《法治政府建设实施纲要（2021～2025 年）》要求，严格执行法治政府建设年度报告制度，建立健全法治政府建设指标体系。公安机关作为政府行政体系中维护社会治安、打击违法犯罪的重要执法机关，其法治政府建设情况对于提升现代化治理能力、满足人民群众对法治社会的美好向往具有重要意义。2023 年，项目组研发评估体系，对 2021 年、2022 年公安机关法治政府建设情况进行了评估。

一　评估对象与方法

评估对象为公安部、27 个省和自治区的公安厅、4 个直辖市的公安局以及 41 个地级市的公安局，涵盖部、厅、局三级共计 73 家公安机关。地级市公安局覆盖省会城市、经济特区所在的市、计划单列市、沿海开放城市的公安机关。

评估数据全部来自公安机关官方网站公布的法治政府建设年度报告，每组评估数据均经过项目组两组成员背对背评估，并在最终统计阶段进行集中跟踪复核与更新，并截图留存。评估数据时间截至 2023 年 4 月 1 日，该日期也是 2022 年法治政府建设年报依法公开的最后期限。

二　指标体系的构建与解读

（一）指标体系设定的依据

项目组依据《人民警察法》《政府信息公开条例》《法治政府建设实施纲要（2021～2025 年）》《法治政府建设与责任落实督察工作规定》《国务院办公厅关于全面推行行政执法公示制度　执法全过程记录制度　重大执法决定法制审核制度的指导意见》《公安机关执法公开规定》等法律法规、政策文件，参考《市县法治政府建设示范指标体系》（2023 年版），并借鉴域外犯罪或司法报告，构建法治政府建设年报指标体系。未来，指标体系将根据法律更新和中国公安法治实际情况逐年迭代完善，为公安法治建立可量化、可视化的科学评估标准。

（二）指标体系解读

法治公安评估体系由"公开形式""公安队伍建设""依法决策""政务服务""行政执法""刑事执法""监督救济"七个一级指标构成（见表1）。

1. 公开形式

"公开形式"下设"公开时间""专栏设置""持续公开""图文结合"4个二级指标。在公开时间与方式上，《法治政府建设实施纲要（2021～2025年）》指出，"严格执行法治政府建设年度报告制度，按时向社会公开"。法治政府建设报告的发布时间及方式等要求规定在《法治政府建设与责任落实督察工作规定》中："每年4月1日之前，地方各级政府和县级以上政府部门的法治政府建设年度报告，除涉及党和国家秘密的，应当通过报刊、网站等新闻媒体向社会公开，接受人民群众监督。""专栏设置"与"图文结合"指标是基于方便查询、阅读与适应新媒体时代的需求，设置专门栏目使得法治政府建设报告有别于公安其他公开内容，不再混同"通知""通告"等信息，方便公众查找和阅读；根据《2021年政务公开工作要点》要求，本评估指标不设立解读率作为评估指标，而是设立图文结合指标，图文、图表等更适合展现法治趋势、工作成绩等的变化，也更契合现代化治理与行政宣传的需求，同时体现了数据统计与信息一体化建设程度。图片化与可视化也是世界政务公开的大趋势，域外出版的犯罪白皮书、受害者白皮书、警察白皮书均使用设计简洁的图表展示数据，配合文字进行情况说明。

2. 公安队伍建设

"公安队伍建设"下设"执法力量""素质建设"2个二级指标。"对党忠诚、服务人民、执法公正、纪律严明"是对公安队伍的总要求，公安队伍应当是一支让党中央放心、人民群众满意的高素质过硬公安队伍。"执法力量"是指公开人员数量及构成，包括警务人员、编制数量及岗位的分类说明，如法制员、行政人员、执法人员等数量配比。执法人员名单公开是政府信息公开的一大内容，也是行政执法事前公示的重要组成部分。法制员配置是为了加强公安机关执法监督管理，推进执法规范化建设。法制员作为基层执法办案的"质检员"，对公安办理的案件严格进行法律审核把关，发挥着保障规范执法第一道防线的作用。

"素质建设"指标下设"政治学习""业务培训"2个三级指标，分别从思想建设与业务提升两个方面反映公安队伍建设情况。政治学习包括各类政治学习活动，如思想政治教育、党建活动、政法座谈会等，致力于打造一支"听党话，跟党走"的忠诚公安队伍；业务培训内容侧重于提升专业业务能力，培养正规化、专业化、职业化的高素质公安人才，除了进行各类技能、体能测试等考核，也关注对干警专业技能、公安理论、法律知识等的培训与教育学习。

3. 依法决策

"依法决策"下设"规范性文件""重大行政决策"2个二级指标。其中，规范性文件指标下分2个三级指标，分别侧重评估规范性文件的清理、制定、公布情况与各类细化的执法标准、裁量基准等情况。规范性文件的定期清理公布有利于理清其与宪法、法律、规章等的法律效力关系，使公安法治"有法可依"。《关于进一步规范行政裁量权基准制定和管理工作的意见》要求，建立健全行政裁量权基准制度，规范行使行政裁量权，对于实现程序正义与实质正义有重要实践意义。健全依法决策机制是建设法治政府的重要环节之一。《重大行政决策程序暂行条例》明确了公众参与、专家论证、风险评估、合法性审查、集体讨论决定等重大行政决策程序的具体要求，推动决策科学化、民主化和法治化。在重大决策执行过程中，决策机关要跟踪决策的实施情况，通过多种途径了解利益相关方和社会公众对决策实施的意见和建议，全面评估决策执行效果，并根据评估结果决定是否对决策予以调整或者停止执行。因此，本指标主要侧重法治政府建设年度报告的总结与对决策执行的跟踪，包括公布年度内重大决策制定、执行、评估等全过程。

4. 政务服务

"政务服务"下设"'放管服'改革""优化政务服务"2个二级指标，其中"放管服"改革侧重于取消、下放行政审批事项，优化政务服务侧重于"以人民为中心"的便民、利民、惠民服务。上述指标均要求其在法治政府建设报告中提供具体数据、统计、实例、项目等内容，而不是以笼统词句简单概述。

5. 行政执法

"行政执法"下设"执法概况""治安警情""交通执法""规范执法建设"4个二级指标。"执法概况"涵盖行政许可、行政强制、行政处罚、行政调解4个三级指标，评估标准均要求其公布详细数据与统计趋势等。其中行政调解为增设指标。党的二十大报告提出，"在社会基层坚持和发展新时代'枫桥经验'，完善正确处理新形势下人民内部矛盾机制"，在公安基层工作中有序推进行政调解，有利于形成多元化矛盾解决格局。良好、稳定的社会治安环境是经济社会发展、人民安居乐业的基石，"人民公安为人民，有事请打110"的宣传深入人心，治安是法治的侧面，在评估指标中，借鉴域外犯罪报告内容，治安警情要求法治报告中提供地区年度治安数据，包括治安案件发生数量、类型、发生率、查结率等。公布治安警情数据既是公安履行其法定职责的体现，也是政务公开的基本要求。交通执法情况同样要求法治政府年报提供本地区年度交通事故数量、变化趋势、罚款数额等数据，此类信息统计不仅有助于直观了解本地区的交通违法状况，也有利于公安交管部门及时根据信息调整执法行为与政策。

"规范执法建设"下设3个三级指标，分别是"行政执法'三项制度'""案卷评查""基层执法改革"。根据《中共中央关于全面推进依法治国若干重大问题的决定》，行政执法"三项制度"包括推行行政执法公示制度、建立执法全过程记录制度、严格执行重大执法决定法制审核制度。评估体系要求不以仅出现相关名词为评估标准，须辅以实例、数据等作为支撑。《法治政府建设实施纲要（2021~2025年）》要求，加强对行政执法的制约和监督，加强和完善行政执法案卷管理和评查等制度建设，因此规范执法建设板块增设案卷评查项。基层执法改革涉及内容广泛，包括警务运行机制改革、执法监督管理机制改革、执法责任体系改革、人民警察管理制度改革等，目标是满足治理现代化需求与为民服务，因此在评估中仅进行笼统统计。

6. 刑事执法

打击犯罪是公安机关的重要职能，是筑起人民群众安全感的"城墙"，因此刑事执法也是评估指标体系的重要内容。"刑事执法"指标下设"犯罪概况""监所及刑罚执行""舆情回应""专项行动"4个二级指标。"犯罪概况"由"犯罪数据"与"趋势分析"2个三级指标组成，依据公安机关公布的犯罪案件的类型、数量、趋势数据等进行评估。公布一个地区的犯罪动态，是对地区公安机关打击犯罪的能力与公信力的考验，也是公民安全感的来源。公安机关除负有打击犯罪、惩治罪犯的职责，还负责监所、部分刑罚执行等，因此"监所及刑罚执行"指标主要考察看守所建设与管制、拘役、社区矫正等执行情况。

国务院早在2016年专门就舆情回应下发了《关于在政务公开工作中进一步做好政务舆情回应的通知》，对舆情回应的责任与制度建设作出明确要求。针对近年来频繁出现的网络舆论"热点""爆点"案件，以及各类对公安系统造成极大负面影响的舆情案件，指标体系设计了"舆情回应"指标，要求无论本年度是否发生引发舆情讨论的重大地区案件，在法治政府年度报告中均应作出说明，这对于建设负责任的公安形象、维护公安机关公信力、打击不良势力与虚假信息有重要作用。公安机关每年都会举行专项行动，"专项行动"指标要求法治政府建设年报应对专项行动的进展情况和取得的成绩予以说明和展示。

7. 监督救济

"监督救济"下设"行政复议""行政诉讼""国家赔偿"3个二级指标。行政复议与行政诉讼是行政相对人法定的救济途径，指标要求法治政府建设年报应提供行政复议、行政诉讼的具体数据和发展趋势，同时也要求对行政机关负责人出庭应诉情况作出说明。"国家赔偿"下设行政赔偿与刑事赔偿2个三级指标。

表 1 公安机关法治政府建设年报评估指标体系

一级指标及权重	二级指标及权重
公开形式（20%）	公开时间（60%）
	专栏设置（20%）
	持续公开（15%）
	图文结合（5%）
公安队伍建设（20%）	执法力量（30%）
	素质建设（70%）
依法决策（10%）	规范性文件（70%）
	重大行政决策（30%）
政务服务（15%）	"放管服"改革（40%）
	优化政务服务（60%）
行政执法（15%）	执法概况（40%）
	治安警情（15%）
	交通执法（15%）
	规范执法建设（30%）
刑事执法（15%）	犯罪概况（40%）
	监所及刑罚执行（10%）
	舆情回应（20%）
	专项行动（30%）
监督救济（5%）	行政复议（45%）
	行政诉讼（45%）
	国家赔偿（10%）

三 评估结果总体情况

2021 年 73 家公安机关的法治报告评估平均分为 39.90 分，高于平均分的有 45 家，占 61.64%，高于 60 分的有 20 家，及格率为 27.40%。73 家公安机关按照得分状况可划分为 7 个区间，A 区间为 80 分以上的 1 家，B 区间为 70~80 分的 7 家，C 区间为 60~70 分的 12 家，D 区间为 50~60 分的 15 家，E 区间为 40~50 分的 10 家，F 区间为 30~40 分的 8 家，其余 20 家未公布公安机关得分为 0，划分为 G 区间（见图 1）。

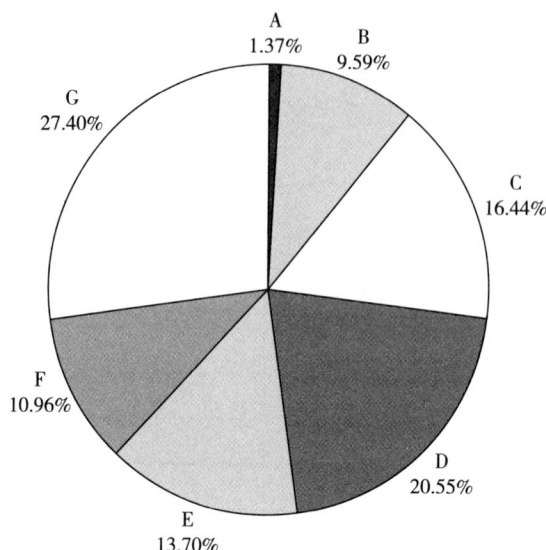

图 1　得分区间分布

排名前十的公安机关为南宁市公安局、珠海市公安局、湖南省公安厅、长沙市公安局、重庆市公安局、太原市公安局、广东省公安厅、北海市公安局、宁夏回族自治区公安厅、河北省公安厅（见表 2）。

表 2　部分公安机关法治政府年报（2021）得分

单位：分

排名	评估对象	公开形式	公安队伍建设	依法决策	政务服务	行政执法	刑事执法	监督救济	总分
1	南宁市公安局	95.00	85.00	100.00	100.00	65.50	70.00	40.50	83.35
2	珠海市公安局	75.00	85.00	100.00	100.00	51.50	60.00	36.00	75.53
3	湖南省公安厅	75.00	85.00	85.00	100.00	33.00	80.00	0.00	72.45

续表

排名	评估对象	公开形式	公安队伍建设	依法决策	政务服务	行政执法	刑事执法	监督救济	总分
4	长沙市公安局	95.00	85.00	50.00	100.00	36.00	65.00	0.00	71.15
5	重庆市公安局	75.00	70.00	100.00	100.00	61.50	50.00	6.75	71.06
6	太原市公安局	75.00	70.00	100.00	100.00	42.00	60.00	31.50	70.88
7	广东省公安厅	75.00	85.00	67.50	100.00	28.50	60.00	76.50	70.85
8	北海市公安局	75.00	70.00	85.00	100.00	51.50	70.00	0.00	70.73
9	宁夏回族自治区公安厅	80.00	85.00	85.00	100.00	26.00	50.00	29.25	69.36
10	河北省公安厅	75.00	70.00	32.50	100.00	56.00	60.00	31.50	66.23
11	湛江市公安局	75.00	85.00	100.00	100.00	26.00	30.00	6.75	65.74
12	湖北省公安厅	95.00	85.00	32.50	100.00	26.50	40.00	13.50	64.90
13	沈阳市公安局	80.00	70.00	50.00	100.00	65.00	63.00	0.00	64.40
13	汕头市公安局	75.00	70.00	82.50	100.00	31.00	50.00	0.00	64.40
15	广州市公安局	95.00	85.00	67.50	100.00	13.50	50.00	0.00	64.28
16	新疆维吾尔自治区公安厅	95.00	70.00	67.50	100.00	12.00	50.00	0.00	64.05
17	山东省公安厅	75.00	70.00	52.50	100.00	36.50	60.00	0.00	63.73
18	哈尔滨市公安局	75.00	70.00	0.00	100.00	46.50	75.00	6.75	62.56
19	四川省公安厅	75.00	70.00	85.00	100.00	24.00	30.00	13.50	61.28
19	贵州省公安厅	95.00	70.00	82.50	80.00	13.50	40.00	0.00	61.28

在 73 家公安机关中，公布 2021 年法治政府建设年度报告的有 53 家，占 72.60%；公布 2022 年法治政府建设年度报告的有 46 家，占 63.01%，同比下降超过 9 个百分点；持续公开 2021 年、2022 年法治政府建设报告的公安机关有 42 家，占 57.53%。从一级指标得分情况来看，七个一级指标均未达到及格分 60 分，其中监督救济指标平均得分最低，为 10.90 分（见图 2）。

四　年度报告发布质效有所提升，但内容形式有待优化

2021 年是推进新的法治政府建设五年实施纲要的第一年，公安法治是

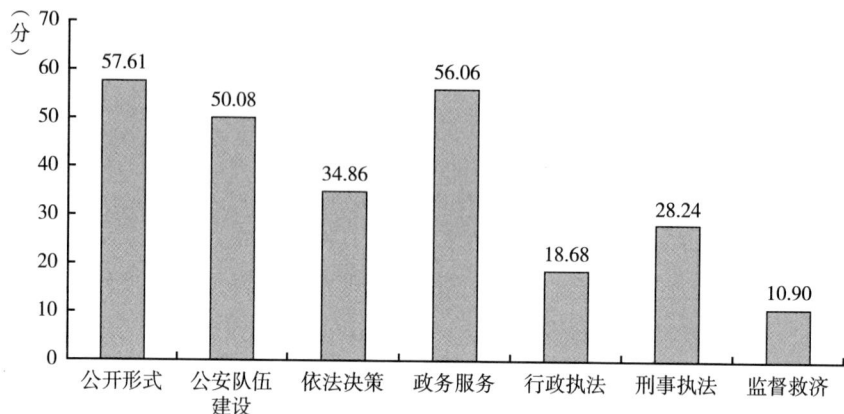

图2 一级指标平均得分

法治政府建设的重要缩影。评估结果显示，公安法治政府建设年报发布质效有所提升，但内容形式有待优化。

（一）集中统一发布年报，但专栏设置及公开形式有待优化

评估结果显示，在73家公安机关中，有33家公安机关均按时公开了2021年和2022年度法治政府建设年度报告，占45.21%；有23家公安机关在官网上设置专门栏目对法治政府建设年报进行集中公开，占31.51%，方便广大人民群众查找。北京市公安局公布的法治政府年报文本形式各级标题划分明确，重点内容加粗，明了醒目。沈阳市每年12月公布当年法治政府年报，且内容翔实周全；河北省公安厅、太原市公安局、内蒙古自治区公安厅的报告发布时间也较早，基本在1月份即发布上一年度报告。上海市公安局官网在信息公开板块有专门栏目，导航便捷。深圳市公安局、湛江市公安局、珠海市公安局将报告归入警务公开中的年度信息公开栏目，且可以搜索查找，具有便民性。总体上，公安机关不断增强对政府法治建设年度报告的重视程度，在官网设置专门栏目发布年报已成主流。

评估也发现，公安机关网站建设在导航功能与版面设计上缺乏实用性和人性化，使得信息公开与搜索工作展开困难。在本次评估的73家公安机关

中，53 家公安机关能够按时公开 2021 年度法治政府建设工作报告，有 20 家公安机关未予公开，连续两年公布报告的公安机关有 33 家，公开率整体有待提升。在公开的报告中，设置专门栏目的公安机关有 23 家（如北京市公安局、天津市公安局、河北省公安厅），占 31.51%。青海省公安厅、天津市公安局、河北省公安局等公安机关未设置专门栏目，报告与其他公开信息混杂，要通过搜索工具才能找到，便民性差且不利于信息整理。少数公安机关虽然公布了报告，但并未公布在公安机关官方网站上，如烟台市公安局将报告发布在烟台市人民政府官网上，四川省公安厅则通过"四川发布"公众号公开。有的地方公安机关公布的报告还存在一些细节问题需要注意，如南京市公安局将报告落款时间错写成 2020 年 12 月。

尽管个别地方（如连云港市公安局）公开的 2021 年法治政府建设年报配有图表，内容更加直观，但整体上，公安法治年度报告最大的问题是形式过于死板单一，内容多以文字形式呈现，公开形式有待丰富，应使用各类图表更为直观地展示各类数据信息。

（二）注重公开公安队伍管理情况，但队伍建设信息披露不全

近年来，各地公安机关普遍注重加强基层人员的法治素质提升、技能培训、体能训练、思想建设等相关能力提升。法治终究是由人来执行和建设的，只有打造知法守法、技能过硬、思想忠诚的公安队伍，才能更好地建设法治公安。评估结果显示，在 73 家公安机关中，有 52 家公安机关在 2021 年法治政府建设年度报告中提及开展了多次思想政治教育、党建活动、政法座谈会等，有 45 家公安机关说明本年度进行了各类专业业务培训，公安执法素质能力得到提升，公安队伍管理逐渐规范化和法治化。例如，南京市公安局、连云港市公安局、浙江省公安厅在年报对民警队伍中本年度通过法考以及取得高级或基本执法资格的人数进行说明。河南省公安厅公布了其组织服务型行政执法比武活动取得的相关成果和数据。四川省公安厅、成都市公安局公布了培训内容、形式、人员、次数，且数据翔实。贵阳市公安局发布党建情况总结，内容充实。西藏自治区公安厅公布了明确的培训与学习内

容。此外，宁夏回族自治区公安厅公布了基层民警数量，该单位有 3764 名民警、806 名审核民警（含法制员）。哈尔滨市公安局针对公安的疫情防控职责与工作情况进行了说明，体现了当地公安机关的社会责任担当。

此外，部分公安机关也努力在舆论阵地和奖励机制等方面推陈出新。在舆论阵地方面，上海市公安局评选指导性案例，注重新媒体宣传，巩固舆论阵地。长沙市公安局制作的《守护解放西》纪录片，创新了对外宣传工作，既有助于树立人民公安为人民的良好形象，还有助于以人民群众喜闻乐见的方式普及典型案例警示、预防犯罪。在奖励机制方面，西安市公安局落实激励措施，对通过国家法律职业资格考试和高级执法资格考试的 101 名民警给予个人嘉奖。

法治的实现离不开人的作用，公安队伍建设是提高法治化水平的重要保障。大部分公安机关能够积极组织公安队伍参加业务培训、政治学习等，但有的公安机关只是笼统提及组织基层执法人员学法，未具体说明培训内容、参与人员数量、学习成果等，如湛江市公安局、珠海市公安局公布了参加培训、讲座学习的警务人员数量，但未对其构成进行分类说明。温州市公安局只提及"抓好广大民警学法"等。报告中未涉及业务培训内容的公安机关有 8 家，占比 10.96%。北京市公安局则未在报告中涉及任何公安队伍建设的相关内容。仅 14 家公安机关能够在报告中公布执法人员数量，占比 19.18%。且只是笼统提供，未对警务人员数量及分类进行说明，如济南市公安局公布了法制民警数量、南宁市公安局公布了行政执法人员数量、宁夏回族自治区公安厅公布了基层民警数量。

（三）依法行政制度体系展示全面，但具体落实情况语焉不详

一方面，公安机关日益重视规范性文件制定和清理，努力做到规范性文件的清单备案明确、清理情况清晰可查；另一方面，认真落实重大行政决策公众参与、专家论证、风险评估、合法性审查、集体讨论决定等法定程序，并积极推进政府法律顾问和公职律师制度，坚持决策过程民主科学。评估结果显示，2021 年法治政府年报中有 16 家公安机关公开本年度规范性文件制

定及清理情况，占21.92%；有24家公安机关公开了本年度规范性文件制定或清理情况，占32.88%。公安机关依法决策意识切实得到增强，评估结果显示，2021年有23家公安机关在年报中提及执法标准、裁量基准等相关信息，占31.51%。河北省公安厅在报告中载明了2021年出台完善重大决策制定程序的规范性文件。厦门市公安局、宁波市公安局、江西省公安厅详细公开年度立法数量和反馈意见数量。江西省公安厅、湛江市公安局、昆明市公安局、四川省公安厅均公布了规范性文件的制定与清理情况。山东省公安厅厘清公安执法边界，修订《山东省公安系统权责清单》。湖南省公安厅、长沙市公安局、济南市公安局、杭州市公安局、太原市公安局、烟台市公安局、河南省公安厅、郑州市公安局、成都市公安局、贵州省公安厅、贵阳市公安局、陕西省公安厅、云南省公安厅、昆明市公安局积极建立公职律师和法律顾问制度，并总结公布相关数据。合肥市公安局单独公布了公职律师参与审理经济犯罪案件数量等数据。

评估发现，沈阳市公安局成立了细化标准修改工作审核组，通过督促市局有关警种与省厅对应警种进行沟通，在原有裁量标准基础上，对部分过于宽泛的细则加以细化，并通过发布指导性意见、执法指引等方式规范自由裁量权。扎紧制度笼子，有效规范了行政自由裁量权行为，从制度机制上防止了"选择性执法""倾向性执法"等问题出现。

提升行政决策公信力和执行力，必须不断完善公安依法决策程序体系。评估发现，关于规范性文件的制定与清理情况，13家公安机关在报告中未涉及相关信息，如北京市公安局、福州市公安局、南昌市公安局等，占17.81%。在公布相关情况的公安机关中，也存在公布内容笼统、未公开具体文件名称及数据等问题，如部分公安机关偏向使用"认真落实""提高质量"等模糊字眼。天津市公安局、太原市公安局、内蒙古自治区公安厅虽公布了制定的规范性文件，但未以清单形式公布，各规范性文件散见于报告各处。37家公安机关公开了重大决策的制定、执行及评估情况，占50.68%。但其中有28家公安机关只笼统公布，内容较单一，如昆明市公安局、内蒙古自治区公安厅仅公开重大决策的法定程序。16家公安机关未涉及重大决策内容，占21.92%。23家公安机关出台了执法标准、裁量基准相关文件，占比31.51%。深圳市公安局、汕头市公安局、广西壮族自治区公安厅的报告中则未出现规范性文件及重大决策相关信息。

（四）关注"放管服"改革推进情况，但缺乏数据支撑

"放管服"改革是加快建设服务型政府，提高政务服务效能的一项重要举措。评估结果显示，在2021年法治政府建设年报中，有29家公安机关以详细统计数据总结本年度"放管服"改革方面的举措和成效，占39.73%；有15家公安机关简单总结本年度"放管服"改革成绩，占20.55%。公安机关政务服务能力不断提高且有所创新。在2021年法治政府建设年报中，有38家公安机关对本年度本机关在优化政务服务方面通过数据或案例方式详细公开取得的成绩，占52.05%；有8家公安机关笼统说明了本年度本机关在优化政务服务方面的举措或成绩，占10.96%。各地"放管服"改革与政务服务部分篇幅普遍较大，实例与数据较多。例如，珠海市公安局精简审批项目，推动行政许可事项"两减一即"，市级行政许可事项的时限压缩率提升至96%，平均跑动次数减至0.02次，即办件占比提升至92.06%。着力深化公安政务服务改革，推进重点公安政务服务事项"跨省通办"，优化办证事项、优化老年人办事服务。汕头市公安局陆续推出延长窗口服务时间、"全国E通办"、分群体优化户政业务办理、优化老年人办事服务等便民利民新举措39项。此外，湛江市公安局、太原市公安局、郑州市公安局、长沙市公安局、广州市公安局、北海市公安局、重庆市公安局、云南省公安厅、昆明市公安局、西藏自治区公安厅、陕西省公安厅在年报中针对"放管服"改革提供了详细的数据、比例或事例支撑。此外，在市场服务方面，沈阳市公安局组建了公职律师法治化营商环境法律服务团队，为企业提供法律咨询和服务。

随着国务院深入推进"放管服"改革的战略部署和具体要求的提出，各地方公安机关都能够积极作出响应，持续优化营商环境、全面落实权责清单、简化行政审批事项。公安政务服务部分是各公安机关法治政府建设工作

报告的重点，存在的共性问题是大部分公安机关虽对"放管服"改革措施及优化政务服务进行大篇幅描述，但缺乏或未提供数据与案例支撑，使整体内容略显空洞。对"放管服"改革有详细说明（举例或统计数据）的公安机关共29家，占39.73%。38家公安机关对优化政务服务提供数据支持，占52.05%。北京市公安局分几个方面阐述了政务服务优化情况，也列举了2021年的创新和改革之处，但无数据支持。同样，山西省公安厅、广西壮族自治区公安厅虽详细列明措施、改革及创新之处，但内容皆较笼统。深圳市公安局仅注重公布便民服务相关信息，范围较小，"放管服"改革和优化政务服务是正确处理政府与市场主体关系、激发市场主体活力的重要手段，但整体来看，政务服务模块的报告质量有待提升。

五 公安法治政府建设整体推进良好，但部分工作质效仍需提升

法治政府建设是全面依法治国的重点任务和主体工程，是推进国家治理体系和治理能力现代化的重要支撑。公安机关作为与人民群众联系最为密切的执法机关，其法治政府建设年度报告公开内容更应当细致充分，以具体的措施、翔实的数据回应社会关切，从而更好地发挥对法治国家、法治社会建设的推动作用。评估结果显示，公安法治政府建设整体推进良好，但部分工作质效仍需提升。

（一）"三项制度"建设成效明显，但执法数据需进一步公开

公安机关要加强规范执法建设，不断健全执法程序、完善执法标准，推动执法权力在法治轨道上规范运行，提高执法质效，保证严格规范公正文明执法。评估结果显示，有11家公安机关在2021年法治政府年报中对"三项制度"建设进行详细说明，占15.07%；有25家公安机关对"三项制度"建设中的某一项进行了简单总结，占34.25%。在案卷评查方面，有9家公安机关在法治政府建设年报中提及本年度进行了案卷评查工作，占

12.33%。此外，有 32 家公安机关在年报中公开说明本年度基层执法改革举措，占 43.84%。例如，湛江市公安局全面推行行政执法公示、执法全过程记录和重大执法决定法制审核"三项制度"，遵循刑事行政案件可回溯式监督管理机制，依托"粤省事"微信小程序公安服务专区，对重大执法决定法制审核制度建设进行详细说明，并公布了相关数据与百分比，内容翔实。昆明市公安局全面梳理细化"三项制度"任务，公开案件评查数量、合格率等数据。沈阳市公安局三项制度建设颇为详细，详细统计了执法记录仪的配备情况、法制员数量，对案卷评查情况进行了分类详细说明。南宁市公安局通过案卷评查、实地督察、专项抽查等方式开展行政执法"三项制度"落实情况监督检查，这也是少数推进并公示案件评查工作的机关。深圳市公安局设立局长信箱和执法监督中心，并提供数据和趋势分析。河南省公安厅在报告中公布了全省警务督查部门投诉线索、核查数以及受到追究的民警人数；广州市公安局公布了局长信箱累计收到的邮件及办结率；湖北省公安厅畅通公开监督渠道，并以数据形式公布了取得的成效。

此外，在行政调解方面，广西壮族自治区公安厅、南宁市公安局在报告中总结过去一年的行政调解工作成果。广西壮族自治区公安厅深入摸排化解各类矛盾纠纷 8.53 万起，成功化解 7.68 万起，调解成功率达 90.04%，有翔实的数据支撑。南宁市公安局还成立了南宁铁路运输法院行政争议调解中心。

评估发现，公安执法数据公开整体上过于保守。公安执法包括行政执法和刑事执法两部分。行政执法方面，73 家公安机关中有 5 家公开了行政许可数据，占 6.85%；11 家公开了行政处罚数据，占 15.07%；12 家公布了行政调解数据，占 16.44%；3 家公开了行政强制数量，仅占 4.11%；18 家公布了治安警情相关数据，占 24.66%；12 家公布了交通执法数据，占 16.44%（见图 3）。从数据来看，各公安机关对行政执法情况的披露程度偏低。四川省公安厅虽然提供了执法数据，但作了隐藏处理。有的公安机关虽然涉及交通执法和治安警情相关问题，但无实质性内容和具体数据。对"三项制度"与案卷评查进行详细说明的公安机关分别占 15.07%、

12.33%，涉及基层执法改革内容的公安机关占 45.21%（见图 4），整体偏高，原因在于该部分未要求提供具体数据。

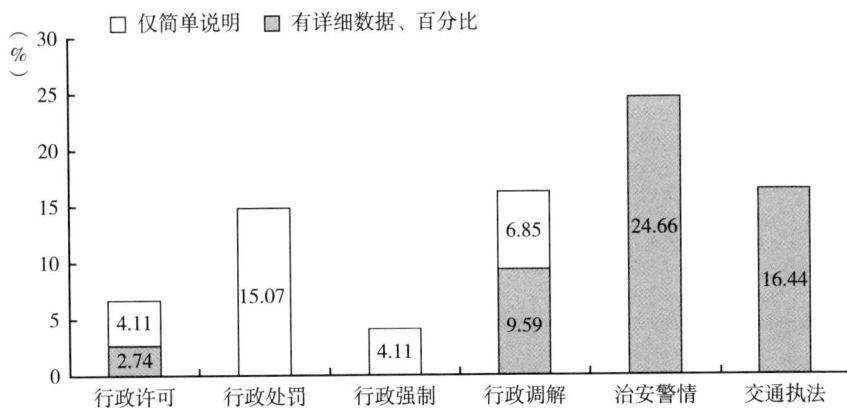

图 3　2021 年公安行政执法数据公开度

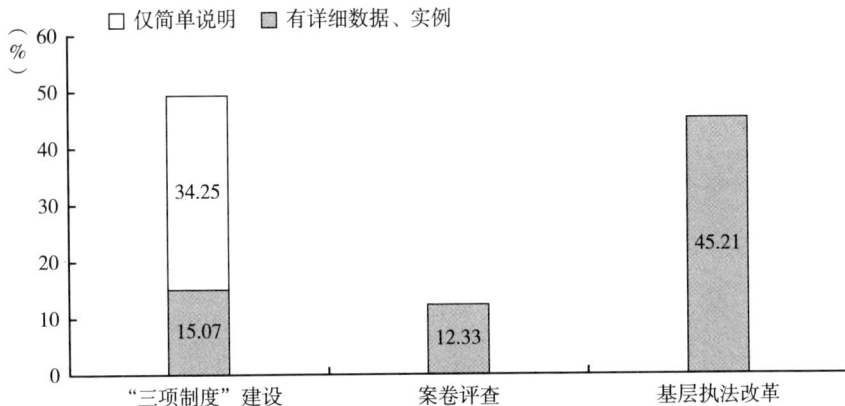

图 4　2021 公安行政执法"三项制度"公开度

公安机关对于刑事执法数据更为敏感，73 家公安机关中仅有 7 家公布犯罪案件总数并进行分类统计，18 家公安机关对犯罪趋势进行细致分析；3 家公安机关提及看守所管理制度建设，对于管制、拘役、社区矫正等刑罚执行情况则无一提及；仅有 12.33% 的公安机关对重大案件进行了情况说明，大多数公安机关更倾向于披露专项行动情况，对打击专项行动成果进行说明的公安机关占54.79%（见图5）。整体而言，刑事执法数据公布情况较差，大部分公安机关不愿意公布数据或仅公布大致数据，也不对犯罪类型及数量变化作细致分析，还存在将犯罪数据与治安信息混杂的情况。有的公安机关虽然在报告中公布了犯罪数据，但只展示积极的一面，而很少涉及存在的问题和不足。对于专项行动也只提到行动的内容与重心，对行动的成果、影响、后续配套政策避而不谈。

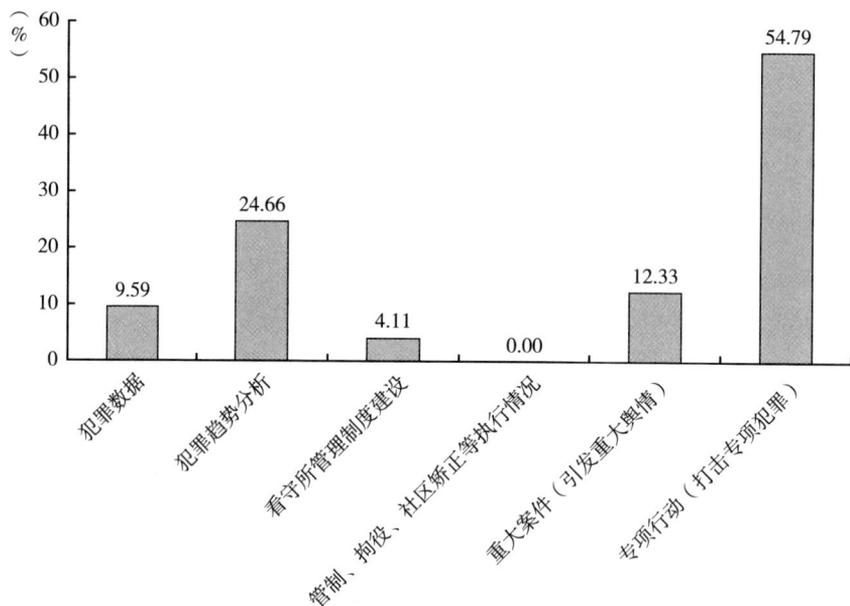

图5 公安刑事执法总体报告情况

公安作为行政执法与刑事执法的重要力量，其掌握海量的数据与资源，但在对数据的正确汇总、统计、分析与公布上存在较大缺陷。相比域外公安数据公布的透明度，中国的公安数据系统化、一体化建设存在以下不足。第一，缺少数据统计制度建设，数据梳理与上报没有形成惯例与具体规则。第二，各省市县系统冗杂，内部数据流通性极差。第三，数据公开透明度低，公开渠道狭窄，形式单一。第四，数据研究理论不成熟，重视程度低。中国目前正大力推进"智慧中国""数字公安"等一系列信息化建设，应着力推进更有利于提升服务效能的信息化公安建设。

（二）行政执法和刑事司法展示较好，但公安执法监督救济问题仍突出

对于行政执法和刑事司法数据，公安机关过去的做法往往是不公布数据或公布的数据笼统，如只公布犯罪趋势，对于犯罪类型与数量变化没有作细致分析，或者与治安信息等分散混杂，或者简单说明犯罪率下降，有报喜不报忧的嫌疑。评估发现，这种对犯罪数据讳莫如深的态度有一定改善，如厦门市公安局犯罪数据详细，包括刑事案件总数、变化趋势以及涉黑、黄赌、电诈等分类数据。哈尔滨市公安局在报告中提及为看守所入所嫌疑人提供便捷体检服务。济南市公安局报告中涉及监视居住的相关内容。山西省公安厅公布犯罪数据细分案件类型，且重点内容加粗，方便阅读者区分，这亦是一种公开上的进步。广西壮族自治区公安厅公布了主要犯罪的总数和趋势，食品类犯罪破案数、抓获嫌疑人数同比上升 223.8%、148.9%；环境类犯罪破案数同比上升 64.4%；制售假冒伪劣商品犯罪破案数、抓获嫌疑人数同比分别上升 93.8%、67%；立破坏森林和野生动植物资源刑事案件 6313 余起。相较其他地区，做到了信息透明、结果公开。北海市公安局在报告中提到治安警情，涉传警情同比下降 61.78%。侦破命案积案 11 起，实现枪爆现案破案率 100% 和全市持枪犯罪零发案，数据翔实，且是较少公开治安数据的评估对象。汕头市公安局重视重大案件舆情回应，且将此项列为专项计划，是刑事执法的进步表现。

此外，银川市公安局重点关注知识产权保护，制定印发《银川市公安局打击侵犯知识产权和制售假冒伪劣商品工作实施方案》，建立知识产权保护工作站，强化行刑衔接。湖南省公安厅详细公布了全面应用政法跨部门大数据办案平台取得的成效。

监督救济是保障人民群众合法权益、保证公权力在法治轨道上运行的重要手段，对维护司法过程与结果公正具有重要意义。对于违法和不当的行政

行为，相对人所享有的救济权利主要包括行政复议权利、行政诉讼权利、国家赔偿权利。评估发现，公安机关该部分的信息公开情况非常不理想。公开行政复议案件数量的公安机关仅有12家，其中4家详细说明了行政复议案件的数量及趋势，公开行政复议案件结果的公安机关有7家。公开行政诉讼案件的公安机关共11家，仅有8家公开了行政诉讼案件结果。18家公安机关对机关负责人出庭应诉情况作出公示，占24.66%。国家赔偿包括行政赔偿与司法赔偿，公开行政赔偿情况的有2家公安机关，而公开司法赔偿情况的只有1家。根据中国裁判文书网，2021年公布行政案由的诉讼文书为105753件，以案件名称中含有"公安局"作为关键词进行搜索则有8514件，这与公安法治报告中的情况大为不同。公安法治报告"报喜不报忧"的现象在行政复议与诉讼案件报告中可见一斑，怠于揭行政短板，也鲜见对行政复议和诉讼案件的反思与改进意见。

该部分总体情况较差，但也不乏像温州市公安局、珠海市公安局、南宁市公安局、沈阳市公安局这样公开行政救济具体案件数量，并对数量变化进行对比分析、详细总结的公安机关。

六 展望：公安机关法治建设年报发布工作任重而道远

党的十八大以来，中国法治政府建设步入新时代的"快车道"。对于与人民群众打交道最多的公安机关来说，应关注法治政府建设的薄弱环节，着力解决数据统计与信息公开方面的问题，畅通人民群众了解信息渠道，提升行政执法效率，提高信息公开透明度。

（一）规范并丰富年报发布形式，让报告接地气、贴民心

法治政府建设年度报告是对过去一年本地区公安机关法治建设成绩、不足和未来工作计划的全面总结。为了让广大人民群众更便捷地检阅过去一年公安机关法治建设成果，首先可以在官方网站设置专门栏目集中公开年报，方便人民群众查阅。其次，创新年报发布形式，不仅局限于文字版年报，可

以伴随着图解、音频和视频方式发布，生动形象地向全社会展示本年度法治政府推进情况。将年报制作成多媒体形式，包括视频、动画以及图表等，使其更具视觉冲击力，视频可以通过生动的画面展示公安机关在维护社会安全和司法公正方面的努力，动画则可以形象地演示法治政府建设的各项举措和政策实施过程，而图表可以直观地呈现数据和统计结果，让人民群众更加清晰地了解成效。最后，还可以通过社交媒体平台发布年报的关键信息和亮点，引导公众参与互动，通过在微博、微信、抖音等平台发布法治政府建设年报，可以扩大年报传播范围，吸引更多的人参与讨论和分享。此外，公安机关在网站发布年报也要考虑视障人士、老年群体与外国居留者，可以增加无障碍或长者模式，增加放大字体和语音播报等功能，方便部分群体查阅，也可以增加下载功能，满足部分群众下载阅读的需求。针对外国居留者的热点诉求，应当制作引导守则或链接。通过多种方式发布法治政府建设年报，不仅能够促进社会公众对年度报告的理解，而且能扩大信息的传播效果和覆盖面，进一步加强公众对法治政府建设的理解，从而促进社会各界的参与和支持。

（二）严谨务实总结法治工作，向人民群众展示公安法治全貌

严谨务实总结法治工作并向人民群众展示公安法治全貌是推进公安法治政府建设的重要一环，总结法治工作是对公安机关法律实践的客观回顾与评估，从而发现问题、总结经验，进一步完善工作。报告公安法治全貌则是将公安机关在法治建设方面的成就、经验和取得的成果向人民群众进行全面展示，增强群众对公安工作的信任度和满意度。公安机关作为政法部门，是法治建设的主力军，应当重视法治政府建设年度报告撰写工作，报告内容应当翔实全面，不回避存在的问题。

未来应当加强以下情况的报告：一是公安队伍建设情况，针对执法人员数量和构成进行综合公示，形成年报制度，在网站开辟专门板块展示新时代公安队伍建设风采；二是规范性文件和重大行政决策的制定以及相关的清理和事后评估工作；三是"放管服"改革进展及政务服务情况；四是行政执

法情况，重点关注"三项制度"建设，尤其是案卷评查与法制审核工作，是保证法治公安建设的重中之重，各地应当加强对优秀案卷与案例的分析学习，共同促进严格规范公正文明执法，依法保障人民权益；五是刑事执法情况，公安刑事执法报告应当包括地区犯罪概况、监所及刑罚执行、重大案件舆情回应及年度打击犯罪的专项行动情况，尤其要注重对恶性案件、舆情案件、重大责任事故案件等的回应；六是监督救济情况，部分报告对本部门涉及的诉讼、复议案件有回避心态。以上信息不可用套话、官话泛泛而谈，要以真实全面的数据、案例作支撑，全面、客观地反映法治政府建设的实际情况。认真撰写法治政府建设年度报告，向人民群众报告公安法治全貌，用公安政务更加公开透明赢得人民群众更多理解、信任和支持，有助于拉近警民关系，树立自信务实、亲和为民的公安形象，也有助于全面总结和检验一年来的法治政府建设情况，开展下一年的法治政府建设。

（三）建立公安数据管理与公开制度，助力数字决策和治理

公开详尽执法数据对公安数字决策和治理发挥着至关重要的作用。首先，公开详尽执法数据可以增强政府信息透明度，公众有权知晓公安机关的执法情况、案件处理和刑事犯罪数据等重要信息，公安公开这些数据有助于提升公众信任度和信息透明度，消除信息不对称，增强公安机关的合法性和公信力。其次，公开执法数据可以促进群众参与，信息公开有助于公众深入了解社会治安情况和犯罪状况，公众可以根据数据了解犯罪趋势和热点区域，从而主动参与社区治理，积极举报违法犯罪，形成社会共治的局面。最后，公开执法数据还有助于提升包括公安在内整个社会的数字决策和治理能力。通过收集、整理和分析大量执法数据，公安机关可以了解犯罪的规律和特点，掌握社会治安态势，从而作出科学决策。同时，高质量的公安数据也有助于提高公共决策的科学性和精准度，从而推动国家治理体系和治理能力现代化。

B.5
法院与政府联动助推依法行政的四川实践

四川省高级人民法院课题组*

摘　要： 习近平总书记在党的二十大报告中强调，要"扎实推进依法行政"，为新时代法治政府建设提供了根本遵循。政府是推进依法行政的主体，人民法院是推动依法行政的重要力量，加强两者联动，更快更好地推动法治政府建设，是当前面临的重要课题。四川积极开展府院联动实践探索，形成了具有本地特色、务实高效的"2+9"法治共建府院联动机制，并锚定当前府院联动的突出问题，探索建立制度化、规范化、长效化的府院联动体系，持续拓展府院联动在市（州）县（区）的覆盖面、提高运行成效，努力开创四川法治政府建设新格局。

关键词： 府院联动　依法行政　法治政府

一　四川府院联动机制整体运行情况

党的十八届四中全会通过《中共中央关于全面推进依法治国若干重大问题的决定》，要求"坚持系统治理、依法治理、综合治理、源头治理，提高社会治理法治化水平"。近年来，四川法院秉承系统观念，坚持前瞻思考和全局谋划并重，坚持依法办案与服务大局并重，努力打造"1+N"府院联

＊　本报告系四川省法学会2022年度法治实践创新专项课题"府院联动助推政府依法行政示范试点研究"（项目编号SCFXSC2203）的阶段性成果。课题组负责人：张能，四川省高级人民法院党组成员、副院长。课题组成员：王雪梅、梁咏蜀、熊君、丁静静、臧永、霍颖。

动机制，即构建 1 个府院联动平台暨联席会议，从司法建议、行政审判白皮书、行政争议调解、信息共享、法治培训等 N 个维度建立常态化联动工作机制。

（一）坚持全局谋划，注重省级引领，构建赋能法治政府建设的联动框架

四川省高级人民法院（以下简称四川高院）积极开展全省府院联动总体设计。一是探索省级"两长"联席会议。2019 年在全国率先探索建立省级层面府院"两长"联席会议制度，受到时任最高人民法院主要领导批示；与四川省自然资源厅等联合建立行政执法与行政审判联席会议制度，初步建立省级"两长"府院联席会议常态化机制。二是常态化开展联合培训。在全国首开先河，创办全省行政司法同堂培训平台"敏学大讲堂"，邀请各省级机关业务专家就专门领域行政管理理论实践问题授课，常态化开展行政执法与司法能力提升培训，受到最高人民法院充分肯定。三是坚持行政审判白皮书制度。《2021~2022 年行政审判情况报告》获最高人民法院领导和四川省政府、省政协、省委政法委主要领导肯定性批示。2023 年 6 月 20 日，在全省促进民营经济发展壮大电视电话会议上省长专门肯定和强调相关内容和建议。四是开展行政争议调解机制实践探索。在依法治省委员会框架下，以府院联动为特色，在全省探索实践行政争议调解中心，被作为四川法治建设成果向全国推介。

（二）依托培优增效，召开联席会议，打造赋能法治政府建设的府院联动平台

一是大力开展行政审判培优增效。2023 年全省法院系统开展"行政审判培优增效"活动，各市（州）法院巡回开展"庭审观摩、联席会议、同堂培训"专项活动，取得显著成效。在四川高院指导下，通过府院联席会议，广安签订全省首个《府院联动工作机制备忘录》，乐山提出化解行政争议"蓝宝书"，资阳出台《关于做好党政机关履行人民法院生效判决和裁定

工作的实施意见》。二是强化总体规划设计。广安、达州等 11 个市州以及县（区）人民法院与同级人民政府会签出台府院联动规范性文件，针对行政审判中反映的依法行政难点痛点堵点问题，从司法执法业务交流向人员交流、信息共享、数据互通等领域拓展，实现多方位、多渠道、常态化联动。三是府院联动机制全覆盖。四川高院积极指导全省 21 个市（州）建立联席会议机制，主要通报行政审判情况，提出建议促进依法行政，解决具体联动事宜。广安建立"法院+市政府及 6 个县（市、区）政府+市县两级政府相关职能部门"的"1+7+N"联席会商机制。四是积极拓展配套制度。依托府院联动平台，广安建立工作机制、执法能力共建和纠纷多元化解、体制机制改革共推"两共建两共推"机制。成都、绵阳、广元等地在城市管理执法、市场监管、人力资源和社会保障等涉诉重点领域，与同级行业主管部门建立行政司法联动机制。

（三）拓展联动方式，延伸审判职能，构建赋能法治政府建设的府院联动制度

一是抓住"关键少数"，坚持推动行政机关负责人出庭应诉制度化。全省法院主动延伸行政审判功能，通过高位推进、出台规定、纳入考核、通报问责等多项举措，发挥"关键少数"表率作用。攀枝花、广安、绵阳、宜宾等地建立行政机关负责人出庭情况反馈通报和责任追究等机制。资阳法院创新推出"1+1+1"行政机关出庭应诉模式。2022 年全省法院行政负责人出庭应诉率达 88.28%，67 个区（县）达到 100%。二是坚持行政审判白皮书"法治体检报告"制度。以决策参考为导向，充分发挥人民法院行政审判专业优势，围绕房屋征收、劳动和社会保障、集体土地征收等涉诉领域，分析梳理行政执法突出问题，提出对策建议，依托府院联动向行政机关定期通报，切实推动行政执法规范化法治化。两年来全省法院发出各类行政审判白皮书 122 份。三是善用司法建议。两年来全省法院发出司法建议 720 份，工伤保险金支付中"双赔"问题司法建议受到最高人民法院充分肯定，并最终推动四川省人民政府废止《四川省人民政府关于贯彻〈工伤保险条例〉

的实施意见》。成都深化开展"一案三建议"活动，广安坚持司法建议跟踪反馈机制。四是强化府院法治培训。府院在人才培养、业务培训、党建队伍方面的互动渠道更加畅通。成都创建行政法律职业共同体"同堂培训"品牌暨"行知讲学堂"，落实推进"三同机制"；绵阳坚持法治教育关口前移，全省首创与党校共建领导干部法治教育基地；德阳、乐山、广元、达州等地区通过行政法官授课、行政案件庭审观摩等方式，实现信息共享，推动行政机关提升履职能力。

（四）注重诉源治理，推动依法行政，凸显赋能法治政府建设的府院联动效能

一是"党委领导、政府主导、法院指导、社会参与"的行政争议诉源治理大格局初步形成。在府院联席机制推动下，四川高院指导成都、乐山、遂宁、广安等地试点建立"党委领导、政府主导、法院指导、社会参与"的行政争议调解机制，实质化运行行政争议调解中心，相关经验做法收录于《四川依法治省年度报告（2023）》①。全省共建立各类行政争议调解中心（室）59个，实体运行化解行政案件896件。二是进一步拓展府院联动诉源治理功能。各市州法院始终把行政争议的源头预防、实质化解作为核心目标追求，对涉众涉群、敏感性、历史遗留等行政争议，积极争取地方党委政府支持和多部门联动联调。成都指导全市法院建立"青彭金""温郫都崇"等17家行政争议诉前调处中心，形成覆盖全市的行政争议调处网络，成功化解重大疑难行政案件。乐山在全省率先统筹设立行政争议多元化解中心，实现行政争议案件"一站式"接收、调处、解决。

二　府院联动助推依法行政示范试点实践

尽管当前四川法院府院联动已经取得一定成效，但该制度基本处于各地

---

① 四川省高级人民法院课题组：《四川行政争议调解机制建设的实践探索与完善路径》，李林等主编《四川依法治省年度报告 No.9（2023）》，社会科学文献出版社，2023。

自行探索状态，制度化、规范化、标准化、长效化的府院联动体系尚未完全建立。为进一步发挥府院联动的制度价值和功能，四川高院选取成都市成华区和康定市作为府院联动助推依法行政示范试点地区，两地均为四川省14个全面依法治县示范试点之一，具有开展府院联动示范试点工作的较好基础，并因所处地区与行政案件管辖制度而各具特色。

（一）试点成效

四川高院依托府院联动机制，积极汲取各市州创新举措和其他省份成熟经验，指导成华区、康定市推进相关机制的构建和实施，取得明显成效，并形成具有本地特色、务实高效的"2+9"法治共建府院联动机制，即行政案件属地管辖和集中管辖下的2类府院联动模式和9类府院联动机制。

推行之后，司法统计数据也反映了成华区、康定市法治政府建设取得一定成效。分地区来看，成都市成华区人民法院（以下简称"成华法院"）府院联动推动行政争议诉源治理成效凸显：2020~2022年，新收一审行政案件稳中有降，为201件、219件、192件；一审行政案件撤诉率逐渐上升，分别为11.64%、12.33%、14.52%；一审行政案件行政机关实体败诉率逐渐下降，分别为7.91%、7.14%、4.86%，2022年比全省平均水平低23.21个百分点；行政机关决策群体依法行政意识明显增强，行政机关负责人出庭应诉率分别为64.85%、60.65%、81.65%。四川省康定市人民法院（以下简称"康定法院"）2022年行政机关负责人出庭应诉率持续保持100%，并在四川高院指导下，建立了集中管辖法院、属地法院、属地政府三方异地府院联席会议制度，积极探索"法院+"模式，为当地下一步开展府院联动、提升法治水平奠定了基础。

（二）主要类型

1. 属地管辖下的常规府院联动模式

成华法院处于行政审判、经济发展和综合治理水平均较高的成都地区，该试点开展府院联动的基础较为深厚、经验相对成熟，且行政案件属地管辖。开展府院联动机制探索以来，成华区委将行政争议多元解纷工作纳入市域社会治理现代化试点示范创新项目，成华区政府将深化府院联动、切实加强矛盾纠纷多元化解等纳入 2023 年年度法治政府建设重点工作安排。同时，成华法院结合当地区情实际，推动出台《关于健全府院联动机制 推进行政争议源头预防和实质化解的实施意见》，合力形成了以府院联席会议为基础，以热点行政执法领域互动为重点，以三同机制落实为抓手的府院联动平台，共同推动重点案件办理、共同促进争议实质化解、共同提高队伍综合素能的府院联动模式，有力助推法治成华建设，为省内其他实行属地管辖的地区提供了可复制可推广的府院联动先进经验。

2. 集中管辖下的异地府院联动模式

相较于成华法院，康定法院位于自然环境相对恶劣、经济发展欠发达的甘孜藏族自治州，府院联动机制尚未全面建立。自 2021 年 8 月起，甘孜州正式实施行政案件相对集中管辖试点工作，康定法院是甘孜州范围内一审行政案件相对集中管辖的基层人民法院，负责泸定等 9 县行政案件。作为此次示范试点之一，该院建立了集中管辖法院、属地法院、属地政府三方异地府院联席会议制度，明确了联席会议由属地政府分管司法行政工作的副县长、康定法院院长、属地法院院长担任召集人，由康定法院、属地法院和属地司法局具体牵头承办，由属地司法局负责联席会议的组织、联络和协调，为省内其他实行集中管辖的地区提供了府院联动相关经验。

（三）主要机制

1. 构建了"年度府院两长+定期重点专项+日常行政司法"多模式联席会议机制

一是常态化开展府院联席会议。每年召开 1 次行政首长和人民法院院长出席的"总对总"府院联席会，发布司法审查白皮书，通报上一年度行政执法、行政复议及行政应诉情况；定期召开"总对总"与按需召开"点对点""专业对专业"等多模式府院联席会议相结合，聚焦行政诉讼案件高发领域，针对审判实践中发现的多发性、敏感性纠纷，与特定行政管理领域的行政机关召开专题府院联席会，就争议问题形成共识，采取有效措施防范和化解行政风险。二是进一步拓展府院专门问题联席会议诉源治理功能。对群体性、敏感性、历史遗留性等行政纠纷，充分运用府院联席会议平台，积极争取地方党委政府支持，促进多部门联动联调，实现政治效果、法律效果、社会效果有机统一。三是建立府院联动联络员制度。人民法院和行政机关配备至少1名联络员，负责相关信息汇总转达，组织召集府院联席会议等沟通协调工作。2020年以来成华召开"总对总"府院联席会议5次，专题府院联席会12次，研究解决涉违法建设拆除等10个重大行政执法问题，培养了4名经验丰富的府院联动联络员。

2. 构建了重大事项决策法治化机制

公共政策的法治化水平是衡量行政机关依法行政的重要因素，人民法院有必要延展其审判职能，积极参与相关政策性文件制定修订工作，从行政制度源头降低引发行政争议的风险；审理中发现的涉及重大项目推进、地方经济发展的法律问题，同步形成专题法律分析报告，供同级党委政府决策参考；对类案中的疑难问题，借助府院联席会议交流平台，与所涉部门召开研讨会，邀请法学专家参会指导，推动执法部门、人民法院就相关疑难问题达成共识，将司法经验融入行政执法，为党委政府中心工作和行政机关重点工作提供司法智力支持。成华法院通过列席成华区委常委会、政府常务会，为区重大决策部署、涉依法行政事项及历史遗留问题解决等提供法律咨询建议，先后8次依法适度参与成华区政府及职能部门等6个规范性政策文件的制定，推动出台涉基层治理的燃气安全整治等4个规范性文件，助力提升辖区治理法治化水平。

3. 构建了信息交流共享机制

成华法院积极借助信息化渠道，构建行政机关、复议机关、人民法院信息共享、程序衔接工作机制，推动与同级司法行政部门、重点涉诉行政机关适时共享各自工作领域的法律法规、政策、文件，常态化发布年度及季度司法审查白皮书，定期梳理行政案件收结案情况，分析涉案行政领域、败诉案件类型、败诉主体等涉及依法行政运行态势的基本数据，让党委、政府主要负责同志直观了解特定时期当地依法行政总体情况。结合案件审理发现的问题，适时反馈亟待解决的工作问题并提出工作建议，实现常效性沟通反馈。注重沟通矛盾纠纷排查、涉诉信访纠纷工作情况，通报诉调对接工作开展情况和困难，行政机关及时向人民法院反馈行政诉讼和非诉执行的建议。2020年以来，成华法院和6个行政机关围绕2部法律法规和5份规范性文件进行信息共享8次，发布司法审查白皮书3份，反馈行政执法普遍共性问题6个，提出对策建议6条，并先后向相关行政机关发出《国有土地上房屋征收与补偿工作流程指引》《城市改造中征地拆迁工作的司法调研报告》《国有土地上房屋征收及相关城市更新改造模式研究》3份调研报告及专项指引，进一步规范涉城市更新、征地拆迁等重要领域行政执法。

4. 构建了法律职业共同体"7+3"机制

成华法院注重打造法律职业共同体同堂培训体系，构建了法律职业共同体"7类人员+3个同步"机制，即法官、检察官、民警、行政长官、行政执法人员、行政复议人员、律师等7类法律职业共同体成员，通过庭审观摩、"送法进机关"、"行知讲学堂"等方式，实现同台练兵、同堂培训、同步提升等3个同步，广泛开展行政执法、复议、应诉大练兵活动，强化一线行政执法人员的办案能力、应诉能力和群众工作能力，提高法律实践能力。2020年以来，成华法院联合成华区综合行政执法局等5个部门开展观摩庭审、庭审竞赛等活动6次，参与120人次，实现同台练兵；开展培训研讨活动18次，覆盖行政执法人员400人次，实现同堂培训；通过司法行政部门与人民法院行政审判部门互派人员顶岗学习，开展任前考法6次、年终述法等20次，实现同步提升。

5. 构建了"党委领导、政府主导、法院指导、社会参与"的实质解决行政争议新机制

行政争议协调化解中心是府院联动化解行政争议的重要组织。成华法院积极借鉴省内已有的行政争议调解经验做法，充分发挥政府主导作用及司法推动作用，突出涉诉行政机关争议化解主体责任，积极构建党委领导下的社会治理大格局。2021 年依托府院联动平台与成华区司法局联合实质运行成华区行政争议调处中心，对行政争议开展实质性化解工作，引导起诉人对补偿、赔偿等行政机关有裁量权的案件向调处中心申请调解，针对性邀请相关主管部门参与案件的实质化解工作。成华法院已通过该区行政争议调处中心妥善化解行政案件 20 余件，共同推动化解涉市区重大项目推进系列案件。

6. 构建了"社区法官+行政执法人员+调解员"基层自治联动解纷机制

随着基层社会自治的推进，将府院联动的触角延伸至基层社会，培育社会自我消解纠纷机制是将争议化解在基层、推动法治政府建设的重要途径之一。成华法院将行政解纷力量向基层下沉，探索行政司法基层自治新路径，建立"社区法官+行政执法人员+调解员"联动解纷新机制，努力实现"一社区一法官"，召开多方参与的社区"诉源治理"联席会议，以 1 名员额法官、1 名行政机关执法人员、1 名社区调解组织人员为核心，将矛盾化解在基层。同时，成华区注重推进行业规范自治，重点培育发展金融、房产物业、交通物流、信息技术等行业协会商会类社会组织，指导完善行业规章，推广交易示范文本，加快组建和发展行业调解队伍，推动行业内纠纷自主化解。2020 年以来，成华区有 52 件行政案件以调解或协调方式结案，占结案数的 8.5%。

7. 构建了行政案件败诉风险预警机制

成华法院探索建立诉前败诉风险评估机制，重点识别行政机关具有自由裁量权的补偿赔偿类行政争议，将案件事实、法律适用、争议焦点、行政行为合法性、涉诉行政机关等作为审查要素，结合审判经验、通过类案检索等确定败诉风险等级，针对败诉风险等级较高的行政案件，及时向涉诉行政机关发送行政案件败诉风险预警和协调化解行政争议建议，明确告知诉讼风险、化解依据，倒逼行政机关及时纠错、主动担责、积极化解争议。同步建立健全重大案件报告制度，明确重大案件及案件风险识别标准，针对重点领域行政争议，实行分类识别、及时报送、统筹处理，采取逐级汇报、提级管理、专法会研究等方式，由院庭领导提级监管。重大案件审结后，及时形成专报，向党委及上级法院报告。2020 年以来，成华法院针对市场监管投诉处理、治安管理、养老保险给付等 6 个重点行政管理领域的 35 个行政案件，向行政机关发送败诉风险预警 35 次，推动涉诉行政机关主动化解争议 19 个。

8. 构建聚焦依法行政"关键少数"的行政负责人出庭应诉联动机制

法治建设需要牢牢抓住领导干部这个"关键少数"。行政机关负责人出庭应诉制度作为《行政诉讼法》确立的极具中国特色的重要诉讼制度，能够充分发挥"关键少数"在法治政府建设进程中的重大作用。成华法院依托府院联动平台，探索建立行政机关负责人出庭应诉联动机制，在法律和司法解释现有规定的基础上，要求所有行政案件均发送负责人出庭应诉通知，并建立旁听庭审和对行政机关负责人出庭应诉情况的 6 个分析评价机制，倒逼行政机关严格落实行政机关负责人出庭应诉制度，强化庭前准备、组织案情研究、熟悉法律规定，充分做好答辩及举证工作。同时，建立行政机关出庭应诉报备核查制度，包括完善出庭应诉、出庭发言、矛盾纠纷化解"3 项报备核查"制度，庭审中增加行政机关负责人"出庭发言"环节，助力行政争议实质化解。2020~2022 年成华法院行政案件行政机关负责人出庭应诉率由 64.85% 升至 81.65%，负责人"出庭出声"比例由 9.95% 升至 16.15%。

9. 构建了内涵更加丰富的专项司法建议机制

成华法院作为成都地区基层人民法院，借助府院联动平台，创新建立了内容和范围比立法规定更为丰富的专项司法建议制度，使司法建议推动依法行政、化解行政争议的特征更加鲜明。具体而言，人民法院在审理行政案件时，按照诉讼阶段发送庭前、庭中、庭后 3 类专项司法建议：庭前向行政机关负责人发出出庭应诉司法建议，推动行政机关负责人出庭应诉制度落实；庭中对具有协调和解基础和条件的，向行政机关发出促成案件实质化解的司法建议；庭后对发现的行政机关执法程序上存在的不规范行为、带有共性的问题及需加以规范完善的管理制度等，向行政机关发出进一步规范行政执法行为的司法建议，为政府科学决策提供参考。2020 年以来，成华法院针对交通执法、工伤保险、市场监管等行政审判所涉领域，向 5 个行政机关发出专项司法建议 8 份，推动解决了交通运输行政执法文书送达、行政处罚陈述申辩及听证权利告知等 5 个行政执法难题。

（四）存在问题

1. 行政机关自行纠错机制尚未建立

行政机关自行纠错机制的价值在于维护行政法律关系的稳定性和合法性，增强行政机关的公信力，在行政争议实质化解中举足轻重。《宪法》第108 条和《行政诉讼法》第 62 条、第 74 条等均规定了行政机关自我纠错内容。调研发现，省内虽有个别地区如乐山初步建立了行政机关自我纠正制度，但并未形成系统性制度化的行政机关自我纠错机制，导致行政争议难以实质化解，府院联动效能无法充分发挥。

2. 行政复议主渠道作用发挥仍不充分

调研发现，虽然行政复议主渠道作用具有坚实理论基础和强烈社会共识，但实践中仍长期低位运行，行政争议分流作用并不理想。2020~2022 年全省法院新收的 37884 件一审行政案件中，仅有 2352 件经过了行政复议，有 93.79% 的行政争议未经行政复议直接进入行政诉讼；成华区行政复议案件受理量分别为 88 件、143 件、167 件，对应一审行政案件收案量则为 201件、219 件、192 件，前者数量受理总量仅为后者的 65%。究其原因，行政机关与复议机关均处于行政系统中，行政复议作为上下级行政机关内部层级监督的色彩较浓，且行政诉讼具有司法终局性和效力确定性，而行政复议决定仍有接受司法审查的可能，导致公众对通过行政复议进行权利救济的认同度较低。

3. 行政机关负责人出庭应诉效果不佳

行政机关负责人出庭应诉制度是"关键少数"通过行政诉讼发挥关键作用的重要途径，有助于构建"上为之、下效之"的法治政府环境。调研发现，实践中该制度运行情况并不理想。个别地区对行政机关负责人出庭应诉的考核指标设置不科学不具体，属于重数量轻质量的传统统计考核方式，行政机关负责人仍然存在出庭应诉能力不强、实质参与度不够，不同程度存在"观念不强不想出庭""责任不实不愿出庭""能力不足不敢出庭"问题，不利于行政执法水平提升和行政争议化解。例如：2022年成华法院行政机关负责人出庭的案件中，发言仅占16.15%；部分市州考核压力传导错位，将对行政机关负责人出庭应诉的考核，错误异化为对人民法院的目标考核，使出庭应诉制度推进依法行政的作用大打折扣。

4.行政争议调解机制运行还需进一步优化

从当前实践来看，行政争议调解机制主导权责不清晰、源头预防功能发挥不足、行政机关对行政争议调解积极性不足、部分地方政府对行政争议调解中心的运行人财物保障不到位，规范化建设不到位、制度规范欠缺、无相关程序指引、行政审判集中管辖改革导致异地调解难度增加等问题开始显现。因此，如何在党委领导下，让政府与人民法院在行政争议调解中建立良性互动关系是迫切需要解决的问题。

三 路径探索：关于完善府院联动助推依法行政的思考

四川高院结合省情实际，针对府院联动机制探索中的问题，总结汲取先进经验做法，以行政审判培优增效作为推广总结示范试点地区经验的契机，力求提升行政机关负责人出庭应诉效果，探索建立行政机关主动纠正违法行政行为的容错纠错机制，及时与行政执法部门沟通预警行政执法中的普遍性、倾向性、趋势性问题，进一步提高府院联动机制的运行成效。

（一）构建总体方案

将府院联动作为当前一项重要工作，持续深化府院联席衔接协调机制。通过共商行政执法、复议、审判过程中的共性问题，构建各级党委领导下的"共建、共治、共提升"司法复议执法三方协作模式，按照"1+N"框架，努力推动四川省委出台《关于健全府院联动机制　推进行政争议源头预防和实质化解的实施意见》，并由全省各级府院分别针对当前府院联动工作中亟待解决的问题，建立健全行政机关自我纠正、强化行政复议诉讼衔接、全面建立行政争议调解等"N"个联动机制。通过推进"1+N"，最终形成领导有力、衔接顺畅、协调有序、运转高效的全域全链条府院联动机制。

（二）健全联动机制

1.全面建立行政争议调解机制

坚决贯彻落实习近平总书记"把非诉讼纠纷解决机制挺在前面"的指示精神，深化党委领导下的府院联动，以府院联席会议为主平台，汇聚推动行政争议调解中心建设的强大合力。一是全省三级行政争议调解中心全覆盖。推动全省各级府院共同建立行政争议调解中心。二是全面建立政府主导的行政争议调解机制。推动政府承担实质化解争议主体责任，并构建标准化行政争议调解中心运行体系，出台行政争议调解中心工作规程，规范行政争议调解中心运行程序和调解工作流程。三是建立健全行政争议化解保障机制。按照"有牌子、有地方、有人员、有制度、有统计、有总结"等标准推动行政争议调解中心标准化规范化建设，配套建立人财物保障、考核评价、司法确认等机制。

2.推广建立行政机关自我纠正机制

府院共同研究制定行政机关对不当行政行为的自我纠正工作机制，明确行政行为自我纠正的适用范围、程序规则及保障措施，规范自我纠正程序与行政复议、行政诉讼程序衔接机制，将行政争议自我纠正纳入行政争议化解程序以及法治建设考核体系。同时，完善败诉问责容错纠错机制，切实加强监督管理，明确行政机关拒绝纠正的责任后果，对因故意和重大过失导致败诉的、行政机关拒不履行生效判决或复议决定的、明知行政行为违法且在人民法院、复议机关建议主动纠错后拒不纠正的，加大对责任人问责追责力度；对主动纠正违法行政行为、"新官理旧账"等积极作为的，针对"诉前、诉中、诉后"阶段探索建立"阶梯式"容错纠错机制，保护领导干部主动作为、主动纠错的积极性。

3. 探索建立行政异议机制

探索建立行政异议机制，行政相对人对行政行为不服，可先行向作出行政行为的行政机关提出行政异议。在行政争议调解中心增设行政异议机构，选任涉诉行政机关具有丰富行政案件调解经验的行政执法人员以及法官、律师、专门调解人员等法律职业人员，组成争议化解专门团队，明确适合化解的行政争议类型、当事人向行政机关提出异议的程序和所需材料，同步出台行政争议调解司法确认工作规程，为行政复议和行政诉讼构筑"过滤网"。

4. 强化行政复议先行化解机制

借助府院联动平台，充分发挥行政复议主渠道作用，加强行政复议诉讼衔接。机制上，明确由复议机关梳理归纳现有法律法规中属于行政复议范围的事项，每个事项列明法律依据，并向社会公众公开，明晰复议受理条件和范围。场所上，以行政争议调解中心为场地基础，增加行政复议专门接待场所，设立行政复议代办点，前移行政复议办理关口。人员配备上，推动复议调解力量下沉，选派专业水平高、经验丰富的行政复议联络员进驻行政争议调处中心，努力推动前端化解。

5. 建立行政案件示范诉讼机制

强化示范诉讼效能，努力推动"判决一案、化解一批、规范一片"。推动全省三级人民法院出台行政案件公开开庭审判示范诉讼规程，明确示范诉讼的案件类型、被诉行政机关级别、庭审详细程序和庭审观摩主体等。注重选取被诉行政机关级别较高、能够推动法学理论研究、彰显行政审判效能、促进法治政府建设、具有重要争议化解价值、社会公众关注度高的典型案件，公开开庭审判，充分发挥地市级以上行政机关负责人出庭应诉示范引领作用，扩大庭审观摩人员范围，邀请法律专家学者、当地人大代表、政协委员、重点涉诉行政机关的执法人员等参加并进行点评交流，同步建立对外宣传机制，及时扩大示范社会效果。

6. 健全异地管辖联动机制

结合行政案件集中管辖改革实际，指导省内各地集中管辖法院联合属地政府和属地人民法院建立跨区域联席会议制度，并依托异地府院联动机制，管辖法院、属地法院和属地政府三方共同设立组建行政争议协同化解工作站，特别要明确属地法院在争议化解中的职能职责，将属地责任融入行政争议调解机制，并明确由集中管辖案件较多的属地司法局抽调专人常驻，与管辖法院协作开展各自县区行政争议调解工作，破解异地联动困境。

7. 健全法治政府考核机制

切实发挥考核"指挥棒"作用。结合中央要求，推动全省各地将行政机关自我纠正工作、行政机关负责人出庭应诉、司法建议回复落实、行政争议化解等情况纳入法治政府考核机制和行政机关负责人年度述职内容，并明确考核责任主体、指标、维度、程序及考核结果通报、责任追究等事项，明确对不履行行政应诉职责、行政行为有错不纠、同类行政案件"一败再败"、行政争议化解不力的地区或部门进行通报和约谈负责人，并提请上级行政机关或党委、党委政法委进行约谈，形成多方协同监督的格局，倒逼行政机关依法积极履职。

B.6
北京市门头沟区"检察+行政"府检联动推动法治政府建设调研报告

门头沟府检联动研究课题组*

摘 要： "府检联动"机制是政府主动接受法律监督，检察机关能动司法，合力推进法治政府建设的重要举措，对于检察机关依法监督政府执法、加强行政执法与刑事司法相衔接、打造法治化营商环境具有重要意义。检察机关顺应新时代要求探索"府检联动"，取得了较好效果。但是，在取得一系列成效的同时，也遇到了一些困扰和难点。进一步破解难题，尽快推进机制贯彻落实，就成为当前亟须解决的问题。本文深入分析门头沟区"府检联动"坚持目标导向、问题导向和需求导向，围绕中心、服务大局，不断创新"府检联动"机制的具体做法和成效，争取不断强弱项、补短板，探索独具特色的"府检联动"门头沟工作模式。

关键词： "府检联动" 行政检察 公益诉讼 法治政府

一 当前基层法治政府建设的难点堵点

法治兴则国兴，法治强则国强。中共中央、国务院 2021 年 8 月 2 日印

---

* 课题组负责人：朱凯，门头沟区委常委、区委办公室主任；闫俊瑛，门头沟区人民检察院党组书记、检察长。执笔人：叶春楼，门头沟区人民检察院第四检察部副主任；王文莹，门头沟区人民检察院第四检察部检察官助理；任雪珂，门头沟区司法局依法治区办秘书科副科长。

发的《法治政府建设实施纲要（2021～2025）》是中国新发展阶段全面建设法治政府的奋斗宣言和行动纲领。"法治政府建设是重点任务和主体工程，要率先突破，用法治给行政权力定规矩、划界限，规范行政决策程序，加快转变政府职能。要推进严格规范公正文明执法，提高司法公信力。"

市县政府在最基层，是法治政府建设的基本组成单位，处于依法行政的最前沿，直接关系到法治政府建设的总体水平与人民群众的切身利益。近年来，党和国家更加重视依法行政，市县法治政府建设的步伐不断加快，政府职能转变进一步深入，依法决策水平持续提升，严格规范公正文明执法全面推进，内外监督工作合力不断强化，矛盾纠纷化解工作成效突出，但存在一些难点问题和薄弱环节。

（一）行政执法工作有待规范

在"放管服"改革、优化营商环境、法治政府建设等深入推进的背景下，新事物层出不穷，执法环境日益复杂，法律规定又具有一定滞后性，这都要求行政机关提高执法水平，需要执法人员快速熟悉相关领域的法律法规及业务知识，提高执法能力，规范执法行为。但目前执法人员的执法能力与新形势对行政执法工作的要求难以匹配，对于疑难复杂或专业性强的行政执法事项难以妥善处理，特别是面对历史遗留问题的案件还存在能力不足。部分领域存在一定程度的执法瑕疵，如执法方式简单僵化、执法卷宗制作不规范，这些问题影响到法治政府工作的整体推进。

就行刑衔接领域而言，近年来针对行刑衔接制度实施不畅、"有案不移、以罚代刑、有案难移"等顽疾的治理已经初见成效，案件移送效果、移送流程以及衔接监督等制度空转现象也得以改善。行刑衔接机制能否真正落地在很大程度上依赖于行政机关是否依法履职及检察机关能否落实法律监督职能。但目前还存在一些问题，如行政机关错误地认为刑事处罚后就案结事了，当检察机关告知行政机关应作出行政处罚的，行政机关未及时作出行政处罚；检察机关未进一步跟进监督等。

随着社会的发展进步，新兴事物层出不穷，行政执法领域与范围也不断拓展，如网络监管、知识产权监管等。虽然当前制度层面已经形成了较为系统的监督体系，但检察监督仍然是不可或缺的重要监督力量。目前检察监督的深度与广度仍有待进一步拓展。此外，部分行政机关还存在"沉睡的行政职权的问题"，相关法律规定未能落地运行。

（二）生态公益保护有待强化

生态环境领域公益保护的特殊性加大了行政执法难度。生态保护涉及面广，生态环境监管范围与内容比以往更加综合和广泛，对执法标准的统一性提出了更高要求，需要进一步加强对环保执法力量的统筹管理，实现网格化管理与污染源全覆盖监管。但环保领域执法中仍然存在"同山不同策""同水不同标""山水不同步""污染在河里、根源在岸上、分段治理水难清"等问题。究其原因，主要在于环保相关法律规定不够细化、行使自由裁量权缺乏统一规制，容易忽略案件具体差异实施"一刀切"行为。

环境治理体制实行"环保主管部门统一监督管理、其他有关部门（如自然资源、农业农村、住建、水务、林业、公安等）在各自职责范围内依法履行生态环境保护职责"，实践中仍存在"执法司法数据壁垒""多头执法但各管一段""九龙治水难攥指成拳"等难题。

环境污染具有明显的负外部性与跨区域性特点，某一环境污染问题会随着空气、水域等媒介流动到其他区域，造成区域间环境相互影响，这种特性增加了环保履职的复杂性与不确定性。生态环境的跨区域治理极易因沟通不畅、职责不明、相互推诿等难以推进。

（三）矛盾纠纷化解难度持续提升

近年来，随着社会转型发展、多元思潮冲击以及群众法治意识的增强，矛盾纠纷数量呈现快速增长态势，且纠纷种类趋于复杂化与多样化。以民生需求为主导的社会矛盾如婚姻、家庭、宅基地、赡养、抚养等传统利益纠纷日益增加，新型社会矛盾纠纷如环境保护、土地流转、行政不作为等也层出不穷，特别是公民与政府各部门的矛盾增长速度加快。这些因素都加大了矛盾纠纷化解的工作量与难度。

基层矛盾纠纷涉及面广，部分群众法治素养有待提升，对案件办理结果不理解或理解错误，释法说理难度加大。部分行政争议跨度时间较长，涉及面广，如林权纠纷、宅基地纠纷等涉及历史遗留问题，相关政策几经变更，直接适用法律法规难以有效保障当事人合法权益，这些都增加了矛盾纠纷化解的难度。

（四）法治政府建设合力不足

法治政府建设是一项长期的系统性工程，涉及方方面面，要注重整体性、系统性与协调性，更需要各方力量的参与。实践中，政府部门面对跨区域、跨部门、跨领域等行政执法难题存在资源分散、信息壁垒等情况，法治政府建设的合力仍需加强。检察机关作为国家治理体系中的重要组成部分，具有法律监督职能与司法专业优势，更应当以法治思维和法治方式助力法治政府建设。此外，如上所述，行政机关内部监督存在一定局限性，应当主动接受外部监督，更需要专业检察力量协助行政机关发现行政执法中存在的问题，规范行政权行使，完善区域社会治理。

二 门头沟区府检联动推动法治政府建设的举措

为解决法治政府建设领域的掣肘难题，进一步提升门头沟区法治政府建设水平，区检察院牵头起草了《北京市门头沟区"检察+行政"府检联动推动法治政府建设示范创建工作方案》（以下简称《方案》），2023 年 6 月以区委全面依法治区委员会名义正式印发，将此前的工作经验总结提升、固化为机制，以更高层次和标准推动府检联动工作走深走实。

（一）"行政+检察"三道加法助力依法行政

针对依法行政中的问题，依托府检联动机制形成"行政执法+刑事司法""行政执法+行政检察""行政执法监督+行政检察监督"三道加法推动执法、司法、监督联动衔接，用法治给行政权力定规矩、划界限，实现行政行为规范化程序化法治化。

一是"行政执法+刑事司法"双向衔接，实现有罪必究、罪责相当。门头沟区出台《北京市门头沟区行政执法与刑事司法工作联席会议制度》《新型检警工作机制》，区检察院在区执法办案中心设置派驻检察室，并设立首家引导取证办公室，通过系列制度机制明确了案件通报、案件会商、案件咨询等事宜，通过事前掌握、事中参与、及时跟进等方式确保"行刑"有效衔接。为规范安全生产，区检察院主动协调区公安分局、区住建委、区应急管理局等职能部门开展"特种作业专项监督活动"，先后核查特种作业证件1000余张，发现伪造证件14张，对外移送线索40余条，治安拘留9人，推动行政执法单位对7家涉事单位作出行政处罚。积极推动行刑"反向衔接"，对于办理刑事案件中发现需给予行政处罚和行政处分的，通过制发检察建议和检察意见的形式，2022年以来共督促行政机关处罚50余人次。针对刑事办案中发现的违反《北京市殡葬管理条例》行为，通过检察建议促进相关部门首次行使该领域的行政处罚权。

二是"行政执法+行政检察"联动互促，规范行政机关依法行政。区政府牵头府检联动工作，强化区相关部门主动接受监督意识，推动区市场监管局、区人社局等涉重点领域执法单位与检察机关以在线流转、案件会商等方式深入交流，共同开展专项监管。例如，通过联合开展"住有所居"专项活动，规范区域公租房、房屋租赁市场和群租房治理，推动新出台的《北京市住房租赁条例》等法律法规有效落地。区检察院在全市率先成立的"行政检察办公室"，被最高人民检察院七厅确定为"行政检察工作联系点"，积极发挥"一手拖两家"职能，能动开展"全面深化行政检察监督依法护航民生民利"专项，推动社会治安、交通治理、房屋租赁等领域行政执法规范化。

三是"行政执法监督+行政检察监督"有机贯通，督促区域行政行为规范透明。门头沟区通过行政检察监督和行政执法监督两大监督深入配合，有效提升区域行政行为规范性。区检察院和区司法局通过常态化走访交流，已形成深度联动机制，除工作互通、案件互商外，联合开展执法规范化专项评查和专项整治活动，目前已联合开展专项评查 4 次，评查基层执法案件 100 余件，有效督促反馈基层执法规范性问题。同时，针对区域转型发展过程中涉及的征收拆迁问题，互邀业务骨干参与集中研讨、案件交流、公开听证等工作，共同推动问题解决。例如，区司法局组织的"某某要求区住建委履行法定职责"行政复议案件就首次邀请检察机关参与并全程监督，共同将行政复议打造为行政争议化解的主渠道。

（二）打造生态保护格局，擦亮生态品牌

一是组建"生态法治工作室"，联防联控，绘就"地域间"生态法治保护同心圆。协同治理，破解母亲河"跨流域"治理难题。门头沟区组建了区检察院主要牵头的生态法治工作室，协调"两省三地"检察机关及相关行政机关，率先开展"永定河流域生态环境和资源保护"专项行动，结束了 40 年永定河山峡段断流的历史，再现"碧水长流"美景。区域联动，破解西大门"跨区域"执法难题。构建跨行政区域"一体化"执法新模式，破解"两地交界处"环境执法监管难点。共同保护，破解生物多样性"跨领域"保护困局。围绕生物多样性保护，由生态法治工作室牵头会同河北省涿鹿县、怀来县、涞水县检察院共同签署了《环首都西部生态带检察共建协议》，构建资源共享、优势互补、协调发展的工作格局，为生物多样性保护和跨地域协作提供制度支持。

二是打造"生态法治工作站"，共建共治，绘就区域"部门间"生态法治保护同心圆。线索共享，打通执法司法数据壁垒。双方借助相关制度共就非法采矿、非法占用农用地、非法狩猎等问题召开联席会议 20 余次，统一执法司法标准 7 项。案件共商，摆脱各自为政困境。门头沟区依托"河长+检察长""林长+检察长""田长+检察长"等制度衔接，加强府检联动监督、案件共同商讨。区检察院积极为行政机关提供磋商意见、替代修复方案、法律支持，提升赔偿协议的司法权威。机制共建，推动生态领域综合治

理。区检察院坚持从个案办理到系统治理的理念，就办案中发现的社会治理依据不足、规范欠缺等难题，积极向区属相关部门建言献策，推动 21 个行业完善制度文件 13 份。区检察院、区生态环境部门、财政部门推动出台《北京市门头沟区生态环境损害赔偿资金管理办法》，弥补了北京市生态环境损害赔偿金收取、管理、使用方面的空白。

三是设置"生态法治联络点"，互促互进，绘就"全社会"生态法治保护同心圆。走进去，移动式普法。区检察院从护林员、巡河员，以及十余支志愿服务队中选取志愿者 500 余名担任移动式生态法治联络员，开展生态法治宣传，真正让生态法治宣传走近人民身边。请进来，阵地式教育。门头沟区依托府检联动机制，会同相关行政机关和区检察院逐步建立了重点保护区域的固定生态法治联络点。区检察院、区园林绿化局、王平镇政府联合建立北京市首个公益诉讼生态修复基地，探索多功能一体的"补植复绿"新模式。互动式，科技化交流。区检察院依托最高人民检察院搭建的"益心为公"志愿者检察云平台，将百余名生态法治联络员转化为"益心为公"志愿者，通过随手拍案件线索提报、跟踪观察、参与听证、进行法律咨询等方式参与生态环境法治保护工作。

（三）争议实质化解助力政通人和

一是重视定分止争化解争议，确保区域政通人和。门头沟区始终坚持和发展新时代"枫桥经验"，将实质性化解行政争议融入依法行政和行政检察履职全过程，建立事前调解、案中和解和事后化解纠纷解决机制，最大限度把矛盾纠纷化解在基层、化解在萌芽状态，从源头减少矛盾与对抗。依托"检察+行政"府检联动机制，检察机关协同相关部门积极推动涉诉行政争议实质性化解，2022 年共实质性化解行政争议 10 件，位居全市第一。聚焦区域涉拆历史遗留问题，深入开展调查核实，成功化解持续十余年的刘某涉拆争议，追回国有资产 195 万余元，获评"北京市检察机关参考性案例"；在最高人民检察院、市人民检察院统筹指挥下，发挥一体化办案优势，成功化解隗某诉区政府房屋征收安置补偿纠纷，实现案结事了、政和人和，获赠

"为民排忧、心系百姓"锦旗。

二是"12345+12309"联通民生热线与检察热线。门头沟区强化城指中心统筹调度力度，充分运用"检察+行政"府检联动机制，融合解决历史遗留问题、法律争议问题等疑难复杂问题。区检察院积极与城指中心建立"检察+热线"合作机制，打造首都检察版"接诉即办"，通过专班负责、每日传输、每周汇总、每月督促方式提升涉法线索处理力度，并及时联络相关部门解决群众急难愁盼问题，及时发现纠纷线索。目前，区检察院依托民生热线和检察热线的贯通，成功办理公益诉讼案件20件，梳理行政检察监督线索60余条，核查区域农民工讨薪线索1000余条，通过以"我管"促"都管"的方式推动环境治理、追讨欠薪等问题解决，妥善解决29人医保纠纷历史遗留问题，实现了法治服务零距离。

（四）多维协作叠加效能，推动共建共治

一是"检察官+镇街委员"联通区域治理与基层执法，实现共促基层政府建设合力。门头沟区打造具有区域特色的"检察官+镇街委员"联络机制，选派26名检察干警与区域镇街政府委员"一对一"联络，积极为基层政府决策提供法治化服务，专项办理镇街依法行政痛点难点问题。例如，针对某镇连续发生盗采叶蜡石案件，区检察院在刑事追诉的同时提起附带民事公益诉讼，并积极与属地政府会商推进生态修复，就涉案矿石、车辆等形成处理意见，帮助镇街解决多年历史遗留问题，该做法被最高人民检察院等官微和《法治日报》等主流媒体专题报道。2023年以来，区检察院和区司法局形成"镇街政法委员+检察官+司法所所长"联络模式，通过司法所的执法监督发现并通报基层执法规范性问题，共促基层法治政府建设。

二是"两室一站"联通法律服务与市场主体，实现营商环境法治化。依托"府检联动"机制深化区域"放管服"改革，区检察院联合区政府公益法律服务资源，为驻区企业开展法律服务、"法治体检"，联合区司法局、区市场监管局开展专项监督，努力让区域市场主体放心投资、安心经营。区检察院推动法治服务"向前一步"，建设"驻企检察官联络室"，开通定点

法律服务"绿色窗口"和线上联络通道,出台《检察官联络室工作办法》《涉案企业合规工作方案》,为辖区企业提供法律援助、咨询服务,依法助力民营企业打击侵犯知识产权犯罪案获评"全国检察机关保护知识产权典型案例",妥善监督办理涉园区企业被破坏生产经营案,助力企业在疫情期间解冻被异地法院错误冻结资产 7500 余万元,高质效护航区域民营企业健康发展。

三是重视宣传教育,推动普法,实现法治政府和法治社会双促进。门头沟区通过依法行政培训、领导干部述法等,日常化开展普法宣传活动,增强全民法治意识。区检察院依托"检察+行政"府检联动机制,积极落实"谁执法谁普法"责任制,打造"公检法司"实战联训平台,就执法司法实践问题开展专项实训,推动本区执法司法理念统一,该做法被最高人民检察院评为"全国教学实践创新 100 例",并通过《检察日报》专刊转发。2023年,区检察院又搭建检察机关和行政机关共同参与的"府检联学"平台,为行政机关"送法上门",已受益 500 余人次,有效提升行政机关工作人员专业化水平。区检察院积极编印普法宣传资料,并联合区司法局、区妇联等单位,通过信息公示、公开听证、线上+线下多维度普法宣传等方式开展普法工作。

三 以"府检联动"推动法治政府未来展望

门头沟区政府、检察机关将以服务经济社会高质量发展为目标,深刻领会联动工作的基本内涵和本质要求,加强各成员单位沟通互联,健全机制,充分拓宽联动领域,奋力推动府检联动机制纵深发展,全面提升联动质效,打造"府检联动"门头沟品牌,以更高水平法治政府、法治社会建设推动门头沟区更高质量发展。

(一)在打造法治化营商环境上深化联动

企业合规不仅涉及民营企业依法保护、公司治理问题,而且涉及社会综合治理等问题，是一个内涵繁复的系统工程。深入贯彻习近平总书记关于"法治是最好的营商环境"的指示精神，《北京市全面优化营商环境助力企业高质量发展实施方案》以强化公安、检察、司法、金融、市场监督管理等部门的合作为抓手，以"两室一站"为依托，推进涉案企业合规工作，进一步完善企业合规第三方监督管理机制，不断细化涉企法治服务保障措施。开展涉民企刑事案件"挂案"清理，纠正涉民营企业该立案不立案、不该立案乱立案、立而不侦、久侦不结等问题，突出监督重点，依法保护民营企业和其他利害关系人的合法财产权益。在企业合法经营等领域开展常规宣传活动，利用新媒体平台拓展普法外延。

（二）在推进行刑衔接上深化联动

健全行政执法和刑事司法衔接机制，按照《最高人民检察院关于推进行政执法与刑事司法衔接工作的规定》，依法监督行政机关"以罚代刑""有案不移"等行为，及时梳理、移送刑事案件中涉及的行政违法问题，做实"双向衔接"。进一步完善与卫健委、生态环境局等行政机关的沟通协作机制，建立联席会议制度，推动实现信息互通、合作交流。就行政执法与刑事司法衔接工作虚化、检察机关提前介入机制有时难以落实、一些工作仅停留在形式层面、证据审查衔接机制不够完善等不足加以完善，进一步做好行刑反向衔接工作。

（三）在推进公共利益协同保护上深化联动

对永定河流域、百花山国家级自然保护区交界区域生态环境等开展重点监督。进一步整合区域检察资源，为生物多样性保护和跨地域协作提供制度支持，推进"迎豹回家"工程等生物多样性保护的"共建共保"。加强与应急管理、住房建设、市场监督、自然资源等部门沟通协调，推动重点行业重点领域建立安全生产风险防控现代化长效机制。同时，充分发挥检察机关与审计机关、税务机关在依法保护国家利益和社会公共利益中的监督作用和专业优势，强化协作配合，形成监督合力，探索与审计、税务建立检察公益诉讼与审计、税务监督协作配合工作机制，在国有土地使用权出让、国有财产保护、公民个人信息安全保护等领域建立协作机制，有效促进检察监督、审计监督、税务监督的紧密衔接、优势互补。

（四）在化解行政争议上深化联动

坚持和发展新时代"枫桥经验"，以推动建成以人民调解为主导、多方参与的多元矛盾化解机制为目标，加大立足法定监督职能、实质性化解行政争议力度。积极融入行政复议体制改革、应对人民法院审级职能定位改革，以参与化解争议为切入点，完善行政检察与行政复议、行政诉讼衔接机制，规范在行政复议阶段介入争议化解、参与矛调中心诉前化解等工作。在审判阶段，人民法院对可能协调化解的行政案件，视情邀请同级人民检察院配合参与争议化解；在检察监督阶段，人民检察院对于本院受理的行政诉讼监督案件，可邀请同级人民法院协助化解争议。

聚焦区域涉拆历史遗留问题，对涉及征收拆迁领域各类行政检察监督案件、行政复议与诉讼案件和土地执法案件，联合区司法局、区自然资源和规划局、区审计局集中开展一次矛盾纠纷大排查和专项整治活动，促进化解一批行政争议案件。探索同行政机关建立完善检察机关国家司法救助与社会救助衔接机制，构建多元救助格局。

（五）在守护特殊群体权益上深化联动

不断沟通协调建立联合机制，织密协同保护弱势群体合法权益的防护网。在推动未成年人综合保护上深化联动。联合教育、市场监督管理、卫健委等对校园食品健康安全开展专项检查工作，联合市场监督管理局对医疗美容行业违规接纳未成年人开展专项检查工作。以开展根治欠薪夏季专项行动为契机，与人社、公安等部门加强协调联络，依托"府检联动"机制，强化协作配合，推动根治拖欠农民工工资工作长效长治。深化检校协作，对弱势困境儿童实施特别保护，全力护航区域未成年人健康成长。守护残疾人合法权益，联合残联会签机制，开展残疾人权益保障专项活动。加强检察机关和法律援助机构在支持起诉、法律援助中的协作配合，凝聚合力切实保障特殊群体的合法权益。与市妇联建立合作会商机制，深入开展"关注困难妇女群体加强专项司法救助"活动，推动区妇联、司法局、区法院、教育局、人社局、民政局、退役军人事务局、残联会就加强特殊群体合法权益工作制定协作机制，共同推进弱势群体权益保护工作稳步向前，进一步筑牢弱势群体的司法救助和保护防线，切实保障弱势群体合法权益。

（六）在"府院检"协作上深化联动

持续深化府院检联动，定期召开府院检联席会议。坚持"一府两院"三方联动协作，常态化开展重大疑难案件会商机制、督导落实机制。推动行政争议前端化解，深化诉源治理效能。构建政府和法院、检察院"线上+线下"无障碍沟通，形成党委领导、政府主导、府院协同、社会参与的联动工作格局。

（七）在数据共建共享上深化联动

"府检联动"工作涉及多单位、多部门，要以大数据技术、信息交互平台等为依托实现高效联动，信息化是打通壁垒、凝聚合力、破解难题的重要手段。最高人民检察院多次强调，数字检察是检察工作现代化的重要依托，是法律监督手段的"革命"。深入贯彻数字检察战略，不断探索和实践数字检察高效工作机制，进一步深化应用大数据法律监督模型竞赛成果，扩大监督模型办案成效。进一步推进执法司法数据信息共享，提升执法司法智能化制约监督水平，探索建立府检院联动大数据应用平台。健全府检数据共享平台，探索行政机关与法院、检察机关数据共享平台建设，进一步加强司法机关和行政机关的业务协同共享，推进信息共享机制化、案情通报常态化、案件移送程序规范化等。与公安、司法、市场监管、生态环境等部门实现刑事司法、行政执法信息共商共享。

B.7

功能区政务公开工作的困境与突围

——以聊城高新技术产业开发区为例

张士梁*

摘 要： 政务公开是社会主义民主制度的基本要求，功能区政务公开工作普遍落后于普通区县。这与功能区在管理功能、组织机构、人事任免等方面的特殊性密切相关，导致政务公开的监管、考核、内容、体制等均存在特殊性，影响工作体系、公开范围、公开质量。聊城高新区通过完善顶层设计、强化平台建设、丰富政策解读、畅通依申请公开渠道、加强政民互动等举措，推动政务公开高质量发展，有力推动了功能区政务公开提质增效。其强化自身建设完善保障机制、推进政务公开与中心工作有机融合等方面的经验，具有推广复制价值。

关键词： 政务公开　功能区　法治政府

政务公开，是我国完善行政管理体制和提升行政机关治理能力的一种制度安排，围绕行政机关决策、执行、管理、服务和结果的全过程，通过加强平台建设、政策解读、回应关切、数据开放等一系列举措，充分保障公众的知情权、参与权、表达权和监督权，增进各级政府的公信力，对推进法治政府建设和社会主义民主法治具有重要意义。政务公开能够有效健全完善预防腐败的制度体系，营造法治化的营商环境，加快建设人民满意的服务型政府，切实推进政府、

---

* 张士梁，山东省聊城市高新技术产业开发区管理委员会综合办理办公室综合六室主任。

社会和公民协同共治。功能区与传统区县政务公开工作差别较大，功能区的政务公开工作普遍落后于区县。随着政务公开的深入发展，国家、省、市对政务公开的要求越来越严格，标准也不断提高，功能区管委会同样作为政务公开的践行者，如何奋起直追区县政务公开工作，是亟待研究的事项。本文通过研讨聊城高新技术产业开发区（以下简称"聊城高新区"）政务公开工作的实践和经验，探索功能区政务公开工作实施路径、破解政务公开中存在的问题，推动理念和流程转变，促进政府转型和治理能力提升，实现便民利企的目标，积极开创政务公开工作新局面。

一 功能区与传统区县的功能划分区别

行政区划是国家为实现有效的行政管理而分级划分的区域单位。目前中国行政区划由省级、市级、县级、乡级四级组成。本文所述的传统区县是指地市级行政区之下、乡级行政区之上的县级行政区中的市辖区和县，是行政区划的主体部分，其调整变更需要经国务院审批，同时报送民政部备案。

功能区是根据区域资源和区位优势组建的技术开发区组成的。其设立的意义在于发展经济、发展高新产业、发展自由贸易等，是改革开放过程中寻求经济发展的重要措施。例如，国家级新区、省级新区、新特区、高新区、经开区、自贸区等均可统称为功能区，一般由国务院、省、市批准设立，级别有所不同。但不管功能区的级别如何，均不是传统意义的行政区，没有行政管理机构及区委、区政府的管理班子，只设立党工委和管委会，是上一级党委和政府的派出机构。本文所述的功能区特指独立行使行政权力的市属功能区，事实上发挥一级政府的作用，在代管区域上往往跨越了原有的行政区划，或覆盖若干个行政区。

二 功能区相比传统区县在政务公开工作上的差异

功能区与传统区县的本质特征、管理功能、组织机构、人事任免等大有区别，这种不同也使二者在政务公开工作方面存在较大差异，具体不同见下文。

（一）接受考核监管层级不同

传统区县的政务公开接受国务院、省、市的政务公开考核评估，但功能区不在国务院、省的考核范围内，仅接受上级市政府的政务公开考核评估。

（二）考评机制与重视程度不同

对比区县与功能区可以发现，传统区县均已建立本级考核体系，对所属部门与乡镇政府、街道办事处有考核要求，但功能区因不承担国办与省考核项目，本级考核体系建设工作相对滞后，且各功能区管委会因机构与人员精简，往往一个办公室或一人承担多项职责。分管政务公开工作的是身兼多职的副职领导，仅仅偶尔关注政务公开工作进展，相较于其他重点工作重视不足；具体负责的工作人员往往被动完成政务公开工作事项，基于从上至下重视程度不足，功能区的政务公开工作深入开展也自然受阻。

（三）政务公开内容不同

国办、省、市根据行政区县的部分重点工作实际制定评估指标体系，但目前尚无功能区专属的考核指标。因此，功能区涉及的政务公开内容与传统区县按照同一指标进行考核有所不同，往往不能满足考核要求。以2022年山东省考核指标与国办指标为例，具体不同如下。

第一，公务员招考。按照考核要求，区县政府需要在政府信息公开专栏设立目录或以链接集中公开公务员招考信息，公开本级政府公务员招考职位、名额、报考条件及招考录用结果。传统区县会在省考中统一组织公务员招考，而功能区在"管委会+企业模式"改革后，取消了公务员编制，实行聘任制，所以实际主动公开工作中，功能区不存在公务员招考相关信息，仅有本级组织招聘产生的信息。

第二，政府工作报告。根据考核要求，"区（县）政府要在门户网站集中公开本级政府历年政府工作报告，公开政府工作报告的目标任务、责任分工、监督方式，并根据工作推进情况统筹集中定期公开工作进展、取得成效、后续举措等"。但地方政府的设立是由组织法规定的，《地方各级人民代表大会和地方各级人民政府组织法》第1条规定："省、自治区、直辖市、自治州、县、自治县、市、市辖区、乡、民族乡、镇设立人民代表大会和人民政府"，其中并未提及功能区管理机构，因此，组织法规定的区（县）可以设立人民政府，而功能区管理机构即使事实上发挥一级政府的作用，本质上也不是一级地方政府，无法编制政府工作报告，在实际政务公开工作中，功能区应对此项考核可以发布承担的市政府工作报告的目标任务、责任分工、监督方式，并根据工作推进情况集中定期公开工作进展、取得成效、后续举措等。

第三，权责清单。在权责清单的集中公开中，传统区县一般按照权力类型与政府部门来分类，但功能区仅按照权力类型分类，未按照部门分类，原因在于功能区的部门仅为权力与责任实施主体，不是行政主体。

第四，统计信息。在考核中，区县政府要发布本地区年度国民经济和社会发展统计公报，传统区县均可以制发本区县上年度的统计公报，但部分功能区制发统计公报则存在困难。现行法律法规及行政规范性文件并未明确禁止功能区制发统计公报，也未明确规定功能区需要制发统计公报，因此，实际执行情况取决于各功能区统计部门的公开意识。

第五，政府公报。政府公报是发布行政法规和规章标准文本的官方出版物，也是政府部门发布政策文件的权威途径。它在推动政务公开、优化政务服务、促进依法行政以及加强党和政府与人民群众联系等方面有重要作用。按照《国务院办公厅关于做好政府公报工作的通知》（国办发〔2018〕22号）关于政府公报分级权威发布的要求，"建立以中央、省、市三级为主的政府公报体系。其他市、县级人民政府可结合实际积极探索创办政府公报，地方政府所属部门以及乡镇政府、街道办事处不办政府公报"，其中并未提及功能区管理机构需创建政府公报。

第六，建议提案办理。区县政府设立"两会"，可按要求公开本级人大代表建议、政协提案的办理复文全文或摘要，功能区不能设立"两会"，其区级建议提案办理工作为接受其他行政区转办件，因此在实际公开工作中，需要依据办件性质确定功能区管理机构是否为建议提案办理的公开主体。

第七，行政执法公示。传统区县所属部门为区级行政执法主体，以本单位名义单独执法，公开执法总体情况；功能区的区级执法总体只有其管理机构，所属部门虽是执法工作实施主体，但并不是法定或法律法规授权的行政执法主体，其对外执法决定统一盖功能区管理机构公章。在执法公开中，也与考核要求有所不同，在行政执法分解上会落实到部门，执法结果也以部门公开，但行政执法总体情况又按照行政执法主体公开。

第八，重大会议公开。传统区县是严格按照常务会议公开，功能区没有常务会议，在实际执行中，一般公开主任办公会议信息。

（四）政府信息公开专栏建设不同

传统区县所属部门与街道办事处发布本单位政府信息公开指南、政务公开工作实施方案、政府信息公开年报等信息，并为各单位建立了相关节点入口，而功能区所属部门与街道办事处在实际执行中则表现不一，多数未要求部门与办事处发布信息公开指南、年报等信息或未合理规划信息发布入口。原因在于管委会属于上级政府派出机构，相关机构不具有执法主体资格，标准指南制定要求不适用，同时也存在要求不严格、经费不足、技术支撑不到位的情况。

（五）依申请公开答复主体不同

行政区县所属部门可单独接收办理依申请公开件，功能区在办理政府信息公开申请时，答复主体仅为功能区管委会，其下属机构一般不能单独答复，也不属于行政诉讼主体。

三　功能区政务公开面临的问题

一是政务公开工作体系有待完善。功能区相对机制建设不全，缺乏规范性法规支持，这导致功能区在设置政务公开机构及其职能方面存在混乱。另外，各部门对政务公开工作的理解和重视程度不同，有些单位将其视为例行工作，而未能将其纳入政府职能变革和法治政府建设的整体框架，这使得政务公开的效力受到一定限制。

二是政务公开工作主动性需进一步加强。相对而言，功能区存在政府工作人员政务公开意识不强、业务能力欠缺、政务公开制度不完善、公开渠道范围较窄、监督机制不完备等问题，导致政务公开主动性不强。同时，受限于保密责任主体和内部工作机制，很多公开信息流于形式，未能严格执行政府信息"以公开为原则、不公开为例外"的要求，相当多与群众切身利益相关、群众关心关注的信息公开不及时、不全面、不具体，未能真正做到联系群众、为群众办事，致使政府工作的透明度和公信力不足。

三是公开行为的标准化、规范化、数字化水平需要不断提升。功能区现行的公开标准需要进一步细化，有些公开行为缺乏有效反馈，或者只有形式没有实质内容，公开规范也存在多样性，公开的主体、形式、范围和时间等都有较大差异。政务公开的载体及其应用方式还有待进一步优化和丰富，与智慧城市建设、数字政府建设的融合度有待提升，新技术新媒体的应用也需要进一步提升。

四是政务公开工作的监督方式和手段需要不断创新。当前，功能区政务公开的推进存在一些问题，主要是法制不健全，未能为政务公开提供法制保障；公开透明度不高，未能全流程公开决策、执行、监督等各个环节；监督方式和监督途径需加强等。由于重视程度不够，监督制度缺乏配套机制，责任规定不明确，具体监督手段缺少制度支撑、途径单一、方式传统、针对性和时效性不高，难以达到理想效果甚至难以操作。

四 聊城高新区的政务公开探索

聊城高新技术产业开发区管理委员会作为聊城市政府派出机构，以高新区各级各部门直接联系服务群众的实际为出发点，结合各部门各行业的特点，积极探索了一套高效便捷的公开方式。助力提高政府透明度和服务质量，也让市场主体和人民群众更容易参与和了解政府的行政行为和服务事项，不断增强政府行为的合法性，减少腐败风险，提高市场竞争的公平性，同时也促进了市场主体发展和人民群众参与感。通过政务公开，政府能更好地满足公众的需求，提高治理质量，推动地区经济和社会发展。这种做法对其他地区和政府机构来说具有借鉴意义。

聊城高新区强调政务公开的实质性和实际效果，通过完善顶层设计，强化平台建设，丰富政策解读，畅通依申请公开渠道，加强政民互动，成功解决了政务公开重表面轻实质、重形式轻实效的问题。政务公开工作不能仅停留在文件和宣传层面，而更关注政府行为的实际影响和效果，与基层治理、市场主体需求、公共监管、民生实事等领域的有机结合，推动更高质量的政务公开。

（一）强化自身建设，为政务公开提供保障

1.完善顶层设计，强化制度保障

一是强化组织领导，确保政务公开工作的持续改进和成功实施。成立政务公开工作小组，各镇（街）、部门主要负责同志亲自抓，分管同志具体抓，配强配齐工作人员。将政务公开工作列入年度工作安排，明确工作重点和要求。二是完善制度方案，编制完善《高新区政务公开工作手册》等文件，指导全区各级各部门规范开展政务公开工作。三是强化常态化落实，结合本区实际制定了《年度高新区政务公开常态化任务分解表》，并根据国办、省、市最新考核指标，及时调整任务清单，将所有工作指标逐项明确责任单位、细化工作要求。按季度开展高新区政务公开排查工作，并及时联系

责任部门完成问题整改，不断提升政务公开质量。四是加强政务公开业务培训，通过邀请政务公开领域专家开展专题培训，大幅提升了高新区政务公开队伍的业务水平，公开质量提升明显，发布内容更加精准，公开内容的广度和深度不断拓展。

2. 优化平台建设，提供载体保障

将公开的重点放在群众、企业最关心关注、最需要监督的事项上。为抓好重点领域信息公开，在政府网站新开设了疫情防控、优化营商环境、财政资金直达基层、食品药品监管、义务教育、公共文化服务、涉农补贴、养老服务、公共企事业单位、利民惠民政策措施等专题，全区各级各部门结合自身工作，持续抓好教育、医疗、社会保障、养老、疫情防控等重点领域信息公开。在抓好高新区门户网站公开主阵地的基础上，以各类传媒为载体，健全信息联动发布机制，运用政务新媒体矩阵，通过微信公众号、微博、抖音等平台，不断拓展公开渠道，加大信息发布力度。

3. 丰富解读形式，回应社会关切

进一步提升政策解读的针对性、科学性、权威性和有效性。不断强化解读深度，丰富解读内涵，对重大政策进行实质性解读，积极主动回应社会关切，让企业群众更好地理解政策、掌握政策、用好政策。不断丰富解读形式，运用文字解读、简明问答、图片动画、音频视频、领导干部解读、新闻发布会等多种形式解读，使政策解读传播可视、可读、可感。

4. 畅通申请渠道，规范办理程序

为确保公开申请渠道畅通、办理及时规范、答复合法合规，聊城高新区创新监管机制，实行全流程闭环管理。从收件开始，依次执行信息登记、申请事项调查、办理申请事项、审核答复书、答复申请人、材料归档等程序。同时，聘请法律顾问加强对答复合法性的审核，确保答复内容合法合规。

5. 听民意保民权，推进政民互动

通过网站、新媒体"线上线下"相结合的方式，致力于加强政府与群众交流，保持政府与群众沟通的顺畅，充分听取群众的意见和建议，积极引导群众参与高新区的发展，促进群众的知情权、表达权和参与权得到切实保障。

（二）推进政务公开与中心工作有机融合

第一，聊城高新区强调政务公开与基层治理的有机结合，这是非常有前瞻性的做法，有助于提高治理效率和服务质量，并减少社会矛盾。这一做法的关键点如下。一是加大重点领域信息公开，通过公开财政信息、重点民生项目、重大建设项目等，确保全过程公开透明，从而争取公众的理解和支持，减少潜在的社会矛盾。二是完善政务公开"网格化"服务模式，利用网格化管理平台，针对不同区域的特点，精准推送政务信息，提高信息的到达率，确保政务信息的广覆盖。三是优化政民互动平台，通过民意征集、领导信箱、社会评议、群众监督等平台，倾听民声和民意，以更好地满足群众需求。这些做法有助于建立共建共治共享的社会治理新格局，让政务公开更贴近群众、更高效，同时有助于解决基层治理中的问题和矛盾。高新区各镇（中心）定期开展"居民公开议事日"活动，按照"请进来—走出去—沉下去"三步工作法，将"不敢议事、不愿议事、不想议事"转变成"面对面、共同研究、大家事大家议"模式，激发社区内部协作和共识形成，实现自我管理和自我服务，急基层所急，办群众急需之事，解决落实服务基层、服务群众的"最后一公里"难题，提升居民群众的幸福感和满意度。

第二，将政务公开与市场主体需求相结合，提供更精准、更符合企业和市场需求的政务服务，增强市场活力，提高服务效率。聊城高新区采取了一些有益的措施。一是完善产业政策汇编和政策解读，通过强化政策解读，帮助企业更好地理解和利用政府的扶持政策，从而为企业发展提供更多便利。二是精准分类和匹配政策，确保政策能够准确匹配符合条件的产业，使企业能够更轻松地获得相关政策支持，提高市场主体的参与度。三是推行一站式公开，通过整合公开政务信息，使市场主体和个人能更方便地获得所需信息，从而提高市场运行效率。四是依托大数据摸底收集服务企业规模、行业信息和其他相关诉求，经过精准研判，梳理形成"助企共性问题清单"，进一步优化服务，助推政策落地。高新区金融发展服务部全面梳理国家、省、市、县出台的稳经济、促发展政策文件以及各个金融机构的业务产品，精细筛选出"含金量高"的政策信息，形成"金融政策汇编"，开展"送政策上门"，强化"政银企+部门"联动、常态化开展"线上+线下+现场走访"等多种方式的精准对接活动。线上通过政府门户网站、智慧金融平台、微信公众号、政务新媒体等媒体矩阵，广泛开展政策信息公开推送；线下组织"金融大集"和"金融大讲堂"等"政金企"精准对接活动，提高政策送达效果；联合多部门，组织银行机构开展"金融管家"入企辅导，走进乡镇、走进园区、走进企业开展政策宣讲和送金融服务上门，建立一对一沟通平台，更精准服务企业信贷需求，切实打通金融政策落地"最后一公里"。

第三，强化政务公开与执法监管结合，有助于加强公正监管、促进公平竞争，为企业创造法治化和便利化的营商环境。聊城高新区一是推行行政执法公示制度，通过公开职责权限、执法依据、裁量基准、执法结果、救济途径等信息，实现执法过程的全流程公开，助力规范行政裁量，确保执法的公平和公正。二是建立"双随机、一公开"信息公开专栏，将抽查事项、抽查计划、抽查结果等信息及时公开，以实现阳光监管，避免任性执法，确保执法的透明度和公正性。三是探索建立市场主体公共信用库，通过将违法失信行为向社会公开，促进"双随机、一公开"监管与信用监管的有效衔接，有助于增强市场主体的守法自觉。这些做法有助于建立更加公开透明的执法监管环境，为市场主体提供更多法治保障，鼓励守法行为，减少违法失信行为。这种结合有助于为商业和企业发展创造更好的环境，同时确保公平竞争和法治原则的贯彻。

第四，将政务公开与民生实事相结合，有助于打造为民、便民、惠民的高质量政务公开新体系，确保政府服务满足民众的基本需求。一是建立民生实事项目政务公开标准，将民生实事项目的各个环节纳入信息公开内容，这有助于公众监督项目执行，确保民生问题得到有效解决。二是建立重点领域公开服务专题，强化就业、教育、医疗、养老、公共文化等领域的信息公开，确保民众能够获得全链条的服务，从咨询到办事再到评价和监督，以解决重点民生问题。三是探索信息动态化公示平台，将政府信息从"供给导向"向"需求导向"全方位转变，确保政府信息满足民众的需求，尤其是在交通、城建等民生领域，以提高政府信息的可利用性、提升政务公开的便民效能。

第五，政务公开与政务服务深度融合是提高政府服务效能、满足市场主体和个人需求的关键。聊城高新区将政府信息公开和政府服务相互整合，以提供更高效、便捷、透明的服务。一方面，以公开促服务，通过详细展示政务服务事项的指南、流程和进程，使市场主体和民众更容易理解和使用政府服务，形成更高效的办事流程，减少冗余步骤，提高政务服务效率；另一方面，以服务强公开，通过梳理高频事项和解决堵点痛点，有针对性地加大政务公开力度，确保政务信息在大厅和服务中心等场所能够方便地查询和检索，提高政务公开的质效。高新区行政审批服务部扎实推进基层政务公开，深入推进基层政务公开标准化规范化向社区和农村延伸。进一步推进市、区、街道（镇）、村（社区）四级公开联动，打造 6 家基层政务服务工作室，不断优化提升"四级联办"工作质效，推动 192 项政务服务事项前移至群众"家门口"。群众在任一政务服务大厅（工作室）都可一次性办理业务，实现了群众办事"小事不出村、大事不出镇"。

五　结语

政府信息公开任重而道远。功能区要结合自身实际，通过完善政务公开自身建设，推进政务公开与中心工作、重点领域的有机结合，解决公开重形式轻实效的问题，推动理念转变与流程再造，践行"服务人民、依靠人民，对人民负责、接受人民监督"的执政理念，积极开创新时代政务公开工作新局面。

司法建设
Judicial Construction

检察机关向公安机关派驻
检察工作机制研究

李　岩[*]

摘　要： 加强对公安机关侦查活动的监督，构建驻公安机关派驻检察室工作是全面落实《中共中央关于加强新时代检察机关法律监督工作的意见》的重要举措。近年来，河北省检察机关着力推进向公安机关派驻检察工作，派驻模式不断提档升级，先后经历了向公安派出所派驻、向公安执法办案管理中心或法制部门派驻、与公安机关共同建立侦查监督与协作配合办公室等模式。通过分析发现，当前派驻检察工作仍存在问题，就加强派驻工作建议打好监督组合拳，采取"个案监督与类案监督""日常监督与专项监督""柔性监督与刚性监督""法律监督与服务规范""检察建议与执法白皮书"五个相结合的监督手段，有效推动公安执法和检察监督提升规范化水平。

＊ 李岩，河北省人民检察院第一检察部四级高级检察官。

关键词： 侦查活动监督　协作配合　派驻检察　新型检警关系

侦查监督是宪法和法律赋予检察机关的一项重要职责和检察权的重要组成部分。十八大以来，党中央高度重视检察机关法律监督工作，相继出台了《中共中央关于加强新时代检察机关法律监督工作的意见》《关于健全完善侦查监督与协作配合机制的意见》，对检察机关推进执法司法制约监督体系、执法司法责任体系改革和建设提出了更高要求。向公安机关派驻检察室，既是检察机关不断强化法律监督的题中应有之义，也是新时期构建合作共赢检警关系的重要举措。近年来，河北省检察机关将对公安机关派驻检察工作作为加强"两项监督"工作的有力抓手，大胆探索，积极实践，不断积累经验，逐步完善对公安机关派驻检察监督方式方法，形成规范精细、运行有效、措施完善的对公安派驻检察长效工作机制，取得了一定成效。为深入推进此项工作，笔者就河北省检察机关向公安机关派驻检察情况进行了调研分析，以期进一步指导实践。

一　向公安机关派驻检察工作的必要性及依据

（一）向公安机关派驻检察工作的必要性

1. 公安机关法律职权的特殊性决定必须对其加强法律监督

中国的公安机关既承担着行政管理职能，又承担着刑事司法职能，如何规范行使两种权力，法律难以划出明确清晰的界限，导致一些具体案件办理不可避免存在治安处罚与刑事处罚交叉。在实践运作中，公安机关的自由裁量空间较大，立法者虽然划定了界限，但这个界限有很大弹性，且更为重要的是，这些机关的权力行使缺乏积极的外在控制①。这些权力能否规范行

① 时延安：《行政处罚权与刑罚权的纠葛及其厘清》，《东方法学》2008年第4期。

使，直接影响司法公正能否真正实现，同时也影响人民群众对司法工作的满意度。为切实维护刑事司法公平公正，保障犯罪得以有效追诉，有必要对其权力行使加以监督。

2. 公安机关的执法状况决定必须对其加强法律监督

当前基层公安机关工作中存在治安维稳任务繁重、办案数量大、办案人员少、业务素质相对不高、办案不够规范等问题。尤其是公安派出所的执法力量与公安机关其他内设部门相比较为薄弱，而基层70%以上的案件由派出所办理，公安机关的实际执法状况表明加强对公安机关法律监督具有紧迫性和现实性。

（二）开展派驻检察加强法律监督工作的依据

1. 法律依据

《宪法》第134条规定，检察机关是国家的法律监督机关。《刑事诉讼法》第8条规定，人民检察院依法对刑事诉讼实行法律监督，第109条则对公安机关开展立案监督工作作出了详细规定，第88~90条对检察机关批捕权的规定、第134条对人民检察院可以派员参与复验复查的规定、第96条对公安机关释放犯罪嫌疑人后需要通知原批捕的人民检察院的规定等，都是人民检察院开展侦查监督的基本法律依据。

2. 政策依据

长期以来，检察机关法律监督的事后性一直为社会所诟病，向公安机关派驻检察能够最大限度实现对公安机关侦查工作监督的同步性，顺应了司法改革的潮流和人民群众的期待。党的十八大与中央司法体制改革均要求检察机关完善侦查监督机制，切实增强检察机关法律监督工作质效。为此，《最高人民检察院关于深化检察改革的意见（2013~2017年工作规划）》（2015年修订版）明确提出："建立健全对公安派出所的监督机制。"2019年《关于加强新时代公安工作的意见》专门提出，要"深化（公安机关）执法办案公开，主动接受检察机关法律监督"。加强检察机关对公安刑事侦查活动的监督，不仅顺应了司法改革的方向，也是今后一个时期检察机关侦查监督部门实现审查逮捕、立案监督、侦查活动监督三项基本任务平衡发展的要求①。

3.理论依据

创立检察官制度的一个重要功能，在于以一受严格法律训练及法律拘束之公正客观之官署，控制警察活动的合法性②。侦查权具有较强的特殊性，侦查活动具有机动、灵活、相对封闭等特点，侦查措施的实施可能会影响甚至侵害相关人的人身自由权和财产权，而法律对这些强制措施的实施有很大的自由裁量权，公安机关在现有警力不足的情况下，为追求办案效率，极易造成权力滥用，有必要对其加以监督。

二 河北派驻检察工作开展情况

对公安机关的派驻检察工作一直是河北检察工作的重点，全省检察机关不断完善派驻方式方法，先后探索了向公安基层派出所派驻、向公安机关执法办案管理中心或法制部门派驻、与公安机关共同建立侦查监督与协作配合办公室、网上检察室等多种模式。

（一）向公安派出所派驻检察室工作模式

近年来，轻刑案件占刑事案件比重不断提升。公安机关为应对犯罪结构出现的新变化，侦查权和警力不断向基层倾斜，导致基层派出所刑事侦查工作的重要性程度不断提升，但是其刑事侦查活动还存在诸多问题，严重影响了职能发挥。2014年起，邯郸市检察机关在全省范围内率先开展对派出所执法活动监督试点工作，逐步探索形成了"一套制度支撑、两条主线并行、三个观念转变、四项机制保障、五种方式结合"的"12345"结构式立体监督体系，即邯郸市人民检察院与市公安局联合制定的《关于加强对公安派

---

① 宋英辉：《完善对公安派出所刑事侦查机制》，《检察日报》2015年6月22日，第2版。

② 林钰雄：《检察官论》，法律出版社，2008，第7页。

出所执法活动法律监督的实施意见》一套制度，增强监督工作刚性；对派出所监督中行政治安处罚案件与刑事案件两条主线齐抓并进，拓展监督工作范围；实现"变事后监督为事前监督、变被动接受为主动要求监督、变静态监督为动态跟踪监督"三个转变，更新监督工作状态；建立刑事案件信息通报、联席会议、提前介入、监督线索信息收集等四项运行保障机制，提升监督工作质量；采取驻所检察与定期巡查相结合、个案监督与类案监督相结合、日常监督与专项监督相结合、柔性监督与刚性监督相结合、检察建议与"执法白皮书"相结合，突出监督工作实效。截至 2017 年底，河北省唐山、保定等地检察机关相继实现了向公安派出所派驻检察全覆盖。向公安派出所派驻检察室，将检察监督力量下沉到公安机关执法办案一线，有利于检察机关第一时间掌握案件侦查信息、第一时间发现监督线索、第一时间引导侦查，与公安机关形成执法合力。

（二）向公安局法制部门或执法办案中心派驻检察室工作模式

随着向公安派出所派驻检察工作的深入开展，该派驻模式也暴露了一些弊端，主要是基层派出所数量较多，而检察人员尤其是刑事检察人员相对较少，检察机关向辖区所有派出所全面派驻人员不足，力量过于分散。为此，全省各地在向派出所派驻检察室的基础上，开始探索向公安机关执法办案管理中心或法制部门派驻检察室，此举能够有力整合检察监督力量。

2016 年 8 月底，石家庄市检察机关在全市所有县（区）公安（分）局内部设立了"侦查监督检察室"，由检察机关向辖区公安（分）局法制部门派驻检察人员，公安机关专门为检察室提供办公场所，配备能够登录公安机关专网的电脑，使得检察室人员具有与公安机关侦查人员同等的登录权限，能够利用公安机关法制部门的执法办案系统对公安执法活动进行监督。此后，张家口、沧州等地也全面建成了向公安机关执法办案管理中心或法制部门派驻检察室。

向公安机关执法办案管理中心或法制部门派驻检察室，化繁为简，有效解决了检察机关监督力量过于分散的问题。同时，此举利于加强检察机关与公安机关共同解决类案问题，在类案监督、规范办案等方面产生良好效果。例如：张家口阳原县人民检察院针对当地农村摩托车醉酒驾驶案件逐年上升问题开展专题调研，与公安机关进一步就机动摩托车、电动车认定问题进行规范；唐山遵化市人民检察院派驻检察室在提前介入一起醉酒危险驾驶案件中发现，公安机关将二轮电动车认定为机动车存在鉴定不当问题，后通过检察室对同类案件进行专项排查，发现多起类似案件。遵化市人民检察院第一时间与公安机关召开联席会议，统一执法标准。此后，遵化市人民检察院牵头与公安机关召开专题听证会，社会各界听证代表一致同意公安机关将案件统一作出撤案处理。

（三）检警侦查监督与协作配合办公室工作模式

向公安机关派驻检察室需要公安机关的支持与配合，而派驻检察室更强调对公安机关的监督，是单向的①，为解决以往检察机关单方向公安机关派驻监督有余、配合不足问题，2021 年 10 月 31 日，最高人民检察院与公安部共同制定印发《关于健全完善侦查监督与协作配合机制的意见》，明确要求各级检察机关中的刑事检察业务部门与同级公安机关的法制部门，共同设立侦查监督与协作配合办公室。截至 2022 年 3 月底，全省检察机关、公安机关在原派驻检察室的基础上全面升级，全省 212 家侦查监督与协作配合办公室均已挂牌成立，半数以上设立在公安机关执法办案管理中心，实现了全覆盖。

与公安机关共同建立侦查监督与协作配合办公室，使检警双方在信息共享、提前介入等方面配合协作更加高效、更加顺畅。例如，秦皇岛市检察机关在提前介入中采用"听介绍、看现场、阅卷宗、问情况、议重点、提意见"六步工作法，坚持对事实和证据依法审查，全面反馈检察意见建议，在得到公安机关欢迎的同时，办案质效也明显提升。

---

① 华炫宁：《侦查监督与协作配合机制：让监督更有力配合更有效》，《检察日报》2022 年 3 月 4 日，第 3 版。

（四）"网上检察室"监督模式

向公安机关派驻检察室和侦查监督与协作配合办公室均需要检察机关派员到公安机关赴实地开展工作，往往受交通、办公场地、时间等条件的制约。邢台市检察机关刑事检察部门以"大数据"应用系统为抓手，以"智慧检务"建设为突破口，于 2017 年在全市两级检察院创建了 21 个"网上检察室"。"网上检察室"通过设立"智慧立案监督系统""智慧侦查活动监督系统"，将公安法制部门定期提供的"阳光警务"、行政处罚决定或告知笔录等执法案件信息录入"网上检察室"，根据智慧检察系统预设条件，对案件材料进行筛查比对，将发现的潜在刑事立案和侦查活动违法等线索自动推送给办案人员，承办人通过进一步调卷核实可疑案件等方式，最终确定监督线索，以此实现对公安机关的全面监督，极大提升了办案效率。2021年，该市检察机关利用"网上检察室"办案系统对全市公安机关作出行政处罚决定的 6000 余起案件进行筛查，推送监督线索 330 余条，检察人员据此审查后监督公安立案 30 件，极大提高了监督效率，初步实现从传统人力密集型到信息技术型、智慧型监督模式的转变。

三　派驻检察工作的主要做法及成效

通过近年对派驻检察工作的不断探索和完善，该项工作在拓宽监督线索来源、前移案件监督端口、提升质效等方面的作用得到充分彰显。

一是进一步拓宽了监督线索的信息来源渠道。长期以来，侦查监督工作中监督线索少、案源匮乏是困扰侦查监督工作的难题，侦查监督检察室的建立，实现了检察机关与公安机关执法办案信息共享，拓宽了检察机关案件信息渠道，拥有了大量的案件信息。自 2017 年 4 月以来张家口市检察机关在全市 18 个公安（分）局、18 个森林公安（分）局和部分办案数量较多的派出所共建立 45 个侦查监督检察室，并在派驻工作中把侦监信息平台、"两法衔接"平台纳入检察室办公场所，形成了监督合力。该市采取了"市院统一部署、集中时间调卷、各院交叉阅卷、市院集中复核、重点案件复查、通报公安整改"方式，集中调取了 17 个县区 242 个公安派出所近 3 年的行政及刑事案卷 30040 册，有效开展了对派出所执法活动的专项监督。

二是前移了监督关口，实现了整体推进侦查监督的新格局。派驻检察室的设立使检察机关监督关口前移，提前为侦查机关"把脉"，变被动监督为主动监督，变事后监督为事前监督、事中监督，变案后审查为案前指导、案中分流，变文来文往、电话沟通为人来人往、当面交流，实现了对公安机关刑事侦查活动全过程的常态化监督，有效提升了办案质量和效果。保定市人民检察院自 2018 年 6 月在全市成立派驻检察室以来，共召开联席会议 300 余次，上网查阅案件数近万件，提出侦查意见 3000 余条，各项监督数据大幅提升。尤其是在扫黑除恶工作中，发挥派驻检察室利用靠前监督的优势，对涉黑、涉恶案件进行引导侦查，提前介入，较好避免了人为拔高或降格处理等问题。

三是协作配合更加顺畅。以构建新型检警关系，实现双赢多赢共赢为落脚点，充分发挥侦查监督与协作配合办公室在"治已病、防未病"中的积极作用，在立足"查病"发现执法办案问题的基础上，深入分析问题产生的规律和深层次原因，制订整改方案，强化类案指导，既解决个案问题，也加强诉源治理。秦皇岛市检察机关与公安机关坚持以人民为中心，共同协力化解群众急难愁盼问题，联合开展打击电动自行车盗窃、销赃类专项行动。针对办理此类案件过程中存在时过境迁、同类电动自行车无明显差别等客观因素，导致取证困难等问题，多次召开联席会议，对被盗电动自行车价格评估方法和依据、盗窃和销赃数额的认定、分案移送审查起诉的原则等问题达成共识，案件成案率大幅提升。

四是执法理念更加统一。全省检察机关坚持能动司法，以协作配合办公室作为向侦查机关宣传贯彻"少捕慎诉慎押"刑事司法政策的有力平台，通过与公安机关共同开展羁押必要性审查工作，探索轻微刑事案件从简从快办理制度等，双方的执法理念得到统一。公安机关对检察机关不捕不诉工作认同度不断提升，主动适用认罪认罚、非羁押措施办理案件的积极性不断提升。

五是密切了新型良性互动检警关系。派驻检察通过寓监督于服务，改变了以往单纯的挑毛病做法，通过实实在在帮助公安机关解决执法办案中存在的问题，提高了公安干警的执法水平，促进了办案质量提升，让公安干警得到了实惠，赢得了公安机关领导和干警的赞同。加强侦查监督与协作配合工作中检察机关提前介入，不仅能够及时有效解决个案存在的问题，实现对犯罪的精准打击，而且能够进一步统一执法理念，双赢多赢共赢的检警关系得到有效构建。办理群众关注、领导关切、敏感度高、有较大社会影响的重大疑难复杂案件，公安机关主动邀请检察机关提前介入，确保案件得到公正处理，防止因案件处理不当引发舆情。例如：沧州任丘市"羊核酸"引发网络舆情后，派驻检察官应邀提前介入，共同研判案件争议的焦点、难点问题，引导侦查人员收集固定证据 50 余份，为精准指控犯罪打下坚实基础。

四　当前对公安派驻检察工作中存在的问题

尽管河北省对公安机关派驻检察工作进行了积极探索，形成了不同的监督模式，取得了一定效果和经验，但受各种因素影响，尤其是与先进地区相比还存在不小差距，监督职能发挥尚不充分，监督效果不尽如人意，工作中仍然存在一些问题。

一是对法律监督重要意义的认识有待进一步提高，不善、不敢、不会、不愿监督的问题依然存在。部分地方缺乏监督工作的主动性、积极性，与公安机关配合有余、监督不足，对监督的必要性认识不足，监督动力不足，制约了派驻检察工作的全面开展。尤其是"捕诉一体"机构改革过程中，员额检察官面临较大办案压力，由于立案监督和侦查活动监督工作本身具有监督难度大、办案周期长、监督成案率低的特点，加之对监督工作缺乏合理的考评依据和指标，往往忽视"两项监督"工作，影响了对公安机关派驻检察室工作的开展。

二是检察机关自身监督能力和水平制约工作深入开展。在派驻检察室监督过程中，由于存在监督案件信息量大、案件多，刑事检察干警人员少的矛盾，加之此项工作创新性强，工作制度、程序、工作方式还有待进一步规范，部分派驻检察室人员业务素质和监督能力与有力开展此项工作存在差距，监督能力和水平还有待进一步提升。

三是派驻检察工作表面化形式化严重。个别检察机关虽在上级要求下设立了检察室，也与公安机关建立了相关工作制度，但只是挂在墙上的一纸空文，并未得到真正落实，严重影响了工作的严肃性。一些地区，由于检察人员长期不到派驻检察室开展工作，公安机关将办公场所和设备挪作他用。

四是数据共享问题尚未从根本上解决。尽管省人民检察院已经与省公安厅积极协调向刑检部门负责人配发公安专网电子身份证，但公安机关出于案件保密需要，各地按这一要求落实的还不多，推进的阻力较大。同时，如何确定公安机关与检察机关共享信息的范围尚需进一步明晰。

五是对监督与协作内涵的认识尚需进一步深化。部分基层检察院存在片面注重"协作配合"，抓监督意见落实的力度还不够大，现有的督促措施还比较有限。部分公安机关对开展此项工作重要意义的认识仍有待进一步提高，在配合协作等方面的工作积极性还有待进一步增强。

五　加强对派驻检察工作法律监督的制度保障

加强制度建设是检察机关开展法律监督、依法行使检察权的依据和保障。检察机关需要不断在派驻检察工作的制度建设中下功夫，发挥好协调、引导、支撑作用，以机制建设为统领，为基层检察机关创造良好的监督环境，在下一步工作中应当着力与公安机关构建以下制度。

第一，建立案件信息共享平台，实现联网对接。积极与公安机关构建案件信息共享双向通报制度。公安机关定期通报刑事发案、立案、移送审查起诉、另案处理和撤案信息，采取变更、延长拘留、逮捕等强制措施情况信息，刑事案件变更为治安、行政案件信息。检察机关将逮捕、起诉、退回补充侦查等情况定期向公安机关通报。推动公安机关执法办案系统与检察专网对接，检察干警能够真正随时登录公安机关的警用平台，真正实现对公安派出所的"零距离"监督。

第二，建立检察引导侦查机制。调研发现，公安机关对检察机关提前介入、引导侦查工作尤为欢迎。引导侦查不仅能够及时有效解决个案的问题，实现对犯罪的精准打击，而且能够进一步统一执法理念。因此，要切实将检察引导侦查作为提升公安机关办案质量与强化检察机关监督效果的重要抓手，精心选派业务能力强、办案经验丰富的检察人员加强提前介入，为公安机关侦查工作提供更有针对性的咨询服务与指导。

第三，建立协调配合机制。检察机关与公安机关应通过座谈会、通报会、联席会等形式加强沟通联系，增进共识，减少分歧，共同提高办案质量和效率主要解决下列问题：一是检察机关从案件事实、法律规定、处理意见等方面对不（予）批准逮捕、不起诉案件进行全位释法说理，以增强双方的执法统一性；二是检察机关总结分析公安机关办理刑事案件的类型、特点，针对多发案件组织派出所民警就定性、取证进行座谈，以提高派出所民警的办案能力；三是双方互通刑事执法阶段信息，共同研究个案、类案侦查活动中存在的新情况、新问题，共同商讨对策，增强打击犯罪合力①。

第四，完善类案会商机制。切实发挥派驻检察沟通协调作用，最大限度化解意见分歧，探索建立类案会商机制，加强沟通统一执法尺度。以个案研讨为载体，对类案发案趋势、侦办过程中应当注意的问题进行全面梳理，明确了取证标准，形成了打击合力，取得了良好效果。

第五，加强资源整合，建立诉讼监督部门。检察机关内设机构改革后，将原侦查监督部门与公诉部门进行整改，对于加强捕诉衔接、确保办案质量、提升办案效率具有明显作用。但是改革后各地"两项监督"数据下降较为明显，对此一方面要切实按照"在办案中监督，在监督中

---

① 韩殿云等：《邹议检察机关对公安派出所的刑事执法监督》，《法制与经济》2012年第10期。

办案"的要求，一方面可以参考北京市检察系统单独成立诉讼监督部门，监督人员摆脱了逮捕、起诉硬性时限的束缚，有更多精力投入对公安派出所的监督，同时专人负责办理该类监督案件，实现监督的常态化、专业化。

六 进一步优化监督手段，突出监督实效

人民检察院对监督过程中发现的公安机关刑事执法问题如何处理，这是一个监督处理层面的问题。在前述搭好制度框架的前提下，应当进一步丰富监督手段，促进达成良好效果。

第一，个案监督与类案监督相结合。在每一起具体案件的监督过程中，要做到查微析疑，把抓好个案监督作为规范派出所执法办案的基本手段，尤其是在审查逮捕过程中对个案审查要做到阅卷细、讯问细、复核证据细。通过对案件证据严查细究，严格讯问犯罪嫌疑人、询问证人等方式，做到案案留心，任何疑点不放过。此外，在注重个案监督的同时，更要注重对同类案件反复出现的同类问题进行监督，对公安机关办理某类案件中存在的共性问题进行梳理，从全局进行宏观整体考量，有针对性地提出整改对策和建议，达到统一办案标准的效果。

第二，日常监督与专项监督相结合。为避免日常监督工作流于形式，不深入、不透彻、不彻底和对单个案件、单个问题的监督不能产生整体规范提升效应的弊端，在对公安机关执法办案中心日常工作监督检查的同时，还要以执法过程中矛盾突出的节点为突破口，对检查中发现的问题进行归类分析，针对公安机关制度漏洞、管理不足等问题和特定时期某类犯罪高发等情况，充分发挥派驻检察工作对"治已病、防未病"的积极作用，坚持从"个案监督"向"类案监督"转变。

第三，柔性监督与刚性监督相结合。在监督过程中，既要保证法律监督的严肃性、有效性，也要讲究方式方法，尽量避免对违法情节不分轻重，一律进行书面纠正。对侦查活动的违法程度进行等级划分，采用轻微违法柔性

监督与重大违法刚性监督相结合的方式，切实增强监督质效。第一级是对轻微违法行为口头纠正。对于公安机关在办理案件过程中出现的轻微违法、程序瑕疵以口头方式进行纠正，必要时可以约谈部门负责人，通过让其知晓民警的一般违法行为，既可以让办案民警感觉到压力，也可以让部门负责人加强对同类问题的管理。第二级是对严重违法行为的书面纠正。对违法情节严重、可能影响公正案件处理、严重侵犯当事人合法权益或经口头纠正屡教不改的，及时发出"纠正违法通知书"；对于有案不立和违法立案的，及时发出"要求说明不立案理由通知书"或"要求说明立案理由通知书"；同时针对立而不侦、侦而不结等消极侦查现象，立案三个月后向其发出"立案监督案件催办函"。第三级是违法行为造成严重后果的，及时向相关部门移送线索，启动党纪政纪处分或刑事追责。

第四，检察建议与"执法白皮书"相结合。一方面，将检察建议作为规范公安机关执法的重要手段，针对日常发现的公安机关执法共性问题，通过检察建议促进其完善工作机制，规范日常执法。另一方面，对监督工作情况进行定期总结，每半年或一年对公安机关监督的整体情况进行评估，找准源头性、深层次的共性问题，以执法监督白皮书形式力促公安机关及时整改。

第五，法律监督与协作配合相结合。实践证明，检察机关法律监督离不开公安机关和公安干警的支持配合。派驻检察工作之初，由于基层公安机关案件数量多、工作任务重、事务繁杂琐碎，各种形式的各级检查也很频繁，部分公安干警对检察机关的监督工作存在抵触情绪，认为检察机关来指手画脚，是给自己添麻烦。对此，检察机关一方面应通过规范自身工作，在对各派出所、执法办案部门走访监督前进行事前沟通、协调，根据各受检单位较为方便的时间确定检查时间。另一方面，检察机关要及时总结监督过程中发现的问题，切实为广大公安干警侦查工作提供法律咨询和业务指导，让公安干警真正感受到法律监督工作给他们带来的好处和实惠，积极构建双赢、多赢、共赢的新型检警关系。

B.9
四川崇州法院打造"数字法庭"
提升司法质效调研报告

崇州市人民法院课题组*

摘 要： 人民法庭是履行司法职能、助推基层治理现代化的前沿阵地。为全力释放司法服务保障效能，四川省崇州市人民法院坚持以习近平新时代中国特色社会主义思想为指导，紧紧围绕"努力让人民群众在每一个司法案件中感受到公平正义"工作目标，坚持科技赋能审判、服务治理的工作原则，将法庭数字化建设与古镇旅游特色审判、环境资源审判、基层治理有机融合，以司法引领+数字赋能，努力让人民群众感受"数字+司法"的普惠便利，为乡村振兴"强筋健骨"、服务基层社会治理提供助力。

关键词： 智慧法院 "数字法庭" 人民法庭 无纸化

司法质效关乎公众权益、政府公信、社会稳定、营商环境优化，是全社会普遍关注的重要问题。近年来，四川省崇州市人民法院（以下简称"崇州法院"）坚持能动司法，遵循"三个便于""三个服务""三个优化"原则，将智慧法院建设成果应用到人民法庭，将现代科技、人民法庭建设和基层治理相融合，全力打造"数字法庭"，构建覆盖乡镇、便捷高效的全域智

---

* 课题组负责人：徐尔旻，四川省崇州市人民法院党组书记、院长。课题组成员：易凌波，崇州法院党组成员、副院长；徐婷婷，四川省崇州市人民法院审判管理办公室（研究室）主任；魏悦悦，四川省崇州市人民法院审判管理办公室副主任；张婧，四川省崇州市人民法院街子旅游环保法庭四级法官助理；黎星，四川省崇州市人民法院审判管理办公室法官助理。

能司法服务场景，以"区域特点"打造"工作亮点"，着力提升人民法庭审判质效、延伸便捷解纷"司法触角"、助力基层治理高质量发展。

一 "数字法庭"的建设背景

（一）政策背景

2020 年、2021 年召开的全国法院院长会要求切实加强智慧法院建设统筹、标准规范和系统研发，补齐智能化服务短板，畅通诉讼服务"最后一公里"。党的二十大报告指出，要完善社会治理体系，健全共建共治共享的社会治理制度，提升社会治理效能。作为服务基层社会治理、服务人民群众高品质生活建设的前沿阵地，人民法庭用数字化赋能理念转变、流程再造、制度创新，建立健全覆盖城乡、惠及群众的司法服务网络，能够为新时代加快推进基层治理体系和治理能力现代化提供重要支撑。

（二）现实需求

当前，各地民事纠纷数量庞大，但人民法庭司法资源"有限"。一方面，法官日常扮演着司法、行政、综治、维稳等多重角色，易陷入角色紧张甚至冲突困境；另一方面，各地法庭信息化建设仍存在瓶颈制约，因信息化基础设施性能不佳导致的网络质差与功能欠缺，电子卷宗随案同步生成与应用工作尚未得到充分落实、诉讼服务信息技术应用不足等，致使数字红利未有效释放，一定程度上影响了人民群众的司法获得感。大力推进人民法庭信息化建设，既是优化资源配置、缓解法官压力、提升司法效率的有效改善措施，也是法庭提升为民服务效能、回应群众多元司法需求的重要内容。

（三）实践借鉴

以智慧法院建设为抓手，最大限度提升司法供给能级，已成为当前理论界和实务界的共识。各地法院也有不同探索：北京互联网法院推进"5G+智慧庭审"模式深度应用，上线"虚拟法庭"[①]；浙江法院打造"全域数字法院"，借助"移动微法院"、ODR 等网上诉讼、网上解纷平台，在法庭、乡镇街道、村委会等设立虚拟"共享法庭"[②]；广州互联网法院发布"网通法链"智慧信用生态系统，实现在线存证、在线调证、在线核验[③]。从各地法院探索经验来看，诉讼服务与审执业务流程智能化、精细化程度是评判智慧法院建设成效的重要指标。智慧法院建设由分离走向混合、由粗放走向精细是一种必然趋势。

二 "数字法庭"的建设方向

（一）基本情况

2022 年 2 月 17 日，四川省高级人民法院（以下简称"四川高院"）下发《关于在崇州市人民法院开展"数字法庭"试点工作的通知》（川高法明电〔2022〕29 号），决定以"深入推进人民法庭信息化建设，打造具有四川特色的智慧法庭"为目标，在崇州法院开展"数字法庭"试点工作。试点通知下达以后，崇州法院旋即成立改革工作领导小组，把握省委两项改革"后半篇"文章及县域片区一体化发展要求和需要，立足人民法庭基本功能，综合评估 5 个派出法庭所在区位特征、人口结构、经济社会发展等情况，择优选取在街子旅游环保法庭开展试点工作。

为落实试点任务，崇州法院进一步强化组织领导，结合辖区实际情况，从顶层设计入手，精准部署改革体系。一方面，前端制订建设方案，确立"数智赋能、制度重塑、服务治理"三个工作重点，细化基础建设、信息化

---

① 参见《北京互联网法院上线"虚拟法庭" 搭建新型互联网法庭"矩阵"》，https://zhuanlan.zhihu.com/p/141412160，最后访问日期：2023 年 7 月 3 日。

② 李占国：《"全域数字法院"的构建与实现》，《中外法学》2022 年第 1 期。

③ 参见《广州互联网法院："网通法链"护航数字经济高质量发展》，https://mp.weixin.qq.com/s?，最后访问日期：2023 年 7 月 3 日。

建设、文化建设等工作小组职责，自上而下科学谋定、抓细抓实试点措施。另一方面，推动崇州市委全面深化改革委员会出台《关于建设"数字法庭"提升城乡基层社会治理现代化水平的实施方案》，将"数字法庭"融入崇州市基层治理、智慧城市建设工作格局，最大化争取政策、资金与智力支持，提升改革能级。

（二）现有基础

崇州法院通过将大数据、人工智能、5G 等技术应用于司法领域，实现数字赋能诉讼服务、审判执行、审判管理等各项工作，是"数字法庭"建设的必然要求和成果。

一是融合"前沿技术+司法"，深化改革创新。2018 年以来，崇州法院已进行了较为深入的"电子档案为主、纸质档案为辅的卷宗归档方式"改革试点工作，打造了"全链条"无纸化审判流程、"全节点"智能型生产模块、"全流程"体验式供给端口。试点以来，开展电子卷宗随案同步生成和深度应用，31242 件案件电子档案一键归档，办案全程应用电子签名 26788 次、电子印章 25946 份，送达信息区块链上链 18937 次，确保电子数据"真实性"，减少纸质档案前端产生，规范电子档案完整性准确性，优化档案备份存储模式，有效提升了法院信息化技术运用水平，为无纸化办公办案全面推行奠定了坚实的基础。

二是更新司法为民服务模式，优化法律服务供给。坚持诉讼服务便民利民原则，立足智慧诉讼服务中心，升级打造 24 小时"互联网+"自助服务平台，把开庭、调解以外的诉讼服务事项全部搬至线上，配齐诉讼服务终端一体机、缴费一体机、联系法官终端、"云柜"等多种类智能化便民服务设施，当事人可在常规八小时工作时间外自助办理、一键办理诉讼事务，最大限度减轻诉累、降低诉讼成本。

三是发挥技术优势，强化硬件设施基础保障。全面提升骨干网络性能，将法庭专网带宽从 50M 提升到了 300M，互联网带宽从 300M 提升到 1000M，实现法庭内无线网络全覆盖，解决派出法庭网络慢、网速卡的问题。

前期成熟的智能化基础平台及架构，不仅成功为当事人提供了更为便捷、高效的司法服务，更为深入推进"数字法庭"建设工作奠定了良好基础。

（三）建设目标

人民法庭作为联系基层群众的前沿纽带，"法治治理为基、司法服务为本"是工作立足点，为国家驱动治理体系和治理能力现代化提供力量支撑，是助推社会主义现代化建设的内容之一。以"数字法庭"试点为契机，推动构建人民法院"法治+智治"新格局，在崇州市打造高品质宜居宜业智慧城市的基层实践场景、四地环境资源保护司法实践基地、县域城市治理现代化乡村法治会客厅，形成具有四川辨识度、全国领先的崇州基层社会治理创新经验，系当前和今后一个时期的发展目标。

三　"数字法庭"的创新点及成效

崇州法院全面运行以街子旅游环保法庭为代表的"数字法庭"，充分发挥人民法庭贴近群众的地缘优势，构建"案件快速处理、纠纷联动化解、随案宣传说法、诉服便捷智能"工作新模式，着力从发挥多元解纷、司法便民、基层治理功能角度，探索更多更新、更有成效的创新举措，为数字化、专业化、综合性人民法庭的高质量发展打开新思路、达到新水平。

（一）"数字+平台"：建设业务"一体贯通"应用体系，提升事务办理集成性

深度利用前期无纸化办案改革成果，依托大数据、人工智能等现代科技，以"管用、实用、好用"为目标，实时衔接一体化办公办案平台、智能庭审、在线调解等6个业务系统数据资源，打造互联互通数据中台。与此同时，法庭将单轨制电子卷宗深度应用于办案全生命周期——立案时随案同步生成电子卷宗、庭审时直接提取电子卷宗开庭、结案时符合结案标准的电

子卷宗"一键归档",在无人工干预的情况下,各流程节点自主完成案卷编目、整理、送达、归档等司法事务,全过程实现审判事项"并联式"处理,不同干警可在同一平台上办案办公。通过打造全流程"平台流传+线上办理"司法办案模式,基于多平台数据融合,有力推动内外沟通、高效联动,为立案、审判、执行等150余个业务场景提供支撑[1]。

(二)"数字+便民":创新诉讼服务模式,提升群众办事便利性

稳步推进人民法庭数字化转型,将诉前、诉中、诉后全流程在线诉讼服务集约整合、流程优化,为现代化、普惠式诉讼服务体系的打造与运行奠定坚实基础。解锁法庭诉讼服务新场景,组建"便民服务网",充分释放集约高效、便民利民、智慧精准优势效能。一是强化街子旅游环保法庭基础建设。升级2200平方米的法庭诉讼服务大厅为法律服务"大超市",将立案、审判阶段各环节服务从"后台"集中到"前台",完善自助立案、卷宗查阅、材料收转等便民服务设施,方便当事人、律师一站式高效办理咨询、立案、缴费、调解、开庭、送达等25类事项,实现群众办事"只进一道门"。二是改变以往人民法庭"窗口式、面对面"的诉讼服务模式。打造24小时自助服务区,全天候为当事人提供网上立案、文书打印等在线诉讼服务,实现除开庭、调解外的诉讼事务全覆盖、"一键办"。试点以来,为当地群众提供闭环式在线诉讼体验和智能化诉讼服务1422人次,非工作时间服务152人次,全力提高办事群众的幸福感与获得感。三是搭建以成都法院电子诉讼平台、移动微法院、"蓉易诉"为主渠道,覆盖PC端和移动端、贯通诉讼全流程的在线司法服务体系。线上立案率40.81%,网上开庭1211次,推动诉讼服务"指尖办",实现群众少跑腿、数据多跑路。

(三)"数字+惠民":建立"数字法庭驿站",实现服务群众"零距离"

崇州市文井江镇地处成都平原西部边缘鸡冠山地域。该镇距中心城区

---

① 张晨:《互联网"最大变量"成"最大增量"》,《法治日报》2022年9月8日,第6版。

40 余公里，其发展相对落后，年轻人多外出打工，老年人口数量较多。同时，因鸡冠山具有发展旅游业的良好自然资源条件，该镇涉季节性避暑产生的矛盾纠纷较多。为便利诉讼、高效解纷，崇州法院于 2022 年 9 月在文井江镇设立四川省首个"数字法庭驿站"，有效解决偏远地区群众办事远、成本高、不方便等问题。一是聚焦群众所需，提升诉讼服务品质。优选 24 名村（社区）干部、网格员、人民调解员等担任"智诉辅导员"，负责就地辅导当事人在驿站使用智能设备，驿站设立以来，已完成网上立案、网上证据交换、远程开庭、线上约见法官、电子材料签收等事务 1056 次，为以老年人为主的数字弱势群体解决智能设备"不会用""用不惯"等问题，让偏远地区群众就地就近享受法律诉讼服务。二是打通"随约"数字端口，提供"点对点"解纷服务。借助在线诉讼优势，建立融合商会调解、乡贤调解、律师调解等多元化解和分层过滤机制。群众在线预约解纷后，法庭精准锚定诉求，综合考量纠纷类型、调解员擅长领域等因素，快速匹配"法官+调解员"专业团队，"专人专案"、靠前联动提供说理评事、调解指导、诉源治理等线上+线下司法服务，推动纠纷化解由"单维管制"转变为"协商共治"，把基层矛盾纠纷高效化解在老百姓的"家门口"。截至目前，首个数字法庭驿站所在的文井江镇所涉纠纷仅 2 件公告案件判决结案，其余案件全部调解化解。

（四）"数字+文旅"：深耕地域特色，提升纠纷化解针对性

街子旅游环保法庭毗邻崇州市街子古镇景区，其受理案件多数涉及生态旅游、环境资源及历史文化保护类型，此类矛盾纠纷往往具有纠纷产生随机性强、纠纷主体多元、当事人流动性大等特征，高效、便捷化解纠纷是当事人的最大期待，倘若处理不及时、不到位，会对游客旅游体验乃至地方旅游名片打造产生消极影响。与此同时，街子古镇、怀远古镇、元通古镇素有崇州"古镇金三角"之称，日常也面临加强古镇珍贵文化资源保护、维护良好文旅发展环境的客观现实需要。

基于上述因素考虑，街子旅游环保法院将古镇文化景观保护理念融入旅

游纠纷调处化解，优化"纠纷分流＋调解优先"业务流程机制，确保类型化纠纷分层递进化解、全流程高效衔接。一是旅游矛盾快速识别分流。抓牢立案分流"中枢神经"，构建"诉讼咨询—调解指导—网上诉服"前端快速处置机制。法庭人员对旅游纠纷进行精准识别、辅导分流，主动引导事实相对清楚、法律关系简单或争议不大的旅游纠纷进入调解渠道。通过力促矛盾化于萌芽状态，确保"降低当事人解纷成本"与"保护古镇旅游资源与历史文化遗产"双重目标的实现。二是搭建解纷综合服务平台。联合崇州市文旅局共建旅游纠纷多元化解机制，设立旅游纠纷行政调解委员会，有机融合人民调解与行政调解联动体系，实现优势互补。科学制定旅游纠纷案件调解机制，顺畅"属地联络员前端调解、文旅局中端调处、法院后端指导"流程链条，畅通线上线下司法确认通道，全力打造旅游纠纷调处的"快速通道"，升级当事人调解体验。试点以来，联动调解旅游纠纷 109 件，网上调解案件数量同比上升 36%，调解时间压缩至 19.81 天，同比减少 7.9%。

（五）"数字＋专审"：发挥专业审判优势，提升纠纷化解时效性

将智能科技、乡镇治理实际需求与法庭司法审判职能深度融合，以街子古镇特色及街子法庭的环境资源审判职能为"着力点"，构建与濒危动物保护、生态环境保护、康养旅游相适应的司法服务体系，以"机制重塑＋数智赋能"促解纷"质""效"双提。一是以智能服务为驱动，打造案件高效"处理器"。借助线上"平台建设＋流程再造"经验优势，持续深化环境资源审判改革，构建"电子卷宗'秒速'流转、统一平台业务处理、人工智能辅助办案"三向联动的案件快办保障体系，进一步探索在线庭审、异步诉讼等审理新模式，基于卷宗档案数字化、办公办案信息化、辅助法官精准化，推动环境资源案件全流程网上流转和办理，密织生态环境司法保护网。试点以来，无纸诉讼率达 100%，电子送达适用率达 77.12%，电子送达成功率达 84.28%；案件办理时间平均为 16.22 天，"组链"缩短 5.63 天。二是以大数据为抓手，提升解纷质效"专业度"。充分运用大数据分析，全面加强对环境资源类案件司法数据的利用和管理，推进审判运行态势可视化、

审判执行工作高效化。研发法官画像分析系统，对法庭法官审执行为、裁判结果等维度进行深度量化分析，直观反映案件审判质效情况，倒逼其规范司法活动；借助环境资源矛盾纠纷的信息化录入，排查矛盾纠纷风险隐患，重点针对部分易造成影响面广、网络负面舆情的涉环境投诉或尖锐矛盾，借助"大数据+研判分析"，以"类案共性要素挖掘——提前介入受理——典型案例释法明理"链式方式化解，为生态文明建设和美丽乡村建设提供高质量的司法服务。

四 "数字法庭"的现实问题

（一）数字法庭"新"冲击问题

一是"新观念"的冲击。在数字化背景下，来源于传统现实空间的司法理念与司法制度难以完全适应高速数字化的"微粒社会"。人民法庭逐渐通过智能司法平台提供司法服务，但这种线上服务方式没有明确的法律规制，也不在既有的法定程序中，一旦社会宣传开展不够或不到位，便会整体呈现力度小、受众面狭窄、效果不理想的态势，容易因有限的了解机会而导致"智慧法院"的公众认知程度不高、民众在线参与司法服务的意愿较低，这些都不同程度影响"数字法庭"建设和工作质效提高。

二是"新空间"的冲击。"数字法庭"需要当事人通过智能设备、线上平台参与诉讼活动，要求当事人具备较高的信息化参与能力；线上庭审纪律与秩序的维护也需要当事人具有较高的法律素养与道德涵养，对诉讼行为、庭审发言进行自我约束，但崇州法院"数字法庭"地处西部较偏远地区，人口受教育程度较低、信息技术发展较慢、法律普及范围较窄，其在具备跨越空间、缩短距离等优势的同时，也面临着空间带来的冲击。

（二）数字法庭的"数"问题

一是司法信息技术存在持续发展需求。司法技术是建设"数字法庭"的基石。"数字法庭"系统建设要求信息网络技术具备"新手段"。大到智慧法院平台与庭内应用体系建设，小到庭审证据信息的采集、庭审实况音视频信息的采集与播放等的案件办理保障，都必须依托信息网络技术，需要推动其不断突破、革新，以此适应不断变化的法庭发展需求。反之，则基于数字化平台和先进技术进行"数字法庭"建设的成效会受到极大影响。

二是司法数据安全保障存在缺陷。第三方机构进行"数字法庭"信息化建设存在一定风险。当前法庭信息化建设主要通过外包给第三方公司进行，在签订外包合同时，主要对功能成效进行详细约定，至多附加保密条款，但对司法数据的存储和使用安全保障不够；在法庭内网与外网交互的情况下，若不建立全面的数据外泄隐患防护机制，一旦工作人员网络安全意识不足，就容易带来因操作失误导致泄露信息、丢失审判数据、遭遇网络黑客攻击等安全问题。

（三）数字法庭的"共"问题

一是信息共享机制不健全。定分止争是人民法院的主要职能，这一职能的正确行使以及功能的有效发挥离不开各部门之间的信息联动、有效配合。但当前，"数字法庭"建设尚未建立起成熟的信息共享机制。由于信息共享机制不健全，各部门信息交流滞后，人民法院特别是"数字法庭"出现了调解事项对接不畅、调解工作重复、处理纠纷低效等问题。

二是工作共向动力不足。"数字法庭"与传统法庭都存在一个共性问题，即因"案多人少"诱发法庭法官工作压力大，加之审判辅助人员流动性强，工作的认同感和幸福感"双低"，多因素叠加导致案件办理效率低。在法庭人员完成现有工作量存在一定困难的情况下，数字化改革工作的质量和效率难以兼顾，不能进一步促进"数字法庭"又快又好发展。

五 展望

（一）转"新"为"旧"，化冲击为动力

一是规范数字法庭建设，转变"旧"观念。积极探索"数字法庭"建设，借鉴国内外优秀经验，将经验"本土化"后建章立制，构建高水平与本地特色的"数字法庭"。在提档升级现有"数字法庭"功能基础上，加速推动区块链、大数据、人工智能、云计算等信息技术在审判执行、多元解纷、基层治理等"司法+"领域深度融合应用，逐步推进派出法庭"数字"全覆盖，带动"数字法庭"走进民众生活，使人民法庭信息化建设真正取得阶段性成果。

二是拓展智能化应用场景，以"数字化"强化便民利民。推动"数字法庭"建设与延伸司法服务有机融合，在部分基础设施相对薄弱的偏远镇街、社区设立更多数字法庭驿站，为偏远地区群众提供诉讼指导、诉讼服务、法律咨询、诉源治理等便捷智能化服务，使人民群众切实感受到科技带来的诉讼便利。关注弱势群体参与诉讼的需求，为困难、老年群体提供个性化、定制化服务，跨越传统法庭与"数字法庭"的"空间鸿沟"。

（二）改善"数"问题，为数字法庭建设保驾护航

一是提升信息网络技术水平，以"新手段"转化冲击。紧跟信息技术发展潮流，将新技术、新手段转化为推动"数字法庭"建设的"燃油"，加快推进司法数据库、数据服务平台、司法知识库、人工智能引擎和司法区块链平台等系统的建设和集成，从"增加数量"和"丰富内容"着手加强司法数据库应用，为"数字法庭"建设提供动力支持。注重人才队伍建设，培养跨学科的法律科技复合型人才，充分发挥人才主观能动性，为"数字法庭"建设提供智力支持。

二是加强数据安全管理，完善网络安全建设。制定严格的数据安全管理

办法，明确司法数据的存储和使用方式、途径，并将相关条款纳入签订的信息化建设外包合同。制定全面的数据外泄隐患防护机制，完善内外网数据连接办法，做好内外网数据管控。做好数据安全培训工作，提升法庭人员数据安全防护意识，推动"数字法庭"建设转"危"为"安"。

（三）深化"共"向力，推动数字法庭平稳运行

一是建立信息共享平台，完善信息共享机制。加强内外部门联动，强化不同平台之间、智能调解设备与平台之间的对接联通，构建多层次、多部门、立体化、普惠式的信息共享平台。完善信息共享机制，明确各部门在信息共享中的角色，确保各司其职，加强信息互通与资源共享，"共"向推进"数字法庭"建设。

二是加强内部人员管理，推动法庭文化建设。注重对法庭人员的人文关怀与尊重，营造良好的工作氛围，重视人才培育。明确工作办法和任务量，提供合理的薪资，制定科学的奖惩机制，充分激发法庭人员工作主动性与积极性。加强法庭文化建设，提升法庭人员对庭内工作的认同感、使命感与责任感，确保凝心聚力、众志成城，将"数字法庭"运用作为"全心全意为人民服务"之本。

B.10
源头解决民事执行金钱给付
小额案件探索与展望

——以近七年福建泉州法院执行情况为研究样本

洪彦伟*

摘　要： 民事执行金钱给付小标的案件金额虽小，体量却大，超过全部执
行案件的60%。只有从源头真正解决了（执行完毕）小额案件，
依法保障当事人及时兑现胜诉权益，才算得上"以法治力量更
好保障人民群众的获得感、幸福感和安全感"。本文以福建省泉
州市两级人民法院自2016年5月攻坚"用两到三年时间基本解
决执行难"以来民事执行金钱给付小额案件执行情况为研究样
本，分析其执行现状、特点、存在困境及其主要成因，并提出应
对措施。通过执行完毕占比较大的小额案件带动执行工作再上新
台阶，在公正与效率并重的基础上，进一步朝着"切实解决执
行难"目标迈进，最终实现让人民群众在每一个司法案件中感
受到公平正义。

关键词： 民事执行　小额案件　繁简分流　集约执行

生效法律文书的执行，是司法程序中的关键一环，事关人民群众胜诉权
益的及时兑现，事关经济社会发展的诚信基础，事关司法公信和司法权威的

---

* 洪彦伟，福建省石狮市人民法院副科长级干部，曾任福建省石狮市人民法院党组成员、执行
局局长。

有效提升，事关全面依法治国方略的贯彻落实。2016 年 4 月 29 日，最高人民法院印发《关于落实"用两到三年时间基本解决执行难问题"的工作纲要》（法发〔2016〕10 号）。本文执行案件数据统计区间对应立案日期或结案日期为 2016 年 5 月 1 日至 2023 年 4 月 30 日。同时参照《民事诉讼法》第 165 条关于适用小额诉讼程序的案件标的金额确定方式，结合 2021 年度福建省城镇非私营单位就业人员平均工资 98071 元，本文定义民事执行金钱给付小额案件为执行立案、结案案由均为民事类型，执行标的种类为金钱给付，执行标的数额不超过 10 万元（含本数）的案件，并简称小额案件。

一　民事执行金钱给付小额案件执行的现状及结论

（一）福建法院民事执行金钱给付小额案件执行情况

据福建法院执行案件流程信息管理系统统计数据，2016 年 5 月 1 日至 2023 年 4 月 30 日福建法院（福建省辖区中基层人民法院[①]）首次执行民事执行金钱给付案件新收数 1438489 件，其中申请标的金额不超过 10 万元的小额案件新收数 934009 件，占比达 64.93%；以终结本次执行程序方式结案（以下简称"终本结案"）数 699411 件，其中小额案件 395813 件，占比达 56.59%。然而，2016 年 5 月 1 日至 2023 年 4 月 30 日福建法院恢复执行民事执行金钱给付案件执行完毕结案数中小额案件为 106293 件[②]，仅占同一时期首次执行民事执行金钱给付小额案件终本结案数（395813 件）的 26.85%（见表 1）。

---

① 总数及均值仅统计福建省福州、厦门、莆田、三明、泉州、漳州、南平、宁德、龙岩等地市中基层人民法院执行数据，未统计厦门海事法院和福州铁路运输法院。

② 必须指出的是，经反查具体执行案件信息，上述恢复执行民事执行金钱给付案件执行完毕结案案件统计数量中还不排除部分案件数量为执行法院为优化执行质效考核指标而产生的"水分数量"。

表 1　2016 年 5 月 1 日至 2023 年 4 月 30 日福建法院民事执行金钱给付小额案件基本情况

单位：件，%

地区	小额首执新收数	首执案件新收数	小额新收比例	小额首执终本数	首次执行终本数	小额终本比例	小额恢复完毕数	真金白银兑现比例
福州	158604	274126	57.86	65230	137738	47.36	13693	20.99
厦门	127133	197549	64.36	54555	101375	53.82	8107	14.86
莆田	66632	108576	61.37	33144	57697	57.44	8757	26.42
三明	78987	120068	65.79	25182	43323	58.13	13182	52.35
泉州	229046	338952	67.57	102625	171551	59.82	28123	27.40
漳州	89964	125532	71.67	36050	55656	64.77	7273	20.17
南平	68049	98848	68.84	26255	43460	60.41	7098	27.03
龙岩	67677	94059	71.95	31212	47575	65.61	11258	36.07
宁德	47917	80782	59.32	21560	41036	52.54	8802	40.83
合计	934009	1438489	64.93	395813	699411	56.59	106293	26.85

（二）泉州法院民事执行金钱给付小额案件执行情况

与此同时，2016 年 5 月 1 日至 2023 年 4 月 30 日泉州法院（泉州市辖区中基层人民法院①）首次执行民事执行金钱给付案件新收数 338952 件，其中小额案件新收数 229046 件，占比达 67.57%，超过全省均值 64.93%；以终结本次执行程序方式结案数 171551 件，其中小额案件 102625 件，占比达 59.82%，超过全省均值 56.59%。然而，2016 年 5 月 1 日至 2023 年 4 月 30 日泉州法院恢复执行民事执行金钱给付案件执行完毕结案数中小额案件为 28123 件，仅占同一时期首次执行民事执行金钱给付小额案件终本结案数（102625 件）的 27.40%，超过全省均值 26.85%（见表 2）。

---

① 即福建省泉州市中级人民法院（泉州中院）、泉州市鲤城区人民法院（鲤城法院）、泉州市丰泽区人民法院（丰泽法院）、泉州市洛江区人民法院（洛江法院）、石狮市人民法院（石狮法院）、泉州市泉港区人民法院（泉港法院）、晋江市人民法院（晋江法院）、南安市人民法院（南安法院）、安溪县人民法院（安溪法院）、永春县人民法院（永春法院）、德化县人民法院（德化法院）、惠安县人民法院（惠安法院）。

表2 2016年5月1日至2023年4月30日泉州法院民事执行金钱给付小额案件基本情况

单位：件，%

法院名称	小额首执新收数	首执案件新收数	小额新收比例	小额首执终本数	首次执行终本数	小额终本比例	小额恢复完毕数	真金白银兑现比例
泉州中院	7403	12493	59.26	486	1392	34.91	122	25.10
鲤城法院	10057	14776	68.06	2873	5612	51.19	869	30.25
丰泽法院	24751	41493	59.65	10992	21134	52.01	1478	13.45
洛江法院	7276	10131	71.82	2623	4315	60.79	737	28.10
石狮法院	19196	33087	58.02	8437	16384	51.50	2919	34.60
泉港法院	10196	13663	74.62	5903	8096	72.91	1947	32.98
晋江法院	40407	67063	60.25	17837	35469	50.29	3668	20.56
南安法院	33689	49591	67.93	14497	25442	56.98	3448	23.78
安溪法院	17439	21476	81.20	9621	12721	75.63	2749	28.57
永春法院	12584	16153	77.91	6385	8888	71.84	1781	27.89
德化法院	13827	17008	81.30	6164	8081	76.28	4130	67.00
惠安法院	32221	42018	76.68	16807	24017	69.98	4275	25.44
合计	229046	338952	67.57	102625	171551	59.82	28123	27.40

（三）民事执行金钱给付小额案件统计数据分析结论

虽然上述恢复执行案件结案数统计期跨度较大，并且恢复执行总是晚于其对应首次执行案件（实际上，终本结案是恢复执行的前提条件，先有终本案件才会有其对应恢复执行案件①），但仍不难得出结论：较大比例的民事执行金钱给付小额案件未能及时通过执行程序将申请人的胜诉权益兑现为真金白银②，而是"静静"地躺在终本案件库里，申请人通过执行程序实现（小额）债权耗时费力，时间、经济、精力成本高昂。如此长年"滚雪球"

---

① 以终结执行方式结案的首次执行民事执行案件，以及终结执行后对应的恢复执行均不列入本文统计范围。

② 在首次执行民事执行案件以执行完毕方式结案，或是以终结本次执行程序结案后又恢复执行执行完毕的，属于兑现"真金白银"，暂不考虑部分执行到位情形下兑现"真金白银"。

"恶性循环"，终将危及司法公信力和申请人获得感、幸福感、安全感以及人民群众满意度，损害公正与效率。

二 民事执行金钱给付小额案件执行的特点分析

（一）从受理案件情况看，民事执行金钱给付小额案件收案量较为稳定，有升有降，但年均超过3.3万件，且占比超过67%

泉州法院 2017~2022 年民事执行金钱给付小额案件新收数分别为 30548 件、29614 件、32176 件、32677 件、40560 件、36038 件，占比分别为 65.74%、62.38%、65.46%、70.36%、72.76%、71.80%（见表3）。

表3　泉州法院民事执行金钱给付小额案件首次执行新收案件数及其占比

单位：件，%

统计年度	小额首执新收数	首执案件新收数	小额新收比例
2017	30548	46468	65.74
2018	29614	47474	62.38
2019	32176	49151	65.46
2020	32677	46444	70.36
2021	40560	55742	72.76
2022	36038	50193	71.80
2016 年 5 月 1 日至 2023 年 4 月 30 日	229046	338952	67.57

（二）从结案数量情况看，民事执行金钱给付小额案件终本比例虽略有波动，但年均超过1.5万件，占比近60%，比例偏高

泉州法院 2017~2022 年民事执行金钱给付小额案件终本结案数分别为 16882 件、13574 件、15918 件、14655 件、15441 件、14595 件，占比分别为 58.27%、57.41%、54.36%、61.79%、63.12%、62.90%（见表4）。

表 4　泉州法院民事执行金钱给付小额案件终本数及比例

单位：件，%

统计年度	小额首执终本数	首次执行终本数	小额终本比例
2017	16882	28973	58.27
2018	13574	23645	57.41
2019	15918	29281	54.36
2020	14655	23718	61.79
2021	15441	24462	63.12
2022	14595	23203	62.90
2016 年 5 月 1 日至 2023 年 4 月 30 日	102625	171551	59.82

（三）从恢复执行情况看，民事执行金钱给付小额案件恢复执行完毕数量与同期终本结案数量对比，呈先升后降态势，但总体比例偏低

泉州法院 2017~2022 年民事执行金钱给付小额案件恢复执行完毕数分别为 2531 件、4067 件、5174 件、4775 件、4481 件、4138 件，占比分别为 14.99%、29.96%、32.50%、32.58%、29.02%、28.35%。但从 2016 年 5 月 1 日至 2023 年 4 月 30 日年均统计数据来看，小额案件及时兑现真金白银比例偏低，未达 30%（仅为 27.40%）（见表 5）。

表 5　泉州法院民事执行金钱给付小额案件恢复执行数及真金白银兑现比例

单位：件，%

统计年度	小额首执终本数	小额恢复完毕数	真金白银兑现比例
2017	16882	2531	14.99
2018	13574	4067	29.96
2019	15918	5174	32.50
2020	14655	4775	32.58
2021	15441	4481	29.02
2022	14595	4138	28.35
2016 年 5 月 1 日至 2023 年 4 月 30 日	102625	28123	27.40

（四）从标的金额情况看，民事执行金钱给付小额终本结案案件主要集中在5万元以下，合计占比约67.72%

泉州法院2017~2022年民事执行金钱给付小额终本结案案件每万元标的金额对应结案数量及其占比见表6。

表6 民事执行小额终本案件每万元标的金额对应结案量及占比

每万元期间	终本结案数（件）	万元期间值	万元期间占比（%）
1万元以下	12325	12325	12.01
2万元以下	29113	16788	16.36
3万元以下	44830	15717	15.31
4万元以下	56390	11560	11.26
5万元以下	69494	13104	12.77
6万元以下	78010	8516	8.30
7万元以下	84159	6149	5.99
8万元以下	89854	5695	5.55
9万元以下	94605	4751	4.63
10万元以下	102625	8020	7.81

（五）从执行案由情况看，民事执行金钱给付小额终本结案案件主要集中在借款合同纠纷，占比约56.55%

泉州法院2017~2022年民事执行金钱给付小额终本结案案件主要案由分布及其占比如下，其中涉民生案件占比约10%（见表7）。

表7 民事执行小额终本案件案由分布及占比

单位：件，%

执行案由	终本结案数	占比
借款合同纠纷	58031	56.55
买卖合同纠纷	15526	15.13
银行卡纠纷	6435	6.27

执行案由	终本结案数	占比
劳动争议	2919	2.84
承揽合同纠纷	2413	2.35
追偿权纠纷	2230	2.17
劳务合同纠纷	1865	1.82
合同纠纷	1864	1.82
租赁合同纠纷	1575	1.53
房屋买卖合同纠纷	1483	1.45
机动车交通事故责任纠纷	1208	1.18
婚姻家庭纠纷	1184	1.15

（六）从基层法院情况看，各地法院民事执行金钱给付小额案件新收数占比差距较大，峰谷占比值相差约23个百分点

泉州法院 2017~2022 年民事执行金钱给付小额案件新收数量占比情况见表8。

表8　新收小额案件数量及占比

单位：件

法院名称	小额首执新收数	首执案件新收数	小额新收比例
石狮法院	19196	33087	58.02
泉州中院	7403	12493	59.26
丰泽法院	24751	41493	59.65
晋江法院	40407	67063	60.25
南安法院	33689	49591	67.93
鲤城法院	10057	14776	68.06
洛江法院	7276	10131	71.82
泉港法院	10196	13663	74.62
惠安法院	32221	42018	76.68
永春法院	12584	16153	77.91
安溪法院	17439	21476	81.20
德化法院	13827	17008	81.30

（七）从当事人类型情况看，民事执行金钱给付小额案件新收和终本结案案件中当事人为自然人类型的占绝大多数

泉州法院2017~2022年民事执行金钱给付小额案件新收和终本结案案件中当事人类型情况见表9。

表9 小额案件当事人类型情况

单位：件，%

当事人类型	小额首执终本数	比例	小额首执新收数	比例
合计	102625	—	229046	—
申请人包含公司法人	24717	24.08	53369	23.30
被执行人包含公司法人	9646	9.40	50993	22.26
申请人不含公司法人	77908	75.92	175677	76.70
被执行人不含公司法人	92979	90.60	178053	77.74

三 民事执行金钱给付小额案件执行的困境

近年来，虽然泉州法院坚持"互联网+执行"，被执行人难找、执行财产难寻、协助执行人难求、执行财产变现难等问题得到较好解决，也通过各种制度机制一定程度上防止了消极执行、选择性执行、乱执行等问题。另外，泉州法院通过联合惩戒体系建设，加大打击拒执力度，有效推进了社会诚信体系建设。但目前被执行人不敢逃、不能逃、不愿逃的制度体系尚未完全建立，公民的法治意识、规则意识亟待增强，绝大多数被执行人仍然存在规避执行、抗拒执行行为，被执行人化名存款、挂名置产、账外设账、拒不主动交付车辆等恶意规避执行现象仍然存在，特别是占比较大的民事执行金钱给付小额案件执行工作仍然存在一定程度的执行难困境。"未能及时兑现胜诉权益""终本方式结案比例较高""找人难、扣车难、收拘难""申请

执行人不满意、不理解、不认同""社会各界对执行工作评价不高""人民法院和执行干警压力较大"等，尚缺乏根本破解之道。

四 民事执行金钱给付小额案件执行难的原因剖析

基于民事执行金钱给付小额案件占比较大，年均超过 60%，可谓"额虽小量却大"，其执行难的原因主要如下。

（一）执行强制措施不到位

现行执行案件终本结案"门槛"条件较低，按照最高人民法院《关于严格规范终结本次执行程序的规定（试行）》的规定，以终结本次执行程序方式结案，需要完成以下执行事项：向被执行人发出执行通知、责令被执行人报告财产；发出限制消费令，并将符合条件的被执行人纳入失信被执行人名单；穷尽财产调查措施，未发现被执行人有可供执行的财产（或者发现的财产不能处置）；被执行人下落不明的，依法予以查找；被执行人妨害执行的，依法采取罚款、拘留等强制措施，构成犯罪的，依法启动刑事责任追究程序。但仅有发出限制消费令，并将符合条件的被执行人纳入失信被执行人名单这一事项实际上会对被执行人产生一定强制效力，不少事项更是如同"形同虚设"，如报告财产令。然而，即便是终本结案强制校验"限制高消费"强制措施，也并不等同于必然兑现真金白银。实际上，按照上述终本结案占比偏高的执行结果，即便是规范终本结案，也无法取得预期效果，更谈不上兑现真金白银[①]。而对小额案件真正能产生威慑力的拘传、拘留等

[①] 另外，从当前饱受社会诟病的失信被执行人、限制高消费人员通过"违法"手段规避出行乘坐飞机、高铁等现象来看，这一措施并没有想象中那么有效。实际上，由于上述措施机制自身的"漏洞"，如果没有对上述人员采取限制出境（法定不批准出境人员通报备案）措施，上述人员在列入失信被执行人、限制高消费人员名单后，仍可通过新增（办理）护照、通行证等有效证件购买飞机票、高铁票，从而规避限行。这从最高人民法院《关于开展打击被执行人违反限高令乘机专项整治行动的通知》[法（执）明传〔2023〕13 号] 所通报的全国各地被执行人违反限高令乘机的违法行为情况可见一斑。

强制措施[①]，可归属为上述事项中的"被执行人下落不明的，依法予以查找；被执行人妨害执行的[②]，依法采取罚款、拘留等强制措施"。然而，绝大多数法院采取这些强制措施的力度甚弱，平均达不到小额案件受理数量的5%[③]，并且各地法院执行力度也大有不同，甚至相去甚远。仅有个别法院将限制出境[④]、拘留作为终本结案的前置条件，最终导致执行手段偏软、执行措施偏松，无法对被执行人形成威慑，申请执行人对执行不满意、不认同[⑤]。当然，这也与执行法院自身无类似公安机关的"侦查能力"等原因有很大关系。执行实践中，除申请人提供有效线索外，大多只能借助公安机关、基层组织等单位的协助方可实现。另外，各地公安部门对拘留人员条件要求不一，导致不少执行法院遭遇"收拘难"问题，严重影响了执行拘留被执行人的实施。

（二）繁简分流机制不健全

据 2022 年 1 月统计数据，福建法院共有执行干警 1629 名，其中员额法官、执行员仅 691 名，年人均结案超过 400 件。按 250 个工作日计算，人日

---

① 暂不考虑追究民事执行金钱给付小额案件被执行人拒不执行判决、裁定犯罪的情形。执行实践中，由于公检法三家认识不够统一，移送追究拒执犯罪衔接尚不顺畅，造成各地不同程度存在公安机关对人民法院移送追究犯罪线索不予立案的问题。

② 根据《民事诉讼法》第 252 条等规定，被执行人拒绝报告或者虚假报告财产的，可认定为妨害执行，人民法院依法可以采取罚款、拘留等强制措施。

③ 按照福建省泉州市中级人民法院开发的全市法院拘留人员名单信息公开平台（http://zxgk.qzcourt.gov.cn）统计数据计算，2016 年 5 月 1 日至 2023 年 4 月 30 日泉州法院首次执行民事执行小额案件新收数 229046 件，发布拘留数据人数不足 10000 人，比例仅为4.37%。

④ 被执行人（自然人为被执行人的，为其本人；单位作为被执行人的，为其法定代表人、主要负责人、影响债务履行的直接责任人员、实际控制人等"四类人员"，下同）是中国公民（内地居民）的，人民法院作出法定不批准出境人员通报备案通知书，由公安机关出入境管理部门作出不批准出境的决定，已经持有的有效护照等证件依法扣押或是宣布作废；被执行人是外国人和港澳同胞、华侨、台湾居民的，交由边防部门办理边控措施。

⑤ 因此，最高人民法院于 2021 年 5 月下发《关于进一步规范终结本次执行程序案件办理　切实保护各方当事人合法权益的通知》，明确要求把好"找物关""查人关""变价关""惩戒关""结案关""恢复关""核查关"七个方面的工作，对终本案件管理更为严密、规范。

均结案超过 1.5 件，工作强度之大可见一斑，案多人少矛盾突出。随着人民法院对执行信息化、规范化和执行公开的要求提高，不断增长的办案任务与有限司法资源的矛盾日益突出，进而导致执行人员办理小额案件精力有限，终本结案成为主要结案方式。民事执行金钱给付小额案件数量多、占比大且源源不断涌入法院，大量为经网络查控系统查询后暂未发现可供执行财产的案件或仅有少量银行存款案件，若不加以科学分流，均按照普通执行案件办案流程处理，势必导致有限的执行资源陷入大量无意义的重复工作泥淖，既无效果也浪费时间精力，还影响执行工作整体效率。但是，大多数法院没有对此类案件进行繁简分流，或繁简分流程序设计不科学。

（三）执行质效考核指标导向"失灵"①

当前执行质效考核指标体系并未特别针对小额案件"量身定制"相关考核指标，而较多关注的是实际执结率、实际执行到位率、执行完毕率、终本率、终本合格率、结案率等指标。实际运行中已经产生"高指标、低执行"现象——质效考核指标显著提高但实际执行效果不尽如人意、法院执行行为异化——法院主要精力用在"美化"指标②数字上，新形式的"乱执行""结案不够、终本来凑③"等现象愈演愈烈，饱受社会诟病。指标体系导向功能错位、评估价值方向偏离，造成执行公信权威严重下降。

（四）社会诚信体系尚未有效建立

被执行人诚信意识不足，守约履约观念淡薄，自动履行率低，小额案件

---

① 对当前执行质效考核指标体系存在的缺陷分析，可参见褚红军主编《切实解决执行难——路径、模式、方法》，人民法院出版社，2023，第 491~497 页。

② 这也是本文未统计分析首次执行民事执行金钱给付小额案件执行完毕数据的根本原因，该统计数据明显"失真"，无法客观反映执行情况（执行成效）。

③ 对执行案件管理存在来自审判管理部门、执行部门的双重管理，特别是在年底冲刺阶段，不少法院更是将执行结案作为结案率的突破口，从而导致年底大量案件以终结本次执行程序结案。新收占比较大的小额案件更是"首当其冲"成为结案"主力军"，最终形成恶性循环。

被执行人更是"冲锋在前"。《福建省高级人民法院执行局关于2019～2021年福建法院执源治理工作分析报告》显示，2019～2021年全省法院民事案件当事人自动履行率分别为50.01%、46.27%、43.27%，均低于全国平均水平。当消极履行、抗拒执行的"收益"大于其付出"成本"时，小额案件被执行人往往选择违约，以各种手段规避执行、逃避执行，除非遭受执行法院拘传、拘留强制措施，否则不可能主动履行。甚至还有不少被执行人竟敢"厚着脸皮"要求申请执行人"打折"债务，否则摆出"宁可拘留所里待十五日也不履行"的姿态①，其心态可谓"不见棺材不掉泪"，致使小额案件陷入执行僵局。

（五）执行联动制度机制有待深化

联合惩戒机制未能长期稳定发挥作用。小额案件执行工作既需要申请执行人积极提供被执行人的财产线索，更需要公安机关、基层组织和新闻媒体等的大力配合。虽然目前已建立了多家党政部门参与的执行联动机制，但制度优势尚未完全凸显。部分联动单位对支持和参与执行联动工作的认识不足、积极性不高，联而不动，未能形成有效的综合治理合力。更因协助奖励机制无法长期实施等因素影响公安机关配合执行法院查人找物、扣押车辆等财产，协助执行法院稳控、拘留、拘传被执行人等工作的积极性大大降低，一些经实践检验行之有效的联动执行手段未能长期稳定发挥应有作用，"找人难""扣车难""收拘难"现象长期存在，制约了执行工作的高质量发展。

（六）执源治理联动力量不足

因诉讼和非诉纠纷解决程序促进自动履行的激励机制不健全，未能实质化解小额案件的矛盾纠纷，无法起到前端"分流洪峰"的作用，致使大量小额案件无序涌入执行程序，加剧人案矛盾，执行人员大量的精

---

① 人民法院决定拘留被执行人的，交公安机关（拘留所）看管，每次拘留的期限为15日以下。

力被牵制在烦琐的重复流程中，有限的执行资源未能发挥最大效用，这也在一定程度上加剧了小额案件执行难。当事人、社会力量甚至法院审判部门对执源治理工作的参与积极性不高、支持力度小，执源治理过度依赖执行部门，在执行人员已然超负荷运转的情况下，仍要分流一部分人员负责执源治理工作，即使执源案件有所下降，在"跷跷板"效应下，势必对执行质效造成冲击。

五　源头解决民事执行金钱给付小额案件执行难的路径

（一）加强诉讼程序与执行程序衔接

进一步凝聚司法工作合力，在诉讼过程中，要进一步加强矛盾化解，促成小额诉讼案件债务人在诉讼过程中主动履行债务，或是达成调解协议并主动按照调解协议履行，减少诉讼案件进入执行程序，即从源头减少民事执行小额案件发生。当事人无法达成调解协议作出判决的，要切实提高裁判文书质量，金钱给付的，应当明确具体数额，计息的起止时间、标准，给付的条件；确定履行非金钱给付义务的，应当界定清楚义务内容，期限规定明确，同时应明确不履行义务的替代方案等。要特别注意收集被告有效联系方式，包括但不限于通信号码、送达地址。其间特别要加强与电信企业联动协作，奠定诉讼应诉与执行通知有效衔接的基础。或是确保有效通知小额诉讼案件被告，使其能够积极参与诉讼，或是督促其在法院判决指定的期限内主动履行债务，至少也可推动进入执行程序后执行法院有效通知被执行人履行债务，还可配套建立小额民事执行案件执前督促履行程序前置机制，同时在现行人民法院案件质量评估指标体系中增设小额诉讼案件调解、判决自动履行率效果指标，以实现民事执行小额案件从源头上减量。

（二）依职权特别突出执行强制性[①]

强制性是执行工作的本质属性，突出执行工作的强制性，持续加大执行力度，严厉打击规避执行、逃避执行和抗拒执行行为，更是小额案件执行工作的主线，这关乎执行工作的全局，影响执行工作能否再上新台阶。当前执行强制措施主要区分为依申请或依职权采取，如按照终本结案规范，即便申请人未提出申请，只要是终本结案，执行法院都必须对被执行人采取限制高消费措施，可视其为依职权。然而拘传、拘留、扣车、限制出境、自媒体曝光等强制措施并非当前终本结案的前置条件，绝大多数执行法院并未依职权采取强制措施，小部分执行法院则是依申请采取，但并没有覆盖全部终本案件（包括但不限于小额案件），实际上这反而成为另一种形式的"选择性执行"。如前所述，仅仅依靠当前终本结案的"门槛"并不足以"自行"促使被执行人履行债务。根据部分法院的执行实践，仅在特别突出执行强制性，对被执行人确有拒不报告财产、虚假报告财产、有能力履行而拒不履行义务的，坚决采取拘传、拘留等强制措施时，方能"压力给够"，有效促使被执行人迅速履行债务[②]。因此，执行法院宜依职权特别突出执行强制性，建议终本结案的"门槛"增加采取如上强制措施，作为终本结案规范的前置条件，即未采取上述措施的，不得以终结本次执行程序方式结案。对于被执行人具有符合法定情形或正当理由或是基于善意文明执行原则[③]未采取强制措施的，应实行反向审批制度。这也可以有效从源头上消除"选择性执行"

[①] 当然，执行联动、采取强制措施的目的并不是要对每一个被执行人都采取措施，而是通过个案形成执行威慑，让执行干警自信，让被执行人敬畏。必须要让被执行人明白，人民法院要查找被执行人，将是非常容易的事。如果被执行人态度诚恳、配合执行，就可不采取强制措施；如果与人民法院玩"躲猫猫"，故意避而不见，则人民法院将启动找人机制，并直接采取强制措施，要对被执行人形成威慑，增加被执行人的违法（失信）成本。

[②] 以福建石狮法院2016~2018年度统计数据为例，其间该院通过拘传、拘留措施使得执行案件执行完毕或是促成双方当事人达成执行和解协议的小额案件比例高达80%。该强制措施行之有效，案件执行完毕或是和解的，并未再采取拘留措施，但部分案件仍然对被执行人采取罚款措施以示惩戒。

[③] 合法性原则、比例性原则、合理性原则、效益性原则。

"消极执行""地域差异化执行"。同时，健全查人找物的执行联动和执行奖励制度机制，精准定位被执行人下落、财产（特别是车辆）信息①等，并要求各地法院分别建立或全市法院统一建立执行备勤制度②，在执行指挥中心安排专人值班，及时接出警。争取基层力量支持，推动小额案件协助执行工作纳入基层网格化管理范围，发动"两代表一委员"、村级组织、乡贤、基层综治网格员协助查人找物、督促履行，促进基层治理与人民法院执行工作的良性互动。定期开展"小额案件专项执行行动"，集中采取执行强制措施，加大信用惩戒力度，常态化开展失信曝光工作，提高曝光频次，全面压缩小额案件被执行人逃避履行债务的空间。

（三）建立健全小额案件集约执行机制

进一步深化小额案件繁简分流机制改革，立案后全面"过筛"有否可供执行财产，同步探索建立小额案件集中管辖、集约执行制度。在借鉴江苏省徐州市泉山区人民法院"一次性有效执行"探索经验③的基础上，可以在全市法院设立小额案件专门集约执行机构，集约处理如下执行事项，以集约化执行促使小额案件执行工作向更快、更优、更精、更强方向发展，实现全市小额案件"一碗水端平""零差别对待""去地域化"的规范化、标准化

---

① 福建省泉州市中级人民法院已经建立与辖区机场、动车站、旅馆、网吧、市际客运、市政及商业停车场等行业领域的查人找物（车）联动执行机制，并通过自主开发的执行信息公开平台汇总全市法院已经决定拘留的人员以及裁定扣押的车辆数据，与相关联动执行单位交互共享数据。但如上所述，绝大多数执行法院突出强制性"积极性"不高，发布拘留被执行人及扣押被执行人车辆数据甚少，导致强制执行效果不佳，特别是小额案件。

② 全国不少法院借鉴公安机关警务110命名方式，将法院执行备勤制度称为法院"执行110"制度。

③ "一次性有效执行"是江苏法院首推的执行模式，是对被执行人及其财产一次性采取充分的执行措施，即在首次传唤或拘留时，做到"法律讲透、压力给够"，案件情况一次性了解、财产状况一次性查明、法律义务一次性告知、违法后果一次性释明，用足、用好罚款、拘留等处罚性措施，督促被执行人立即、主动履行义务，达到高效执行的目的。褚红军主编《切实解决执行难——路径、模式、方法》，人民法院出版社，2023，第422页、第519页。

执行。借助 RPA 智能软件机器人①实现绝大多数执行事项②流程自动化，从而解放执行干警，提升执行效率。

（四）规范小额案件终本案件管理

健全完善"前端措施穷尽、中端质量监控、末端案件续管"的小额案件终本结案管理机制。穷尽前端措施，负有案件质量管理责任的院局领导，要严格把关终本案件是否符合法定条件和程序，特别是增加前述强制措施作为终本结案的前置条件。做好中端质量监控，探索建立小额案件专门终本团队，对小额终本案件实行集约管理、集中办理，紧盯季末、年终，防止用终本结案案件冲抵结案数等虚假结案问题发生。做到末端案件续管，组建专门团队定期对终本结案案件库里的小额案件进行"点对点"财产查询③，或是"总对总"反馈财产线索核查④，实时跟踪被执行人的财产变化，拓宽对被执行人财产线索的掌握渠道，对被执行人新增的财产，及时进行查封、冻结或者扣押，依法依规及时立案恢复执行并进行处置；借助公安机关、基层组织等执行联动单位的力量，追踪被执行人下落，依法执行拘传、拘留等强制措施。

（五）增设小额案件质效考核指标

优化小额案件质效指标考核，在现有执行案件质效考核指标体系中涉及

---

① RPA（Robotic Process Automation，机器人流程自动化）技术通过模拟人工操作和键盘鼠标，自动处理计算机中规则清楚、批量重复的工作与任务。通过模拟人的方式，自动执行一系列业务流程，可实现 7×24×365 无间隙工作，相当于人工 15 倍的超高工作效率，能够以零错误率执行大量重复性任务，从而大大降低人工损耗。

② 根据法律、司法解释和最高人民法院相关规范性文件，虽然首次执行案件执行实施事项有近 100 项，但其中仍不乏简单机械的计算机系统操作事项。

③ 与最高人民法院"总对总"网络执行查控系统限制规则不同，福建法院"点对点"网络执行查控系统允许在执行案件结案后仍可对终本案件发起网络查询。

④ 根据最高人民法院《关于严格规范终结本次执行程序的规定（试行）》第 9 条的规定，最高人民法院每六个月通过网络执行查控系统对被执行的财产进行一次查询，发现有可供执行财产线索的，通过人民法院执行指挥中心综合管理平台下发各地法院终本案件统查有财产线索需核实处理案件清单，并进行执行督办。

终本结案的部分指标，增加考核小额案件终本结案数占终本结案总数比例、恢复执行执行完毕小额案件数量占上一年度或近几个年度终本结案小额案件部分的比例，或近几个年度终本已实结小额案件增幅等指标内容，充分发挥考核指标的导向和激励作用，引导执行法院真正重视小额案件，切实采取有效措施执行完毕①。

六　结语

人民法院执行工作，是依靠国家强制力确保法律全面正确实施的重要组成部分，是维护人民群众合法权益、实现社会公平正义的关键环节。做好执行工作、切实解决长期存在的执行难问题，事关全面依法治国基本方略实施，事关社会公平正义实现，事关法治化营商环境的优化，具有十分重要的意义。

"勿以善小而不为、勿以恶小而为之。"对占比较高的民事执行金钱给付小额案件加以"关注"和"倾斜"，切实采取有效措施及时兑现真金白银。通过源头解决小额案件执行难带动执行工作迈上新台阶，增加执行公信权威、当事人的获得感、幸福感和安全感以及人民群众的满意度，朝着切实解决执行难终极目标扎实推进，从而最终实现让人民群众在每一个司法案件中感受到公平正义。

---

① 原则上要求一次性履行，防止被执行人借执行和解拖延执行，同时也有效避免执行干警为尽早结案而无原则地调和、压制和退让，从而提高执行效率。一般来说，除双方当事人主动提出执行和解外，不建议执行法院主动主持执行和解，以维护民事判决的权威和人民法院的公信，特别是执行和解减少民事判决确定债权的情形，但减免加倍支付迟延履行期间的债务利息除外。

B.11
中国监狱发展的成效、问题与未来

张玉卿*

摘　要：　改革开放后，监狱工作发生了重大变革，监狱法律制度不断完善，布局调整和体制改革深入推进，监狱安全形势发生根本变化，执法工作逐步规范，取得了显著成效。与此同时，罪犯改造工作任重而道远，狱务公开仍有较大提升空间，《监狱法》修改亟须提上日程，以在惩罚犯罪和保障人权之间取得相对平衡，适应新时代要求。

关键词：　监狱法治　监狱安全　罪犯改造　狱务公开

改革开放以来，中国经济社会发展变化巨大，监狱也迎来了改革的春天。经过多年发展，监狱法律制度、硬件设施、安全形势、执法管理等方面取得了重大改革成效，为维护国家政治安全、社会大局稳定，促进社会公平正义、保障人民安居乐业发挥了独特而不可或缺的重要作用。同时，在发展过程中，由于滞后于社会形势变化，也积累了一些问题，影响了监狱改革发展，不利于中国式现代化的推进，亟待以勇气和智慧加以解决。

---

* 张玉卿，司法部监狱管理局刑罚执行处处长。

一 改革开放后监狱制度的重大变革

（一）1981年"八劳"会议召开至1994年《监狱法》颁布，监狱逐步回归正轨

1981 年第八次全国劳改工作会议召开，会议全面总结了新中国成立 30 多年来劳改工作的基本经验，对"文化大革命"期间劳改场所遭受的破坏进行反思，充分肯定了劳改工作的社会地位和历史使命，并根据社会形势变化确立了一系列新政策。这次会议加快了劳改工作开放发展，是实现历史性转折、进入新的历史发展时期的标志性会议，对之后相当长一个时期的监狱工作具有深远影响。

1983 年全国开展"严打"，为解决公安工作战线过长、任务过重问题，更好发挥其打击刑事犯罪的职能，同时助力于加强和改进劳改工作，党中央决定把劳改管理工作由公安移交司法行政，这是 1950 年劳改工作由司法行政移交公安管理后的又一次重大管理体制改革。移交后劳改成了司法行政工作的重中之重，长期以来存在的投资、经费、管理等诸多历史遗留问题逐步得到解决，加快了改革发展步伐，同时有利于侦查、起诉、审判、执行权力相互制约，对预防、减少权力滥用和执法腐败起到了重要的制度保障作用。

1994 年全国人大常委会通过了《监狱法》，这是新中国第一部监狱法律，在监狱史上留下了浓墨重彩的一笔。《劳动改造条例》实施 40 年来，国家和社会形势发生了巨大变化，急需一部法律确认、调整监狱工作的各个方面。《刑法》规定了犯罪和刑罚，是实体法。《刑事诉讼法》规定了追诉犯罪的程序，是程序法。作为刑事司法重要组成部分的刑事执行始终没有一部法律进行调整，尽管《监狱法》没有涵盖刑事执行的各个方面，但也不失为刑事执行法的探索，或者说是刑事执行法的重要内容。《监狱法》的出台，第一次从法律上确认了监狱作为国家刑罚执行机关和监狱人民警察作为执法人员的法律地位，确立监狱工作的任务、宗旨，明确了罪犯的权利，规

定了改造罪犯的三大手段，也顺应了人类文明进步趋势，体现中国监狱管理制度的人道主义，为促进国际交流提供了有力的法律依据，标志着中国刑事法律体系的进一步完善，也开启了依法治狱的新征程。

（二）2002年开始的布局调整和2003年启动的体制改革重塑了监狱

布局调整前的监狱格局基本上在新中国成立初期形成，为了不与民争利，很多监狱地处偏远，规模小、关押点分散，并形成了一些组织罪犯劳动的矿山、煤矿、农场等。随着市场经济的逐步建立和法治建设的不断完善，这种格局显现出诸多弊端，存在一些突出问题。例如：部分监狱地处偏远难以解决自身问题，民警生活艰苦，子女就学就业困难，监狱办社会负担沉重；部分监狱规模小、关押点分散，地域分布不合理，增加了国家投入和监管成本；部分监狱生产难以维持，一些项目资源枯竭，有的属于高危险作业；部分监狱设施陈旧，不符合基本的监管条件；等等。2002年，全国启动监狱布局调整，经过十年左右的新建、改扩建、撤销，完成了一系列建设项目，监狱发生了翻天覆地的变化。硬件设施条件大幅改善，押犯规模扩大，布局趋于合理，逐步搬迁到大中城市和交通沿线，罪犯改造环境大大提升；监狱民警工作生活水平得到改善，稳定了这支警察队伍，促进了监狱事业发展；罪犯劳动项目也得以调整，逐步完成了罪犯劳动从狱外向狱内、从农业向劳务加工业、从分散向集中这三个转移，监管安全和生产安全隐患大大减少，为监狱安全稳定夯实了重要的物质基础。

体制改革前，国家对监狱投入不足，很大程度上靠罪犯劳动生产收入弥补正常运转的经费不足，同时监狱办社会负担很重，由于地处偏远，学校、医院、公安、检察院、法庭、道路、水电气等都是监狱自己承担，监狱很大精力放在追求经济效益上，刑罚执行功能严重弱化，执法公正性得不到保证，为搞好生产经营，有的单位甚至对能拉来项目的罪犯在减刑、假释、保外就医、处遇等方面给予照顾，严重影响了执法权威，极大损害了政府形象。司法部审时度势，以发生的重大案件为契机，积极向党中央、国务院汇报监狱存在的实际困难，主动与有关部门沟通争取理解支持，于2003年启动监狱体制改革。这次体制改革是对新中国成立 50 多年来形成的监狱主要靠自己养活自己的传统做法的全面革新，国家投入很大，协调部门很多，难度可想而知。经过十余年的努力，监狱体制改革取得了显著成效。监狱经费保障体制基本确立，经费纳入中央和地方两级财政预算管理，监狱经费有了大幅提高，基本满足了监狱执法、改造需要；监狱与企业分开运行，成立了专门的生产经营管理机构，监狱刑罚执行职能凸显；监狱的经费支出和监狱企业的生产收入分开，实行收支两条线；监狱办社会职能基本分离了出去，公共机构、基础设施移交地方政府相关部门。在监狱体制改革中，也通过各种政策有效化解了监狱企业存在的实际困难，初步解决了历史遗留的工人问题。可以说，体制改革解放了套在监狱身上的枷锁，使监狱轻松上阵，逐步回归监狱的本质职能。

（三）2013年前后：监狱安全有了根本性变化

布局调整和体制改革之前，很多监狱地处偏远，监管设施极差，经费保障严重不足，还有一些监狱是农场或者矿山，罪犯劳动场所没有围墙，几名警察带上几百名罪犯采茶、种地或者挖煤，罪犯很容易脱逃，20 世纪八九十年代，多的时候每年成百上千名逃跑。随着布局调整的推进，监狱设施条件大幅改善，特别是"三个转移"的完成大大改变了监管条件，为防止罪犯脱逃奠定了最重要的物质基础、提供了前提条件。同时，进一步完善安全制度，出台了一系列关于加强监狱安全管理的规范性文件，在安全警戒设施、罪犯管理、劳动生产、突发事件处置、警察队伍等方面提出了一系列切实可行的安全措施，对预防罪犯脱逃起到了重要制度保障作用。另外，责任追究也越来越严，一般来说，只要罪犯脱逃，监狱长、分管副监狱长、监区长都会被免职，还有的直接责任民警被追究刑事责任，这对监狱长和管理民警震动很大，"一把手"重视防脱逃工作，直接管理民警在岗尽职，很多问题迎刃而解。

设施条件大幅改善、安全制度逐步完善、责任追究机制进一步严格，在安全方面综合施策，罪犯脱逃人数显著下降，到 2013 年左右全国监狱罪犯脱逃基本降至很小的个位数。这在世界范围内也非常罕见，是一个很了不起的成绩，再结合押犯情况看，应该说监狱监管安全有了根本性变化，特别是罪犯脱逃问题基本得到解决。不能说脱逃一名罪犯全国监狱就不安全了，需要重点防止有重大危险、重大社会影响的罪犯脱逃，做好监狱分级、罪犯分类，高度戒备监狱要做到万无一失。

（四）2014年以后：监狱执法工作发生重大变革

党的十八大以来，反腐败工作提到了前所未有的高度，反映在监狱领域，就是对有权人、有钱人，即"三类罪犯"（职务犯罪、破坏金融管理秩序和金融诈骗犯罪、黑社会性质犯罪罪犯）的减刑、假释、暂予监外执行比过去更加严格，精准打击人民群众深恶痛绝的监狱执法腐败问题，这也是配合国家反腐败大局的重要一环。十八大以前，被判刑入狱的罪犯，特别是有权人和有钱人托关系、找门路，拉拢腐蚀公职人员，在执法方面搞变通，违法违规办理减刑、假释、暂予监外执行，导致不符合条件的罪犯提前出狱、逍遥法外，社会影响恶劣。党的十八大后，以"三类罪犯"为突破口，严格的刑事政策逐渐扩展至所有罪犯，刑罚执行的刚性日益彰显，监狱执法工作发生了重大变革，执法公信力不断提升。监狱执法腐败现象得以有效遏制，有两个重大因素：一是反腐败高压态势，"打虎拍蝇"已成常态，让想以身试法者不敢腐；二是刑事政策逐渐收紧，法律制度不断完善，让想钻法律空子者不能腐。

《关于严格规范减刑、假释、暂予监外执行　切实防止司法腐败的意见》（中政委〔2014〕5号）是监狱执法工作的重大转折点，5号文抓住执法工作中出问题多的"关键少数"，从实体条件、办案程序等重点环节，直击减刑、假释、暂予监外执行的痛点。根据此文件，政法各部门相继出台暂予监外执行规定、计分考核罪犯规定、办理减刑假释案件具体应用法律规定、减刑假释实质化审理意见等相关规范性文件，不断扎紧制度的篱笆，逐渐把权力关进了笼子。一是紧抓重点人群。监狱执法最受诟病的是权权交易、权钱交易，罪犯中有权人、有钱人是最容易出问题的群体，将社会公众反映强烈的"三类罪犯"作为整肃执法腐败的抓手,全面严格减刑、假释、暂予监外执行的实体条件和办案程序,堵住腐败分子的"出口"。比如,职务犯罪罪犯减刑、假释、暂予监外执行比例不得明显高于其他罪犯的相应比例,可以说从数量上极大压缩了可操作的腐败空间,有效遏制了有权人、有钱人违规提前或者变相出狱现象的发生。二是实体条件更加严格。对三类罪犯减刑的起始时间、间隔期和幅度以及保外就医条件作出了严于其他普通罪犯的规定,这些罪犯想要获得更快、更多的减刑和保外就医难上加难,远远没有普通罪犯的机会多。还有立功、重大立功是减刑的捷径,罪犯不用靠日积月累的考核分折换的表扬去减刑,搞个相对简单的实用新型、外观设计,或者与他人合作发明创造,认定立功或者重大立功就可以减刑,这成了"有本事"罪犯常用的伎俩,也是执法领域腐败最严重的环节,云南孙小果案件就是如此。所以,新的司法解释明确规定,认定重大立功的发明创造或者重大技术革新,不包括实用新型专利和外观设计专利,且要求必须是罪犯在服刑期间独立完成并经国家主管部门确认。此后,因立功、重大立功减刑案件大幅度下降,有效堵住了这个漏洞。三是办案程序更加公正。从公示公开、开庭审理、法律监督、网上办案平台建设、备案审查等方面进行全过程监督。社会监督方面,拟提请减刑、假释的提前公示,裁定减刑、假释和决定、批准暂予监外执行的上网公开,让监狱执法处于阳光之下,特别是对有较大社会影响的罪犯,胆大妄为的违法违规操作机会大大降低。法律监督方面,以前检察院监督更多的是事后监督,现在对减刑、假释、暂予监外执行进行同步监督,在案件办理中都要征求检察机关的意见,多一双眼睛,多一分监督。

二 监狱改革发展中仍存在一些亟待解决的问题

(一)罪犯改造工作任重而道远

20 世纪八九十年代,在条件较差的环境下,罪犯改造工作有较多可圈可点之处。例如，办特殊学校，实施三课教育、个别教育及因材施教、以理服人教育原则的确立等，创造了新中国改造罪犯的历史，留下很多成功的经验，有的措施和方法现在仍值得研究、继承并发扬。进入 21 世纪后，社会帮教、心理矫治、文化教育、技能培训等在某些地区、某些监狱也呈现诸多亮点。2017 年曾提出治本安全观，试图解决影响罪犯改造的经费保障、社会力量参与、规范企业运行、提高劳动报酬、加强队伍建设等一系列问题，但只是昙花一现后戛然而止，甚是遗憾。而到现在，监狱长的精力聚焦两件事——安全和经济，这固然是影响改造工作的两个重要因素。多年来的安全高压态势、安全高于一切的观念，致使绝对不出事成了评价监狱工作最重要的标准，随之而来的制度设计，往往一个监狱出事，全国监狱跟着"吃药"。安全不是不重要，要解决的也不是不要安全，是要正确地看待安全。应将功能主要定位于将大部分罪犯改造为守法公民，减少重新犯罪，让他们顺利重返社会，出狱后不再是社会秩序的破坏者。如果每年能减少一万名罪犯释放后重新犯罪，就意味着挽救至少几万个家庭，对维护国家安全和社会稳定的意义绝对大大超过几个罪犯脱逃所造成的伤害。维护监狱自身安全是监狱的责任，但维护总体的国家安全更是监狱的社会责任和历史使命，这是监狱对社会最大的贡献。而不是整个系统、整个制度设计，乃至整个工作都围绕几个例外，那是对国家投入的巨大浪费，也是狭隘的安全观。

从新中国成立初期"改造第一、生产第二"，到《监狱法》确立"惩罚和改造相结合，教育和劳动相结合，以改造人为宗旨"，再到监狱体制改革提出"监狱企业是为罪犯提供劳动改造岗位，不以营利为目的"，一直在强调劳动服从于改造。但在实际运行中，罪犯劳动的营利色彩仍然较重。随着国家财力的不断增强，监狱经费保障标准逐步提高，但有些方面仍然存在不足，如需要解决历史遗留问题，需要补充监狱建设、医疗保障等经费缺口问题。所以，监狱长的很多精力、民警的很多工作、罪犯的大部分时间，都是在围绕生产做文章。人的精力是有限的，当把主要精力放在安全和经济上，改造工作势必受到挤压，尽管罪犯改造是一个美好的理想，但现实不尽如人意，做得远远没有说得多。所以，真正把改造摆在监狱中心工作日程上，前提是正确处理好改造与安全、经济的关系，也就是要科学全面看待安全、有效解决经费不足问题，要把精力从安全桎梏和经济压力中解放出来，正确认识大安全和小安全的关系，真正履行监狱的社会责任。同时，加强政策协调，不能让罪犯劳动成为弥补经费不足的手段，解决监狱经费的后顾之忧，让民警有精力研究改造工作，让罪犯有时间投入改造，才能真正实现监狱工作的宗旨。

同时，罪犯改造工作必须走社会化道路，"请进来、走出去"是一堂必修课。有人认为，罪犯刑满释放后重新犯罪更多的是社会因素，如无固定的收入、不稳定的家庭关系、恶习难改等，这不是监狱能解决的。重新犯罪确实是一个社会问题，仅仅依靠监狱也确实解决不了所有问题，但这并不意味着监狱在预防重新犯罪方面可以缺位。不管是罪犯服刑期间，还是即将刑满释放，监狱预防重新犯罪的角色无可替代。一方面，监狱要做好大墙内工作，在罪犯服刑期间真正把改造人作为中心任务。改造工作必须社会化，监狱的监禁性质意味着反社会化，但罪犯顺利重返社会又需要社会化，如何在两方面取得平衡，需要魄力和智慧。例如，会见范围、方式需要改变，尽管2016年司法部出台的《罪犯会见通信规定》对亲属作了尽可能宽范围的解释，但毕竟限制在亲属范围内，有的地方执行作进一步限制，只允许直系亲属或者近亲属会见。扩大会见范围，即突破亲属的范围，有利于罪犯的改造，这也是国际行刑规则和多数国家的普遍做法。当然，有人对扩大会见范围抱有疑虑，认为不利于保障监狱安全。是否扩大会见范围是一个理念问题，把罪犯会见作为管理手段还是帮助其重新融入社会的改造措施，如果把管理作为服务于改造的手段，这个问题就会迎刃而解，尽管扩大范围会增加管理的难度，但为了更好改造，管理上增加难度是值得的。会见方式也需要多样化，以前还有亲情会见，可以和配偶父母孩子一起吃吃饭、喝喝茶，对缓解罪犯情绪压力非常有帮助，也是罪犯和社会联系最稳固的纽带，现在因安全压力基本取消了。另一方面，监狱要做好大墙外的工作，牵头或者沟通协调相关部门，让整个社会都来做这项工作，形成合力。监狱是国家的监狱，不是司法行政系统的监狱，挽救罪犯是全社会的责任，改造好罪犯也有利于全社会。但这项工作总需要一个牵头部门，监狱在这方面大有可为。监狱要主动宣传帮助罪犯重返社会的工作，让全社会了解监狱、理解监狱，进而支持、帮助监狱，让更多社会志愿者走进监狱，让更多的部门参与监狱工作。这方面应该说实践中做得还远远不够，监狱仍然限于自己的一亩三分地，监狱本身的封闭性质加上自我封闭，很多人不了解监狱，帮助监狱工作也就无从谈起。同时，改造罪犯是一个良心活，与安全、经济工作可观化相比，改造的量化标准很难。就像家长教育孩子、老师教育学生一样，更多需要的是爱和责任，这是很难用标准来考核的。需要一种"功成不必在我、功成必定有我"的胸怀和"功不唐捐、玉汝于成"的信念，十年如一日地做好罪犯改造工作，为国家尽职，为社会尽责。

（二）狱务公开仍有较大提升空间

很多人对监狱还停留在"监狱很黑吧""监狱现在还打人吗"这种印象，说明社会对监狱了解太少了。监狱的高墙电网，具有天然的封闭性，同时监狱系统本身自我封闭，社会公众无从了解监狱，影视剧、涉监狱负面报道等途径成了输出监狱形象的重要窗口。

阳光是最好的消毒剂，监狱管理执法公开对预防和减少司法腐败的作用毋庸置疑。近些年减刑、假释、暂予监外执行等重点执法环节公开力度越来越大，受到社会的一致好评，但罪犯的考核、奖惩等管理内容，罪犯三课教育等改造措施，减刑、假释、暂予监外执行的具体依据等执法细节，这些管理执法改造的过程公开还远远不够。特别是发生重大事件和舆情回应方面更加封闭和滞后，一旦发生这类事情，总有人把正常报道当作炒作，总想掩盖和压制，实际上发生热点正是宣传监狱、答疑解惑的最好途径和时间窗口，学会紧跟热点事件，将每一个热点背后的监狱事实讲述清楚、宣传明白，让新闻热点成为公众了解监狱的"嫁衣"，是监狱主管部门的必修课。报道正确的要接受社会监督，报道有误的可以以正视听。政务公开是社会发展的必然趋势，监狱管理者必须以包容的心态拥抱开放的社会，以公开促公正，让罪犯、家属和社会公众感受到监狱管理执法的公平正义。

　　数据公开是狱务公开最大的一个短板。目前，从公开渠道基本查不到全国监狱的任何数据，包括简单的监狱总数、押犯总数、警察总数等基础数据，每年收押释放多少罪犯，办理减刑、假释、暂予监外执行数量，监狱经费保障水平，罪犯劳动报酬等也无从可知，罪犯脱逃人数、死亡人数、重新犯罪率等数据更是讳莫如深。与公检法等政法部门相比，监狱数据公开也是最薄弱的一环，长期封闭的观念、保密思维惯性和多一事不如少一事的观念影响了数据对外开放，最终影响的将是监狱工作自身。为什么近些年来监狱理论研究不断萎缩，数据缺失是一个很重要的原因，连最基本的数据都无法查询，研究的前提和基础将不复存在，加上监狱场所本身的封闭性质，对监狱的实证调查几乎无法实现，涉足监狱理论研究的人数越来越少。2020年，最高人民检察院发布我国20年刑事犯罪办案数据，展现了20年来主要犯罪趋势，这种数据发布提供了很好的经验，实际上很多数据公开不会影响国家安全和社会稳定，这是展示我们自信的很好例证。

　　以人民为中心体现在监狱工作上，向罪犯家属提供便民服务是很重要的一个方面，这也是公众感受监狱最直接的窗口。近些年，公安机关在户口网上办理、事故远程处理、证件简便查询等方面做了大量工作，监狱在这方面还很滞后。监狱在深化"放管服"改革方面要体现自己的特色，个别省份也出台了一些很好的措施，如周末对外省家属开放会见，开通视频亲情电话等，大大减轻了会见的时间和经济成本，这些经验都需要及时总结、逐步推广。科技改变人的生活，监狱也要拥抱科技，用科技手段拓展便民服务的广度和深度，如会见网上预约、罪犯改造情况网上查询、汇款网上转账、视频通信等。同时，监狱对社会要适度开放，在不影响监狱正常管理的情况下，可以通过开放日等方式，让社会公众走进监狱，更多地参与和支持监狱工作，这也是宣传预防犯罪很好的窗口，让公众了解犯罪付出的代价，从而预防和减少犯罪。

（三）《监狱法》修改亟须提上日程

　　1994年《监狱法》颁布后，除2012年配合《刑事诉讼法》修改的打包性微调外，已经实施了 30 年，已远不适应社会形势的巨大变化，如条文过于原则，操作性不强；几十年来出现的新情况《监狱法》没有规定，监狱企业、外国籍罪犯移管、监狱分级、心理矫治等都是空白点；一些理念需要重新定位，且必须有法律具体制度的支撑，如监狱工作社会化问题等。

总结成功经验和弥补当前不足需要同步发力。几十年来的改革发展，中国监狱工作积累了很多经验，在《监狱法》修改时需要予以法律确认，如高度戒备和中度戒备监狱的分类建设，体制改革中形成的经费保障制度、监狱企业定位，执法中的程序规范，罪犯考核的重新调整，心理矫治的运用，安全制度的完善等等。同时，要看到工作中还存在诸多不足，需要顶层设计，如监狱分级建设中仍缺乏低度戒备监狱的规范，特别是在初步完成监狱分级建设后，针对高中低不同戒备等级，监狱在押犯类型、管理措施、人员配备、经费保障等方面仍缺乏相关制度；监狱工作社会化方面还很滞后，请不进来、走不出去，特别是相关部门和社会公众参与、支持监狱工作缺乏明确规定；罪犯管理受安全和经济压力影响，基本上"一刀切"，没有针对不同类型罪犯采取不同的管理措施，而且管理很大程度上受劳动生产的制约，罪犯分级处遇还在探索阶段，管理的科学性有待提高。既有经验的固化相对比较简单，因为制度较为成熟，相关部门也已取得共识。重要的是对未来发展方向的确定，如一些法律制度和政策措施的突破，必须争取相关部门的关心、支持，这需要大量的沟通协调工作。

三 未来展望

坚持中国特色和符合国际行刑趋势需要有机结合。我国监狱在罪犯改造中形成了很多本土特色，如个别化教育、因材施教、以理服人、设立特殊学校、劳动改造等，符合我国国情、社情、民情，扎根于传统文化，不管是民警还是罪犯都比较容易接受，这些经验需要进一步总结、提炼，并结合时代发展形势，坚持发扬光大。同时，监狱发展过程中，在不同国家形成了很多有益做法，如一些国家在监狱分级、罪犯分类、心理矫治、危险性评估等方面积累了几十年的经验，我国在这些方面还处于研究探索阶段，应加强学习借鉴。有的国际行刑规则具有普遍指导意义，如联合国囚犯待遇最低限度标准规则、联合国关于女性囚犯待遇和女性罪犯非拘禁措施的规则、联合国保护被剥夺自由少年规则，尽管这些规则不具备强制力，但是经过成员国反复磋商达成一致后通过的，反映了监狱领域的最新理论研究和实务成果，也兼顾了不同国家的国情，我国也是安理会常任理事国，带头遵守规则，维护国际组织的权威，是我们义不容辞的责任。

惩罚犯罪和保障罪犯权利需要有效平衡。罪犯权利保障到什么程度，这是一个动态的平衡过程，是由一个国家的基本国情决定的，既要保障罪犯的基本人权，又要公众普遍接受。例如，罪犯医疗水平是低于、高于还是与社会基本持平，很多人认为罪犯犯了罪，已经给社会造成了伤害，凭什么还要享受与社会民众同等甚至更高的医疗保障。当然，也有观点认为，绝大多数罪犯是弱势群体，收入低、受教育程度低，需要更多的关注和倾斜，这是为了让罪犯更好地重返社会。再如罪犯劳动，长期以来，弥补经费不足是罪犯劳动的主要驱动力之一，当今在一些国家也仍是一项主要功能，只是在法律上不予明确而已。这背后有一种极为朴素的理由，就是守法者都在自食其力，罪犯因犯罪给国家、社会、他人造成了损失，更应该通过劳动去负担监狱的各种费用，不然社会公平何在。新中国成立初期，组织大批罪犯到边远地区开荒，其中很大的因素就是为了解决监狱的困难。这就需要对罪犯劳动进行定位，是为了弥补经费还是习艺性改造，抑或两者兼顾，这涉及劳动时间、强度、项目等一系列问题。在惩罚犯罪和保障人权之间实现相对平衡，需要魄力和智慧，既不能走得太快，也不能滞后过多。

B.12
中国狱务透明度指数报告（2023）

——以监狱管理局网站信息公开为视角

中国社会科学院国家法治指数研究中心项目组[*]

摘　要： 狱务公开不仅是刑罚执行工作的重要组成部分，也是保障司法人权的重要环节之一。中国社会科学院国家法治指数研究中心第四次对全国省级监狱管理局及其下属监狱开展狱务公开工作情况开展评估。评估显示，2023年中国的狱务透明度稳中有升，其中7家监狱管理局的狱务透明度得分超过80分。本次狱务透明度评估侧重从中国罪犯人权保障措施的视角出发，评估发现，近年来，中国在押罪犯的人权取得了长足进步。从狱务公开视角看，中国罪犯人权的人身权、救济权、受教育权、劳动权、行刑变更权、财产权以及与外界联系权等发生了翻天覆地的变化，中国司法人权状况得到明显改善。

关键词： 狱务公开　司法人权　罪犯人权　透明度指数

　　狱务公开不仅是刑罚执行工作的重要组成部分，是监狱依法履行职责、接受监督的具体体现，也是保障司法人权的重要环节之一。党的十八大和十

---

[*] 项目组负责人：田禾，中国社会科学院国家法治指数研究中心主任，法学研究所研究员，中国社会科学院大学特聘教授；吕艳滨，中国社会科学院法学研究所研究员、法治国情调研室主任，中国社会科学院大学行政法教研室主任、教授。项目组成员：王小梅、王祎茗、伍南希、刘海啸、刘雁鹏、牟璐宁、张燕、郑文俊、胡昌明、栗燕杰、隋晓文、葛鑫鑫、廖沛仪（按姓氏笔画排序）。执笔人：胡昌明，中国社会科学院法学研究所副研究员；田禾、吕艳滨。

八届三中、四中全会对完善司法公开、推进狱务公开提出明确要求，将推进狱务公开列入深化司法体制改革的重要任务。

为促进执法公平公正，提升执法公信力，推进狱务公开工作，2023 年，中国社会科学院国家法治指数研究中心连续第四次对各地监狱管理局信息公开情况和监狱人权保护状况进行评估，并形成评估报告。

一 狱务公开评估的对象和方法

（一）狱务公开评估对象和原则

2023 年狱务透明度的评估对象为 32 家省级监狱管理局（统一简称为"某某监狱管理局"）（包括 31 家省、自治区、直辖市监狱管理局及新疆生产建设兵团监狱管理局）。项目组根据《监狱法》、《政府信息公开条例》、《关于全面推进政务公开工作的意见》、《〈关于全面推进政务公开工作的意见〉实施细则》以及司法部发布的《关于进一步深化狱务公开的意见》（以下简称《意见》）、《监狱教育改造工作规定》等一系列规范性文件，遵循依规评估、客观评价，突出人权保障、渐进引导的原则设置指标，形成了狱务透明度评估指标体系。

（二）狱务公开的评估指标和方法

2023 年狱务公开指标体系作出较大调整，主要变化为从侧重观察平台建设向侧重观察监狱对罪犯人权保障水平转变。体系设置四个一级指标中权利保障指标直接考察罪犯人身权、财产权、劳动权、受教育权、司法救济权等基本人权的司法保障状况，而执法规范指标和阳光狱务指标也与人权保障水平直接相关。指标体系仍然保留平台建设指标，但是权重下降为 20%。2023 年狱务公开指标体系设置二级指标 19 个，其中罪犯服刑条件、贫困救助、权利救济、亲情关怀以及减刑、假释、暂予监外执行工作规范性等 8 个与罪犯人权保障水平息息相关（见表1）。另外，阳光狱务指标下设立了涉监狱管理的负面舆情这一负向指标；平台建设指标下新设了新媒体平台指标，评估各地方监狱管理局利用微博、微信等新媒体工具拓展狱务公开途径的情况。

中国狱务透明度指数评估主要采用网站测评方式，评估人员在进行网站测评时，以评估对象的官方网站为主，对于没有独立网站的监狱管理局辅以司法局或政府官方网站。在对门户网站进行评估时，凡站内搜索无法找到的内容、无法打开的网页，评估人员会利用互联网上的多个搜索引擎进行查找，采取更换计算机及上网方式、变更上网时间等方式进行多次验证。评估信息采集时间为 2023 年 11 月 1 日至 2023 年 12 月 31 日。

表 1　中国狱务透明度指标体系（2023）

一级指标	二级指标
权利保障	服刑条件
	贫困救助
	权利救济
	亲情关怀
执法规范	法律政策透明度
	减刑工作规范性
	假释工作规范性
	暂予监外执行工作规范性
阳光狱务	监督途径
	公开年报
	工作总结
	财务信息
	负面舆情
	依申请公开
	统计数据
平台建设	网站建设
	职能架构
	监所信息
	新媒体平台

二　中国狱务公开状况

2023 年，32 家监狱管理局的狱务透明度指数平均得分为 65.71 分。其中 23 家监狱管理局得分在 60 分以上，占 71.9%，80 分以上 7 家，分别是广东监狱管理局、福建监狱管理局、湖南监狱管理局、浙江监狱管理局、上海监狱管理局、江苏监狱管理局和湖北监狱管理局，排名前十位的监狱管理局还有北京监狱管理局、四川监狱管理局、贵州监狱管理局（评估结果见表 2）。2023 年狱务透明度呈现以下特点。第一，狱务透明度排名整体保持稳定。广东、贵州、湖北、江苏、上海和浙江监狱管理局已经连续 4 年进入全国狱务透明度排名前十位，四川和福建监狱管理局 3 次进入全国狱务透明度排名前十位，湖南监狱管理局第二次进入全国狱务透明度排名前十位，只有北京监狱管理局是四年来首次进入全国狱务透明度排名前十位。第二，狱务透明度排名竞争更加激烈。狱务透明度名列第三位的湖南监狱管理局只比第六位的江苏监狱管理局高 0.65 分，而第八名和第十一名也只相差 2.21 分。第三，狱务公开地域差别明显。狱务透明度前十名的监狱管理局中，东部地区有 6 家，中部 2 家、西部 2 家，东北地区则无一家监狱管理局狱务透明度进入前十名。

表 2　中国狱务透明度指数评估结果（2023）

单位：分

排名	评估对象	权利保障	执法规范	阳光狱务	平台建设	总分
1	广东监狱管理局	100.00	93.75	85.00	88.00	92.29
2	福建监狱管理局	88.00	100.00	85.00	88.00	90.25
3	湖南监狱管理局	94.00	93.75	70.00	77.75	84.69
4	浙江监狱管理局	78.00	93.75	85.00	82.00	84.49
5	上海监狱管理局	84.00	93.75	80.00	78.75	84.39
6	江苏监狱管理局	78.00	93.75	85.00	79.75	84.04
7	湖北监狱管理局	78.00	87.50	85.00	79.75	82.48
8	北京监狱管理局	82.00	93.75	75.00	65.75	79.94

续表

排名	评估对象	权利保障	执法规范	阳光狱务	平台建设	总分
9	四川监狱管理局	77.00	93.75	60.00	83.00	78.14
10	贵州监狱管理局	52.00	100.00	85.00	80.00	77.85
11	广西监狱管理局	78.00	62.50	95.00	74.75	77.73
12	河北监狱管理局	72.00	93.75	60.00	66.50	73.34
13	安徽监狱管理局	58.00	55.00	85.00	97.75	71.95
14	山西监狱管理局	78.00	62.50	70.00	73.00	71.13
15	辽宁监狱管理局	84.00	73.75	65.00	54.00	70.84
16	江西监狱管理局	64.00	100.00	50.00	67.00	70.10
17	内蒙古监狱管理局	41.00	86.25	65.00	89.00	67.91
18	青海监狱管理局	60.00	68.75	75.00	65.50	67.04
19	宁夏监狱管理局	56.00	75.00	70.00	54.00	63.85
20	陕西监狱管理局	22.00	81.25	70.00	89.00	62.21
21	重庆监狱管理局	76.00	55.00	60.00	51.75	61.90
22	吉林监狱管理局	60.00	62.50	60.00	65.50	61.73
23	河南监狱管理局	36.00	81.25	65.00	63.75	60.11
24	黑龙江监狱管理局	36.00	62.50	70.00	73.00	58.53
25	云南监狱管理局	44.00	56.25	70.00	55.75	55.91
26	山东监狱管理局	40.00	62.50	60.00	65.00	55.63
27	兵团监狱管理局	26.00	62.50	60.00	46.75	47.78
28	西藏监狱管理局	48.00	73.75	10.00	39.00	43.14
29	海南监狱管理局	26.00	31.25	50.00	33.00	34.71
30	天津监狱管理局	26.00	20.00	50.00	42.50	33.80
31	新疆监狱管理局	10.00	31.25	60.00	36.00	33.01
32	甘肃监狱管理局	16.00	25.00	15.00	36.00	22.00
平均分		58.38	72.70	66.56	66.94	65.71

从透明度指标体系的四项一级指标得分来看，执法规范指标得分最高，为72.70分，其后为平台建设和阳光狱务指标，平均分分别为66.94分和66.56分，权利保障指标得分较低，为58.38分（见图1）。评估显示，各地监狱管理局对暂予监外执行、缓刑、假释等刑罚变更的规范性比较重视，但对罪犯人身权、劳动权、休息权、受教育权、财产权等社会经济权利保障的公开公示仍有待进一步提升。

三　从公开视角看中国罪犯人权保障的进步

改革开放以来，特别是近几年，中国犯罪的人权取得了长足进步。从狱务公开视角可以观察到，中国罪犯人权的人身权、救济权、受教育权、劳动权、行刑变更权、财产权以及与外界联系权等发生了翻天覆地的变化，中国在押罪犯的人权状况得到明显改善。

（一）罪犯的人身权得以保障

人身权是人权的重要内容，也是公民最基本的权利之一。人身权的保护见之于《宪法》《民法典》《刑事诉讼法》等多部重要的法律。《宪法》第38条规定："中华人民共和国公民的人格尊严不受侵犯。"《民法典》则专门设置了"人格权编"，其中第990条规定，民事主体享有的人格权包括生命权、身体权、健康权、姓名权、名称权、肖像权、名誉权、荣誉权、隐私权等权利以及其他人格权益。第991条规定："民事主体的人格权受法律保护，任何组织或者个人不得侵害。"

对于被羁押的罪犯而言，除了其人身自由依法被剥夺或者严格限制外，仍然依法享有其他人身权，如生命权、健康权、姓名权、隐私权等人身权利，从这些一般权利又可以衍生出罪犯不受酷刑等具体要求。其中，罪犯人身权中的生命权、健康权是罪犯人权最重要的保障，是其他罪犯人权的基础。

《联合国囚犯待遇最低限度标准规则（纳尔逊·曼德拉规则）》从规则12到规则35规定了罪犯住宿、个人卫生、衣服和被褥、饮食、锻炼和运动以及医疗保健服务方面的详细标准。我国法律除了规定一般人身权外，《监狱法》第7条规定，"罪犯的人格不受侮辱，"人身安全不受侵犯；第14条明确规定，监狱人民警察不得"侮辱罪犯的人格"，不得"刑讯逼供或者体罚、虐待罪犯"，以及不得"殴打或者纵容他人殴打罪犯"。此外，《监狱法》从第50条至第54条及第71条规定了罪犯的生活标准、被服配发、少数民族罪犯生活习惯照顾、居住条件以及卫生医疗保健等。监狱管理部门还依据法律结合监管改造罪犯的要求，制定了诸如《关于加强监狱生活卫生管理工作的若干规定》《监狱罪犯生活卫生管理办法（试行）》等规章制度，并且制定了在押罪犯伙食标准、被服实物量标准。这些都是保障罪犯生命权、健康权、人格尊严不受侵犯的重要法律规定。

从狱务公开角度，评估发现，全国有 19 家监狱管理局将保障罪犯生命权、健康权的规定予以细化，比上一年度增加 5 家。这些规定明确了罪犯的伙食、被服实物量标准，食品安全、疾病预防控制有关情况，并在门户网站予以公开。其中，《广东省监狱罪犯伙食管理办法》在食品安全保障方面规定，食品加工时应控制加工时间，必须烧熟煮透，确保烧熟后两小时内食用完毕；同时，装盛食品的容器应密闭，具备良好的保温性能，防止受到污染，确保罪犯吃上热饭、吃得卫生。加工后的食品成品须留样，并记录留样食品名称、留样时间、留样及审核人员等。在伙食质量方面规定，"监狱伙食供应为早、午、晚共三餐，午餐及晚餐必须供应荤菜"①。罪犯伙食经费必须专款专用，罪犯每月伙食经费支出不得低于预算的 95%，节余部分用于调剂改善节假日伙食，年终伙食经费不得节余；并规定监狱每季度组织各监区罪犯代表召开膳食会议，听取改进膳食的意见和建议。

在保障罪犯健康权方面，上海、青海等地出台了《上海市监狱管理局罪犯生活卫生工作管理办法》《青海省监狱罪犯生活卫生管理实施细则（试行）》等规范性文件。黑龙江省六三监狱为保障罪犯的身体健康，每年定期组织罪犯到监狱医院体检，对于高血压患者实行专门管理。医院根据罪犯病情酌情制定诊疗方案，各监区根据医院医嘱由专门民警负责按时发放药品，详细填写服药记录。同时，监狱医院加强医联体建设，促进与社会医院的合作，邀请社会医院专家定期来监狱会诊或开展远程视频会诊，减少罪犯

① 参见广东省监狱管理局网站，https://gdjyj.gd.gov.cn/ywgk/ywzy/content/post_ 2658591. html，最后访问日期：2024 年 1 月 25 日。

外出就医①。在安徽阜阳，为提升监狱卫生水平，加强对服刑人员囚服和被褥的管理，阜阳监狱建成了囚被服清洗中心，购置六台全自动洗衣机、一台洗脱一体机、一台智能烘干机，确保对清洗过程的全程监控。为确保在押罪犯有病能够得到及时有效治疗，贵州省监狱管理局在所属的司法警察医院建成远程医疗会诊中心，借力社会医疗资源，为罪犯提供良好的医疗保障，该中心具备远程医疗、远程会诊等功能。同时，辖区各监狱也开设远程会诊室，其中白云监狱远程会诊室进入省卫生健康委远程医疗会诊网络，并开展多次远程会诊，罪犯生病不出监即可得到社会医院知名专家的医疗诊治②。

（二）罪犯的社会经济和文化权利

公民的社会经济文化权利包含的内容比较广泛，主要包括公民财产权、劳动权、休息权、物质帮助权与受教育权等。在押罪犯虽然被剥夺或限制一定人身自由权利，但不能剥夺其社会经济文化权利。罪犯社会经济文化权利虽然也包括财产权、劳动权、休息权、物质帮助权与受教育权等，但由于人身自由受限，罪犯的社会经济文化权利与一般的公民并不完全一致。

1. 劳动权和休息权

劳动权是公民重要的社会经济和文化权利之一。《宪法》规定："中华人民共和国公民有劳动的权利和义务。""中华人民共和国劳动者有休息的权利。"这是公民享有劳动权和休息权的法律渊源。《联合国宪章》《世界人权宣言》、《经济、社会和文化权利公约》等多项国际公约以及各国国内的宪法、劳动法都十分重视对公民劳动权的保护③。对于罪犯而言，《监狱法》涉及罪犯劳动权的条文有 12 条，从劳动与教育相结合原则、罪犯劳动的义

---

① 《六三监狱积极推动生活卫生规范化管理工作》，微信公众号"黑龙江省六三监狱"，2023年 11 月 2 日。
② 贵州省监狱管理局网站，https://jyglj.guizhou.gov.cn/jzs/gzdt/tjdt/201902/t20190203_25715017.html，最后访问日期：2024 年 1 月 25 日。
③ 杨帆、何雄伟：《人权视角下的在押罪犯劳动权保障与实现》，《南京工业大学学报》（社会科学版）2012 年第 3 期。

务、劳动时间、劳动保护、劳动报酬、劳动保险以及监狱提供劳动工具和设施的要求等各方面明确了罪犯的劳动权利。《监狱法》第71条第2款则明确规定,"罪犯有在法定节日和休息日休息的权利"。

由于监狱的环境相对封闭,罪犯的人身自由受到限制,劳动又是罪犯的法定义务之一,罪犯的劳动权和休息权很容易受到侵犯。例如,劳动报酬没有保障、劳动休息权被侵犯、罪犯生产安全以及劳动保护条件达不到标准、劳动赔偿权得不到保障、罪犯的劳动培训、劳动技术学习及再就业培训缺乏法律保障、罪犯劳动权被侵犯后救济渠道不畅通等。评估显示,全国有17家省级监狱管理局将保障罪犯劳动权的规定予以细化公开,明确了罪犯劳动项目、劳动时间、劳动保护、岗位技能培训和劳动报酬有关情况,最大程度减少劳动权被侵犯的情况。例如,广西监狱管理局高度重视罪犯的劳动岗位技能培训、劳动时间和劳动报酬。监狱对参加劳动罪犯的岗位技能和安全生产培训包括了入监培训、岗前培训、在岗培训、转岗培训等;规定罪犯每天的劳动时间为8小时,平均每周劳动时间不超过48小时,国家法定节假日安排罪犯休息。此外,广西监狱管理局还制定了《广西监狱系统罪犯劳动酬金和劳动奖金计提发放管理办法》,明确罪犯劳动报酬资金来源、报酬种类、发放标准、发放程序和使用范围,合理提高罪犯劳动报酬,提高罪犯劳动改造积极性。

2.受教育权

受教育权是一项基本人权,是宪法赋予每个公民的一项基本权利。罪犯也同样享有接受教育的权利。

在国际条约中,《囚犯待遇基本原则》规定:"所有囚犯均应有权利参加使人格得到充分发展的文化活动和教育。"《囚犯待遇最低限度标准规则》对罪犯的受教育权也作了规定。该规则第40条规定:"监狱应设置图书室,购置充足的娱乐和教学书籍,以供各类囚犯使用,并应鼓励囚犯充分利用图书馆。"第77条对囚犯的教育进行了专门规定:"应该设法对可以从中受益的一切囚犯继续进行教育,包括在可以进行的国家进行宗教教育。文盲及青少年囚犯应接受强迫教育,管理处应予特别注意。""在可行范围内，囚犯教育应同本国教育制度结合，以便出狱后得以继续接受教育而无困难。"

在国内法律中，根据《监狱法》和司法部《监狱教育改造工作规定》《教育改造罪犯纲要》规定要求，我国监狱机关对罪犯开展思想教育、文化教育和职业技术教育。

罪犯思想教育主要内容包括：认罪悔罪教育、法律常识教育、公民道德教育、劳动常识教育、刑释政策教育、针对性的专题教育等。罪犯文化教育以传授科学文化知识为目的，根据罪犯不同情况，分别开展扫盲教育、初等教育和初级中等教育，有条件的罪犯可以参加国家中等以上学历教育。《监狱法》规定，监狱鼓励罪犯自学，经考试合格的，由有关部门发给相应的证书。此外，监狱应当设立教室、图书阅览室等必要的教育设施。罪犯职业技术培训和职业技能教育则是罪犯受教育权实施的重点之一，尤其对犯罪能否在回归社会后谋生就业起到关键作用。《监狱教育改造工作规定》规定，监狱应当根据监狱生产和罪犯释放后就业的需要分门别类开展岗位技术培训和职业技能教育。年龄不满 50 周岁、没有一技之长、能够坚持正常学习的罪犯，应当参加技术教育；有一技之长的，可以按照监狱的安排，选择学习其他技能。

2023 年，全国各地监狱和监狱管理局在加强罪犯职业教育方面积极作为，通过引入社会师资、举办培训等一系列措施，让罪犯掌握一技之长，为罪犯回归社会就业谋生创造条件，夯实基础，提升罪犯改造效果。例如，辽宁省凌源第六监狱与朝阳市技师学院合作，引入社会师资力量，着力推动罪犯职业技能培训社会化工作进程[①]。2023 年 5 月，甘肃省酒泉市司法局、酒泉职业技术学院和监狱共同设立"酒泉职业技能实训基地"，将罪犯职业技能培训正式纳入酒泉市职业技能培训总体规划，由酒泉职业技术学院常态化

[①] 《共商合作　着力推动罪犯职业技能培训社会化》，司法部网站，https://www.moj.gov.cn/pub/sfbgw/jgsz/jgszzsdw/zsdwzgjygzxh/zgjygzxhxwdt/202312/t20231226_492376.html，最后访问日期：2024 年 1 月 25 日。

与监狱合作举办职业技能培训班①。8月，贵州省福泉监狱联合贵阳星浩云职业培训学校开展初级烘焙师职业资格技能培训。依托社会专业力量，帮助罪犯掌握糕点配方、调制、成型、醒发、烘烤全过程技术②。一些地方监狱管理部门针对监狱职业技能培训教材不足和服刑人员的技能需求，指导培训机构精心编写"农村种植养殖实用技术培训""烹饪技能培训""回归就业创业培训""焊工工艺""电工基本技能"等适合罪犯出监教育技能培训的培训教材。

2023年，一些监狱在强化职业教育的同时，也重视未成年犯教育。安徽省未成年犯管教所（庐州女子监狱）贯彻司法厅和教育厅联合下发的《关于进一步加强罪犯文化教育工作的通知》精神，推进未成年犯九年制义务教育③。此外，其还与合肥市开放大学共同举办义务教育、中专教育，乃至高等教育，有些罪犯甚至在监狱中圆了大学梦。

3.财产权

财产权是指以财产利益为内容，直接体现某种物质利益的权利④。财产权作为一项重要的人权，在《宪法》和《世界人权宣言》中都有明确的规定。对于罪犯来说，虽然其人身自由受限制，但是其私人合法财产同样受到法律的保护，罪犯本人有获得收益、处分的权利，任何个人和单位不得非法干涉⑤。《监狱法》规定罪犯的合法财产不受侵犯，监狱的人民警察不得索要、收受、侵占罪犯及其亲属的财物。此外，《囚犯待遇最低限度标准规则》规定入狱时囚犯的金钱、贵重物品等按监所规定不得自行保管的物品，在出狱时应照数归还。

---

① 《一场会牵动一座城 一块牌铺就一条路》，微信公众号"甘肃省酒泉监狱"，2023年5月18日。

② 贵州省司法厅网站，https://sft.guizhou.gov.cn/ywgz_97/jyjd/202308/t20230814_81748369.html，最后访问日期：2024年1月25日。

③ 赵琳、殷意智：《安徽省未成年犯管教所（庐州女子监狱）全省首开义务教育和中专教育班》，安徽网，http://www.ahwang.cn/anhui/20231109/2594775.html，最后访问日期：2024年1月25日。

④ 王利明：《物权法论》，中国政法大学出版社，1997，第205页。

⑤ 刘志恒等：《司法人权论》，河北大学出版社，第310页。

评估显示，福建监狱管理局等 8 家单位在其门户网站公布了家属汇款指引，广东监狱管理局等 3 家单位在门户网站公开了顾送物品的指引。其中广东监狱管理局专门制定了《关于服刑人员接受家属顾送物品的规定》，并在门户网站公开。这一规定详细列举了可由服刑人员家属顾送物品的情形，物品清单（包括御寒保暖衣物、眼镜和书籍三类）、流程和具体操作方法等。陕西监狱管理局专门制作视频《天气转凉，罪犯亲属能不能给罪犯寄保暖用品？》，向罪犯亲属解释说明是否需要给罪犯寄送保暖用品。内蒙古自治区赤峰监狱为让罪犯家属少跑路，与当地新华书店合作开辟罪犯家属专属购书通道。家属可以直接在网上购买书籍后，由新华书店派送到监所和服刑人员手中。江苏监狱管理局制作了《监狱服刑人员亲属存汇款操作手册》，以图文形式向相关人员展示通过监狱 ATM 机、银行柜台、网上银行和手机银行向服刑人员账户转账的具体路径和操作流程。北京监狱管理局为便利家属汇款，开辟了支付宝、微信转账方式，并通过《罪犯家属支付宝（微信）转款告知书》详细告知罪犯家属通过支付宝、微信向罪犯汇款的流程与方法。

4. 物质帮助权

物质帮助权是指公民因特定原因不能以自己的劳动获得物质资料或以劳动获得的物质资料不能完全满足自己的生活需要时，获得必要的物质生活手段的权利。对罪犯的物质帮助主要体现在监狱管理部门对贫困罪犯家庭的救助，对罪犯孩子无人抚养、老人无人看护等的帮助，从而维持他们的基本生活。

评估显示，2023 年有 12 家监狱管理局或其所辖监狱对贫困或者残疾的罪犯家属进行了物质帮助，并将监狱救济困难罪犯家庭儿童上学、老人看病养老、捐赠爱心物资等事迹公开。例如，山东省监狱管理局联合省民政厅、教育厅、团省委印发《关于做好在押罪犯事实无人抚养未成年子女帮扶工作的意见》，加强罪犯事实无人抚养未成年子女帮扶工作，累计对 1518 名罪犯事实无人抚养未成年子女信息进行全面核查并落实救助资金。山东省监狱管理局还与民盟山东省委员会联合出台《关于进一步推进"黄丝带帮教"

工作的意见》，签订社会帮教合作协议，建立社会帮教合作新机制，不到一年时间，开展法律援助、特困子女帮扶等各类帮教活动 42 次①。重庆市九龙监狱多次开展帮助罪犯子女就医就学、帮助家中独居的老人养老、引入社会力量对困难罪犯进行亲情帮教工作，有针对性地帮扶有困难的罪犯家庭，帮他们解决后顾之忧，树立改造信心，推动监狱监管改造向着持续良性方向发展②。此外，2023 年，福建永安监狱开展奖学助学、困难家庭帮扶、"红苹果"公益援助等活动，援助帮扶生活和学习陷入困境的罪犯未成年子女。呼和浩特第二监狱与内蒙古社会服务公益基金会联合举办"发挥慈善力量、助力阳光青苗"捐赠活动，向 100 名特困罪犯亲属捐赠爱心物资 10 万余元。

（三）罪犯的救济权

救济权也就是权利救济，是权利主体在自身权利受到侵害或有受侵害的现实危险时，依法请求国家机关或者其他社会机构予以保护和救助的权利。罪犯的救济权包括罪犯在刑罚执行期间，享有的辩护、申诉、控告、检举等权利。《监狱法》第 21~24 条分别规定了罪犯的各种救济权利以及司法机关处理申诉、控告、检举的原则和程序。罪犯对生效的判决不服的，可以提出申诉。对于罪犯的申诉，人民检察院或者人民法院应当及时处理。对罪犯提出的控告、检举材料，监狱应当及时处理或者转送公安机关或者人民检察院处理，公安机关或者人民检察院应当将处理结果通知监狱。罪犯的申诉、控告、检举材料，监狱应当及时转递，不得扣压。监狱在执行刑罚过程中，根据罪犯的申诉认为判决可能有错误的，应当提请人民检察院或者人民法院处理，等等。

---

① 《山东省监狱管理局联合民盟山东省委员会发文扎实做好"黄丝带帮教"工作》，司法部网站，https://www.moj.gov.cn/pub/sfbgw/fzgz/fzgzxszx/fzgzjygl/202311/t20231120_489963.html，最后访问日期：2024 年 1 月 25 日。

② 战海峰、景钰杰、曾悦宁：《暖心帮扶让罪犯重拾信心》，《法治日报》2023 年 3 月 26 日，第 3 版。

由于罪犯关押在监狱中，人身自由受限，获得救济尤为困难，罪犯的救济权一定程度上需要由其亲属和委托的律师代为履行。监狱管理部门公开申诉、控告、检举的方式和途径，有利于保障罪犯救济权的实现。评估显示，全国有 20 家省级监狱管理局公开了服刑人员申诉控告的途径。上海监狱管理局制定了 2023 年版《狱务公开手册》，明确规定了监狱应当保障罪犯享有辩护、申诉、控告、检举以及其他未被依法剥夺或限制的权利，罪犯写给监狱上级机关和司法机关的信件和材料不受检查等。同时，该手册还规定了罪犯提出申诉、控告、检举的形式，以及委托近亲属、法定代理人等提出申诉、控告、检举的方式。

评估还显示，全国有 28 家省级监狱管理局公开了监督违纪举报途径，30 家省级监狱管理局设立了沟通咨询平台，13 家监狱管理局公开了驻监检察的相关情况。浙江监狱管理局门户网站首页上的投诉/控告栏目直接链接到浙江省统一的投诉平台——浙江省民呼我为统一平台。湖北监狱管理局的"互动交流"网页，不仅有提问留言、咨询投诉栏目，还有局长信箱和纪检监察，对来信进行公示并予以统计。据统计，2023 年湖北省监狱管理局通过"局长信箱""咨询投诉"栏目和省阳光信访平台，共收到群众有效来信 226 件，办结 222 件，办结率达到 98.2%。

（四）罪犯的特殊人权

除了上述人权外，罪犯还有一些特有的人权，这些人权对保障罪犯的基本权利也非常重要，其中包括罪犯的外界联系权和行刑变更权。

1. 行刑变更权

行刑变更权是对发生法律效力的刑事判决或裁定所确定的刑罚在交付执行或实际执行过程中，由于发生了法定的事由，有关组织或人员依法请求改变或调整原判刑罚的执行方式或内容的权利。根据法律规定，我国的刑罚变更主要包括减刑、假释和暂予监外执行。

本报告从是否减刑、假释、暂予监外执行的条件和流程，减刑、假释、暂予监外执行的建议书、决定书是否公开，公开是否及时以及能否检索等角度考察了各地监狱管理局减刑、假释和暂予监外执行工作的规范性及透明度。

评估显示，全国有 27 家监狱管理局公开了减刑和假释的条件、流程，28 家监狱管理局公开了暂予监外执行的条件、流程，其中公开减刑、假释建议书或者公布减刑、假释情况的监狱管理局有 20 家，公开暂予监外执行决定书的共有 31 家，其中大部分监狱管理局能够及时公开刑罚变更的建议书或决定书，并且可以在门户网站搜索相关信息。例如，河南省在门户网站公开了 2023 年度提请减刑和假释的全部建议书，并列明了罪犯姓名、性别、出生日期、民族，户籍地、罪名、原判刑罚、刑罚变动情况、减刑或者假释的具体原因、所属监狱等信息。陕西监狱管理局、上海监狱管理局等在其门户网站公开 2023 年度暂予监外执行决定书全文，其中列明了罪犯姓名、性别、出生日期、民族、罪名、原判刑罚、所属监狱，同时又将涉及个人信息的地址和所患疾病打上马赛克，保护罪犯隐私权。公开减刑、假释、暂予监外执行条件、流程、文书，有助于保障罪犯行刑变更权的公平与公正。

2. 外界联系权

由于罪犯人身自由受到限制，其与监狱外部世界的互动和交流受到严格限制，因此外界联系权是罪犯特有的人权之一。尊重和保障罪犯与外界的联系权，能够确保罪犯与社会保持良好的联系，防止形成"监狱人格"，对罪犯回归社会，成为正常公民起着重要作用①。

罪犯与外界联系的主要途径包括电话和通信、会见和离监探亲。司法部分别出台了《罪犯会见通信规定》《外国籍罪犯会见通讯规定》等规范性文件，保障了中外籍罪犯的会见和通信自由。信件是罪犯与家庭和社会其他方面进行沟通和交流的重要媒介，特别是在家属会见不便的情况下，信件担负维持家庭关系的重任。《罪犯会见通信规定》第三章对罪犯通信的权利、信件的检查，罪犯通话的频次、时长和规范，未成年罪犯通话的次数等加以详细规定。上海等地监狱管理局在《罪犯会见通信规定》基础上还专门制定

---

① 刘志恒等：《司法人权论》，河北大学出版社，第 334 页。

了罪犯会见通信实施细则，进一步规定了信件检查、费用、信件扣留、违禁品处理、信件处理以及通话对象、区域、费用、电话申请、审批及变更、通话次数、时间、中止通话、暂停通话、增加或延长通话审批等内容。这些规范性文件还明确规定，罪犯写给监狱的上级机关和司法机关的信件，不受检查，保障了罪犯的申诉、控告等救济权。

会见权是罪犯享有的一项重要权利。《囚犯待遇最低限度标准规则》第37条、《保护所有遭受任何形式拘留或监禁的人的原则》原则19都作出了明确规定。《监狱法》第48条也明确表示肯定，"罪犯在监狱服刑期间，按照规定，可以会见亲属、监护人"。评估显示，全国有26家监狱管理局公开了会见指南或者会见流程，20家监狱管理局提供了会见日查询服务，其中8家可以在网站直接预约会见日。为方便亲属或者律师会见，有21家监狱管理局提供了监狱的地址及交通指引，一些监狱管理局的交通指引十分详细。例如，宁夏监狱管理局除了公开市内公交线路外，还告知"从会见中心至银川监狱办公楼"的具体路径。又如，贵州省各监狱为方便公民、法人和其他组织办理相关事务，编制了《监狱办事指南》，不仅公布了监狱地址、通讯地址，还详细公开了到监狱的乘车方式、邮政编码、咨询电话、电子邮箱等。此外，《监狱办事指南》还详细列举了亲属和律师会见在押罪犯的法律依据、申请条件、办理地点、办理机构及联系电话、办事流程、办理时间、办事需提交的材料、收费标准等事项。

离监探亲是准予符合一定条件的罪犯暂时离开监狱、探望亲属的一种权利。长期以来，离监探亲是作为对罪犯的奖励措施[1]。《监狱法》第57条对离监探亲规定的条件除了"执行原判刑期二分之一以上，在服刑期间一贯表现好，离开监狱不致再危害社会的"以外，还有积极劳动、组织犯罪活动、超额完成生产任务、对国家社会有贡献等前提。河北省监狱管理局在门户网站公布了《罪犯离监探亲、特许离监的条件和程序》，区分了离监探亲和特许探监两种情况，并分别规定了条件和程序。2023年，多地监狱也重

---

[1] 刘志恒等：《司法人权论》，河北大学出版社，第353页。

启离监探亲工作。在清明节期间，四川监狱的 26 名罪犯获批离监探亲。离监探亲工作也是四川监狱为进一步发挥亲情感化作用，促进罪犯积极改造，全面维护监狱安全和社会稳定所做的努力。多年来，四川监狱批准了 4654人次罪犯离监探亲，实现了离监探亲工作的常态化、机制化运行。

四　罪犯人权保障的进步空间：与香港地区比较

随着全社会人权意识的提升以及司法机关的罪犯人权保障措施逐步完善，近年来，中国罪犯的人权保障水平有了显著提升。然而，对比香港等地的监狱管理部门，仍有一定提升空间。

香港惩教署是中华人民共和国香港特别行政区政府保安局辖下部门，是香港地区的监狱工作主管部门，负责香港地区犯人的羁管（拘禁管束）和更生（帮助犯人重新回到社会），其职能是依法安全而人道地监管各类罪犯并提供全面的更生服务，借以促进囚犯身心健康、保障公众安全、协助减少罪案[1]。香港惩教署门户网站（https：//www.csd.gov.hk/sc_ chi/home/home.html）公开的栏目包括新闻及活动、设施、亲友探访安排、更生事务、招聘事宜、统计资料、多媒体中心、资讯台、招标通告、就业服务等。香港惩教署公布的保障罪犯人权措施中有不少值得内地监狱管理局学习借鉴。

（一）特殊群体罪犯的人权

不同群体的罪犯有不同的生理和心理需求，因此也应当予以特殊关照和帮助，以满足特殊群体罪犯的特殊需要。中国监狱根据罪犯的年龄和性别也作出相应区分，如单独设立女子监狱和未成年人管教所等。但从监狱管理局和这些监狱/管教所公开的信息来看，女子监狱和未成年人管教所在亲属会见、顾送物品、离监探亲、身心健康保障等方面的特殊保障体现仍然不够充分，对残障人士的关照也有待进一步提升。截至 2023 年，还有 10 家监狱管

---

① 冯卫国：《香港刑事执行工作概览》，《河南司法警官职业学院学报》2003 年第 1 期。

理局的门户网站没有无障碍浏览设置。相较而言，香港惩教部门更加重视特殊群体罪犯的人权保障。例如：惩教署为青少年及成年在囚人士安排具社会认可及市场导向的多元化职业训练课程，以提高他们将来的就业能力，有助于重返社会；为青少年在囚人士提供半日强制性的资讯科技、工商及服务行业课程。这些课程理论与实践并重，有助于他们获释后接受进一步的职业训练[1]。在顾送物品时，香港惩教署也充分考虑到男女犯的差异，为不同性别犯人提供了不同的物品名单。例如，女性罪犯的物品清单中有唇膏、发卡、束发橡皮筋、卫生护垫等女性用品，充分体现了不同性别不同对待、对特殊群体的特殊照顾。另外，香港惩教署为加强对残障人士的服务，还专门设置了无障碍统筹经理和无障碍主任制度，以改善政府处所的进出通道、无障碍设施和服务。

（二）更加广泛的外界联系权

内地的罪犯有一定的外界联系权，但与香港地区相比，罪犯的外界联系权有待进一步拓宽。首先，更高的探访频率。香港惩教署规定定罪后，罪犯每月可接受亲友探访两次，探访限时三十分钟，每次不得超过 3 名探访者（包括婴儿及孩童）。此外，还明确为协助罪犯改过自新及增进其与家人的关系，所有定罪犯均可于法定探访次数外，每月为其家人申请增加 2 次探访。而内地监狱会见一般每月限于一次，每次会见时间也是三十分钟以内。其次，顾送物品更加多样。香港惩教署规定罪犯每月最多可收受 6 本杂志、期刊或其他一般刊物（宗教书籍不受这一限制）；罪犯可以自行购买或收受私人食物，探访者亦可于到访时把湿纸巾、内裤、润肤露等卫生护理用品以及纸笔等文具带给在押人员，并在网站列明具体的用品清单。最后，在押人员还可以接收或寄出数量不限的信件。其中，公费支付信封、信纸及邮费的信件每周不超过一封。

---

[1] 香港惩教署网站，https：//www.csd.gov.hk/sc_chi/about/abt.html，最后访问日期：2024年 1 月 25 日。

（三）数据公开更加透明

评估显示，2023 年中国共有 7 家监狱管理局设有数据公开栏目，公开的主要数据范围也相对有限，主要是辖区监狱提请减刑、假释的人数，暂予监外执行的人数。与内地监狱管理局相比，在监狱的数据信息公开方面，香港惩教署保持更加开放透明的心态。在其门户网站有"统计资料"专门栏目，详细列明了香港惩教机构的各项数据。例如，惩教署职员人数，管理惩教设施数目，平均每日在囚人士数目、惩教院收纳人数，在惩教院所内进行的联合搜查、特别搜查、夜间突击搜查行动的情况，在囚人士违反纪律情况，在囚人士自我伤害个案，在囚人士的逃狱或越押率，在囚人士的自杀率，投诉调查组接收由在囚人士、公众人士及职员提出的投诉、求助及查询的个案数目等。在其网站甚至公开了囚犯从事不同类别的生产工作的人数规模、产品类型以及其所生产货品和服务的总价值。由此可见，在数据透明公开方面，内地监狱管理仍然任重而道远。

一个国家监狱的文明程度和监狱制度的完善程度，既能反映这个国家物质文明的发达程度，也能反映这个国家的精神文明和法制建设的发达程度①。对 2023 年度中国监狱管理局狱务公开程度的评估发现，中国监狱罪犯的人权状况不断改善，整体比较令人满意，但是仍需要进一步学习先进地区监狱管理的经验，进一步加大罪犯人权保障力度。

---

① 陈立峰、丁寰翔：《香港监禁刑罚执行制度研究——兼评对内地监狱的改革》，《犯罪研究》2006 年第 1 期。

法治化营商环境

Law-Based Business Environment

B.13

黑龙江市县营商法治环境试评价报告

黑龙江省社会科学院法学研究所营商法治环境研究课题组*

摘　要： 黑龙江省社会科学院法学研究所以黑龙江省内市县营商法治环境
为评价对象建构评价指标体系，并选择哈尔滨市、大庆市、宾县
和杜蒙县四地开展试评价工作。试评价结果显示，四地的营商法
治环境整体较好，立法积极回应民生问题，行政审批服务呈现
"快办、网办、减证"特点，司法多元化解纠纷成效显著，公共
法律服务平台建设飞速发展等，但也存在营商环境直接立法不够
充分、政府守信践诺意识不强、诉讼便利度不高、普法宣传质效
不佳等问题，需要采取多元措施，不断提高立法质量、执法水
平、司法质效和公共法律服务效能。

关键词： 法治化营商环境　营商法治环境评价　指标体系

---

* 课题组负责人：冯向辉，黑龙江省社会科学院法学研究所研究员；李店标，黑龙江省社会科学
院法学研究所负责人，研究员。课题组成员及执笔人：马琳，黑龙江省社会科学界联合会学会
部部长；任广章、李志庆、刘勇、李爽、岳瑞琳，黑龙江省社会科学院法学研究所研究人员。

法治化营商环境是营商环境的重要组成部分，涵盖立法、执法、司法、公共法律服务等内容。在党中央、国务院及中共黑龙江省委、黑龙江省人民政府的重要部署和精准推进下，黑龙江省营商法治环境建设近年来取得了一系列令人瞩目的成绩。但近年来官方评价、学界评价、自主评价、第三方评价的结果显示，黑龙江省营商法治环境建设还存在一些缺失。目前，省内有关营商环境的评价主要集中于整体营商环境评价和营商政务环境专门评价两个领域，尚缺少针对营商法治环境的专门性评价，这无疑与法治化营商环境建设目标不相匹配。基于此，项目组以省内市县为评价对象，建构了评价指标体系，并选择哈尔滨市、大庆市、宾县、杜尔伯特蒙古族自治县（以下简称"杜蒙县"）四个地方开展营商法治环境试评价工作，以期为黑龙江省打造法治化营商环境和建设更高水平的法治黑龙江提供决策参考。

一 评价的基本情况

（一）评价指标体系

评价指标体系内容设计主要依据近年出台的《优化营商环境条例》《法治中国建设规划（2020~2025年）》《全国公共法律服务体系建设规划（2021~2025年）》《黑龙江省优化营商环境条例》《黑龙江省"十四五"优化营商环境规划》等法规、政策和规范性文件，并参考了世界银行营商环境评价指标体系、国家发展改革委《中国营商环境评价指标体系》、《辽宁省法治化营商环境评价指标体系（试行）》、《苏州市法治化营商环境建设指标体系》、《重庆法治化营商环境司法评估指数体系》等同类文本。在具体指标内容设计上，坚持以市场主体满意度为主要导向，遵循客观公正、信息可获取、反映现状与推进改善相结合等原则，并侧重从制度、服务和效率三个维度进行考察。

市级评价指标体系包括4个一级指标，总分100分，其中"立法质量"指标20分、"执法水平"指标30分、"司法质效"指标30分、"公共法律服务效能"指标20分。县级评价指标体系不含"立法质量"指标内容，其他指标内容基本与市级评价指标体系相同，总分为 100 分，其中"执法水平"指标 35 分、"司法质效"指标 35 分、"公共法律服务效能"指标 30 分。在三级指标设置上，县级不含"知识产权司法保护力度"指标，并将市级评价指标体系中的"仲裁制度开展"指标替换为"行政裁决制度开展"指标（见表 1）。

表 1　黑龙江省营商法治环境评价指标体系

单位：分

一级指标	二级指标	三级指标	市级分值	县级分值
立法质量	科学立法	重点领域立法	3	—
		专家论证制度建立和落实	3	—
		立法的地方特色	2	—
	民主立法	公开征求意见	3	—
		市场主体征求意见机制	3	—
		立法计划公开	2	—
	依法立法	依法定权限立法	1	—
		依法定程序立法	1	—
		立法内容合宪合法	2	—
执法水平	制度建设	涉企行政规范性文件质量	2	2
		企业投诉与反馈办理	2	2
		引资惠企政策制定、落实和公开	2	3
	行政审批	涉企审批时限	2	2
		涉企事项"减证便民"	2	3
		涉企事项"一网通办"	2	2
	执法监督	"双随机一公开"落实	2	3
		行政执法信息公示制度落实	2	2
		包容审慎监管制度落实	2	2
	守信践诺	政务诚信社会公开机制	2	3
		企业信用信息公示	2	2
		政府涉企承诺履行	2	2
	企业满意度	行政执法满意度	1	1
		执法人员廉洁公正满意度	2	2
		公平竞争满意度	2	2
		营商环境整体满意度	1	2
司法质效	诉讼便利度	立案便利度	2	2
		阅卷、调档、案件信息查询便利度	2	3
		合同案件诉讼保全	2	2

续表

一级指标	二级指标	三级指标	市级分值	县级分值
司法质效	裁判满意度	裁判效率	2	2
		调解结案	2	2
		裁判质量	3	4
	产权司法保护	涉案企业合规监管	3	4
		慎用强制措施	3	4
		知识产权司法保护力度	2	—
		合同案件执行质量	3	4
	企业破产办理	破产债权回收率	3	4
		破产财产处置周期	1	2
		"无产可破"案件纾解措施	2	2
公共法律服务效能	普法宣传	普法责任制落实	2	3
		涉企普法宣传形式	2	3
		普法宣传聚焦营商环境建设	3	4
	服务能力	公共法律服务中心建设	2	3
		律师与基层法律工作者队伍建设	2	4
		涉企公共法律服务提供	3	4
	商事纠纷化解	多元调解机制建设与开展	2	3
		行政复议制度开展	2	3
		仲裁制度开展(市级)/行政裁决制度开展(县级)	2	3

（二）评价方式

项目组本着客观、中立原则，通过多种途径获得有效评价信息。评价方式主要包括五种类型。第一，网络检索。项目组通过试评价对象人大常委会、政府、法院、检察院的官方网站和黑龙江省人大常委会官方网站、黑龙江政务服务网、国家企业信用信息公示系统、中国法律法规数据库、中国裁判文书网、中国执行信息公开网、全国企业破产重整案件信息网、黑龙江法网等对目标信息进行检索。对于通过以上方式无法获取的信息，再通过百度搜索引擎进行关键词搜索。第二，实证调研。项目组对大庆市人民检察院、萨尔图区人民法院、林甸县工商联、杜蒙县政府、杜蒙县人大常委会进行了线下座谈，获取相关信息。对于"一网通办"情况、"立案便利度"情况、"公共法律服务中心建设"情况以及"阅卷、调档、案件信息查询便利度"情况等，则通过网上、热线或实地走流程的方式，感受服务体验，获取评价信息。第三，申请信息公开。向试评价对象政府办公室、司法局、乡镇政府等依法申请了信息公开，获取相关信息。第四，问卷调查。因疫情影响，无法开展线下问卷调查。项目组在问卷星平台发布"黑龙江营商法治环境市场主体满意度调查问卷"，并通过试评价对象的工商联和商会系统发放问卷，获取市场主体感受信息。第五，其他机构协助提供信息。黑龙江省高级人民法院、哈尔滨市人大常委会、哈尔滨市市场监督管理局、南岗区人民法院提供了大量数据和案例信息。

（三）评分方法

评分方法包括三种类型。第一，前沿距离法。以试评价对象中的最优值或全国平均水平为 100 分，以最差值或 0 值为 0 分，按照前沿距离法计算各地的对应分值。第二，加权平均法。以有效问卷中的平均得分乘以权重分值，计算各地分值。第三，专家评分。项目组召集相关领域专家，以制度建设、落实质效、实际体验等为赋分依据，对试评价对象进行评分。

（四）评价对象

因项目组首次开展该项评价活动，评价指标体系的科学性尚待验证，加之项目组人力和物力局限，本次仅选择哈尔滨市、大庆市、宾县和杜蒙县开展试评价。

（五）评价期间

试评价活动主要在 2022 年 8 月 15 日至 2022 年 12 月 20 日开展。为展示四地营商法治环境的最新情况，信息采集的整体周期为 2021 年 1 月 1 日至 2022 年 12 月 20 日，但因数据统计限制，部分信息采集周期略有差异。

二 总体评价结果

基于评价指标体系和获得的评价信息，项目组对 2022 年黑龙江省哈尔滨市、大庆市、宾县和杜蒙县的营商法治环境进行了评价。总体评价结果显示，市县营商法治环境整体情况较好，得分均在 70 分以上，其中哈尔滨市的得分最高，其后依次是大庆市、宾县、杜蒙县；市级营商法治环境总体上优于县级营商法治环境，市级以及县级的营商法治环境水平相对较为均衡；从得分率来看，市级执法水平和司法质效两个指标得分较高，公共法律服务效能和立法质量两个指标得分稍低，而县级执法水平指标得分较高，司法质效和公共法律服务效能两个指标得分较低（见表 2、表 3、图 1、图 2）。

表 2 2022 年黑龙江省营商法治环评试评价结果（满分 100 分）

单位：分

排名	评价对象	总分	立法质量	执法水平	司法质效	公共法律服务效能
1	哈尔滨市	82.05	16	25.71	23.9	16.44
2	大庆市	78.78	14.7	25.52	24.2	14.36
3	宾县	71.15	—	28.09	23.8	19.26
4	杜蒙县	70.69	—	28.21	24	18.48

表 3 2022 年黑龙江省立法质量试评价结果

单位：分

二级指标	三级指标	哈尔滨市	大庆市	宾县	杜蒙县
科学立法	重点领域立法	2.8	2.4	—	—
	专家论证制度建立和落实	2.7	2.5	—	—
	立法的地方特色	1.3	1	—	—
民主立法	公开征求意见	2	2	—	—
	市场主体征求意见机制	1.2	1	—	—
	立法计划公开	2	1.8	—	—

续表

二级指标	三级指标	哈尔滨市	大庆市	宾县	杜蒙县
依法立法	依法定权限立法	1	1	—	—
	依法定程序立法	1	1	—	—
	立法内容合宪合法	2	2	—	—
总分		16	14.7	—	—

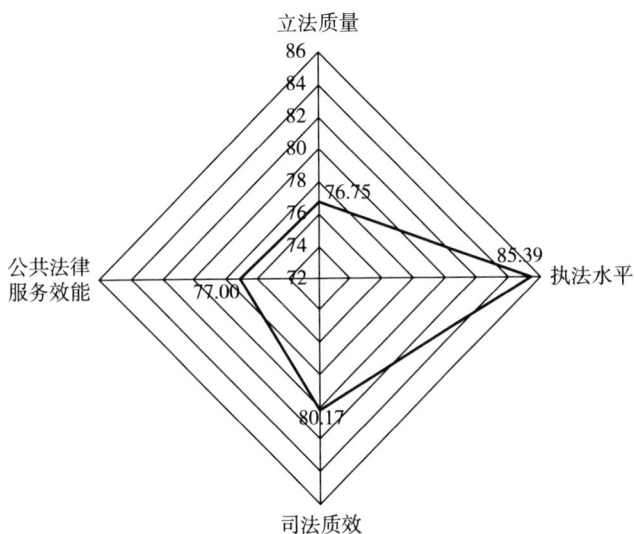

图 1　2022 年黑龙江省营商法治环境试评价市级各一级指标评价得分率雷达图

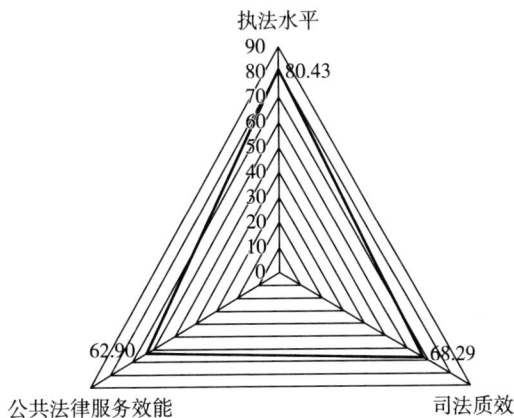

图 2　2022 年黑龙江省营商法治环境试评价县级各一级指标评价得分率雷达图

三　各板块的评价结果

（一）立法质量

1. 评价发现的亮点

一是积极回应民生问题。哈尔滨和大庆两市不断加快重点领域立法，积极以立法回应和解决民生问题，营造良好的营商环境。《大庆市物业管理条例》注重提升居民的居住品质，从源头上解决了人民群众普遍反映的物业服务质量差、收费高、质价不符等问题；哈尔滨市五年来先后制定了《哈尔滨市城市供水条例》《哈尔滨市民营企业促进条例》等31部法规规章，将营商环境、民生保障、环境保护、市域治理有机结合，实现了有法可依。《大庆市露天市场管理条例》明确露天市场的公益属性，解决了欺行霸市、违规收费的问题。

二是充分体现精细理念。哈尔滨和大庆两市根据自身特点和地方法治需求，在营商环境立法的框架上坚持短小精悍、不求大、不求全，体现了"小切口、立得住、真管用"的立法精神，力争每一条规范都能够得到有效落实。《哈尔滨市查处假冒巡游出租汽车若干规定》共9条，《关于哈尔滨市亚布力滑雪旅游度假区行政管理有关事项的决定》共5条，《哈尔滨市寒冷季节室外劳动保护规定》共10条。《大庆市露天市场管理条例》共21条，目前正在制定中的《大庆市查处非法客运若干规定》共18条。两市立法的小而精理念被《法治日报》《黑龙江日报》等媒体报道，并得到省人大常委会的充分肯定。

三是深入推进民主立法。哈尔滨和大庆两市在民主立法方面，坚持立法公开原则，不断拓展公民参与立法的方式和途径，以公开征求意见、书面征求意见、座谈会、听证会为主要机制，确保立法过程和结果反映民意、集中民智、体现民生。此外，2018年原哈尔滨市人民政府法制办公室建立立法联系点制度，确立了36个基层立法联系点；哈尔滨市人大常委会在全国首创"一点一站"立法联系网络体系。2022 年大庆市首批确立 14 个基层立法联系点，并配套制定了《大庆市人民代表大会常务委员会基层立法联系点工作规定》，确保基层立法联系点在立法调研、意见反馈、法规评价、普法宣传等方面发挥积极作用。

2. 评价发现的问题

一是直接立法不够充分。《黑龙江省优化营商环境条例》通过后，对哈尔滨和大庆两市立法并没有产生明显影响。优化营商环境直接立法，包括政务服务、市场主体、行业发展、社会信用等相关事项的专项立法。目前，《哈尔滨市房地产经纪管理条例》《哈尔滨市社会信用体系建设促进条例》《哈尔滨市民营企业促进条例》《哈尔滨市文明行为促进条例》等 4 部地方性法规可以看作营商环境直接立法，其他直接相关立法数量不多。大庆市关于营商环境的直接立法基本处于缺失状态。

二是立法公开不够深入。第一，草案说明公开情况较少，审议结果说明基本不公开，很难让公众了解立法的全过程，大庆市这一方面体现较为明显。第二，公开征集选题因缺乏相应的激励机制，而且要求提供项目的必要性、文本等材料，导致公众参与的积极性不高，很多项目都来源于政府部门。第三，官方网站公开立法信息不全面，两市人大常委会官网公开的主要是草案、法规文本，相关立法工作制度、立法调研情况、草案审议情况的信息较少。第四，征求意见反馈机制缺乏，哪些意见建议被采纳，哪些意见建议不被采纳，通过什么方式进行信息反馈，尚未形成健全的制度。

三是科学立法不够扎实。第一，体系性思维有待强化。《黑龙江省住宅物业管理条例》实施后，《哈尔滨市物业管理条例》《大庆市物业管理条例》均选择了修订而不是废止模式，导致物业管理法律规范体系庞杂多元，为适用带来了依据选择的麻烦。第二，重复立法时有发生。例如，《大庆市物业管理条例》关于物业用房、物业管理区域划分、物业服务收费的规定与《物业管理条例》《黑龙江省住宅物业管理条例》存在重复。第三，立法技术有待提升。例如，《大庆市物业管理条例》一方面明确，"物业管理应当坚持中国共产党的领导";另一方面规定,"市、县(区)人民政府应当加强对物业管理工作的领导",从而产生关于领导主体的形式逻辑冲突。

(二)执法水平

1.评价发现的亮点

一是行政审批服务呈现"快办、网办、减证"特点。第一,在审批时效方面,四地多措并举,深入推进行政审批制度改革,切实压缩审批时限,跑出审批加速度。哈尔滨新区通过"前台综合受理、后台分类审批、统一窗口出件"服务模式,实现企业营业执照办理由"天"计到"秒"算的突破。第二,不断探索企业事项"网上办、一次办、马上办、就近办",对涉企政务服务事项进行网络化流程再造。大庆市打通区域壁垒,在全市范围内积极推进"全城通办"一站式服务工作,推行网上登记和现场登记并行方式,统一授权登记、统一业务流程、统一服务标准,实现了"让信息多跑路"的工作目标。第三,在减证利企方面,大庆市采取推进"证照分离"方式,破解了"准入不准营"的难题(见表4)。

表4 2022年黑龙江省执法水平试评价结果

单位:分

二级指标	三级指标	哈尔滨市	大庆市	宾县	杜蒙县
制度建设	涉企行政规范性文件质量	1.86	2	1.63	1.24
	企业投诉与反馈办理	1.58	1.65	1.57	1.73
	引资惠企政策制定、落实和公开	1.77	1.54	1.94	2.51
行政审批	涉企审批时限	1.68	1.63	1.55	1.53
	涉企事项"减证便民"	2	2	3	3
	涉企事项"一网通办"	2	2	1.85	1.83
执法监督	"双随机一公开"落实	1.86	1.65	2.31	2
	行政执法信息公示制度落实	1.85	1.73	1.76	1.65
	包容审慎监管制度落实	1.87	1.75	1.81	1.83
守信践诺	政务诚信社会公开机制	1.62	1.65	1.63	1.66
	企业信用信息公示	1.43	1.52	1.83	1.72
	政府涉企承诺履行	1.58	1.60	1.51	1.73

二级指标	三级指标	哈尔滨市	大庆市	宾县	杜蒙县
企业满意度	行政执法满意度	0.75	0.72	0.79	0.74
	执法人员廉洁公正满意度	1.58	1.62	1.73	1.68
	公平竞争满意度	1.55	1.65	1.55	1.73
	营商环境整体满意度	0.73	0.81	1.63	1.63
总分		25.71	25.52	28.09	28.21

二是执法监管形成"公开、公平、公正"的氛围。一方面，做到主动进行事前公开。哈尔滨市和大庆市具有行政执法权的单位都主动公开了行政执法事项，并在市政府网站公开行政执法主体的机构设置、职责范围、执法人员、执法依据、执法程序、监督方式、救济渠道等信息。另一方面，规范执法行为监管。杜蒙县设立执法监管机制，严格规范行政执法人员的执法行为。在执法过程中，大部分执法人员均能做到佩戴或出示执法证件，主动出具执法文书，依法告知执法事由、执法依据、执法决定以及行政相对人依法享有的陈述、申辩、申请听证、救济等法定权利和依法配合执法等法定义务。

三是包容审慎执法，坚持"力度、尺度、温度"理念。四地政府及其所属部门在行政执法中，谨慎确定免罚清单适用范围，严控"安全阀"和"红线"，向相关企业讲解推行包容审慎的依据、适用原则、适用范围以及"四张清单"的定义，使广大企业进一步了解"包容审慎"监管执法工作制度，让行政执法既有尺度又有温度。哈尔滨市结合工作实际，从行政执法队伍内部着手，组织开展包容审慎监管执法"四张清单"考试，通过"以考促学"，有效提高了执法队伍的整体素质和水平。宾县以2019年修订的《行政处罚法》为依据，进一步规范行政执法自由裁量权。

2. 评价发现的问题

一是制度建设质量有待提高。一方面，涉企行政规范性文件在制发程序中公开征求意见、全流程公开等制度落实仍不到位，企业难以了解相关惠企政策。四地的涉企行政规范性文件制定工作均不太规范，且后续公开工作不及时，存在时效性不强、系统性不够、程序需进一步优化、内容需进一步拓展等问题。另一方面，企业投诉与反馈办理机制不顺畅。评价过程中发现，哈尔滨市和大庆市的一些企业与属地政府的沟通渠道闭塞，投诉无门，且政府的主动意识不强，不能倾听企业的心声，企业发展的"急难愁"问题不能及时有效解决。在办理反馈阶段，同样存在有关部门不重视，或者不同部门相互推诿、办理时效不高等情况。

二是引资惠企政策仍有差距。通过实证调研、电话访谈、网络检索等方式发现，四地的引资惠企政策制定、落实和公开仍存在一些问题。例如：在引资惠企政策的制定上，未建立市场主体征求意见机制；在引资惠企政策的落实上，还存在落实不公正、打折扣等问题；在引资惠企政策的公开上，还存在政策文件分散、查找不便等问题。此外，宾县的招商引资还存在相关部门协同机制不够成熟的问题，负责招商引资的职能部门与提供服务支持的有关部门时常出现断档及衔接不畅现象，未能给企业和客商提供全方位的便利服务。

三是政府守信践诺意识不强。调研发现，哈尔滨与大庆市部分区县政府仍存在不守信践诺、"新官不理旧账"的问题。一些政府部门的主要负责同志以政府换届、相关责任人调整或者当地政府政策调整等为由，失责失信不兑现承诺、不履行协议。此外，企业信用信息仍旧存在"信息孤岛"现象，如宾县掌握企业信用信息的政府部门存在相对独立性、封闭性、不透明的问题。各政府部门掌握信息没有实现信息充分共享，企业信用信息收录不全、质量不高，未统一整合相关信息通过公示平台及时向社会公众公示。

（三）司法质效

1. 评价发现的亮点

一是建设智慧法院，让诉讼服务及时精准。第一，被评价对象能够主动作为，积极落实人民法院"两个一站式"建设要求，探索移动微法院、人民法院在线服务平台小程序、诉讼服务网等电子诉讼平台深度应用，实现了更加及时精准的诉讼服务。例如，2022年，哈尔滨市香坊区人民法院通过送达平台在线送达诉讼活动通知和文书近 10 万次，通过鉴定平台在线委托鉴定 160 余件，通过在线保全平台诉前保全近 50 件，极大缩短了办理时长。第二，立案难、查询难问题得到显著改善。大庆市中院设置了法官沟通平台一体机，当事人可电话连线案件承办法官或短信留言至法官手机，畅通当事人与法官沟通渠道（见表 5）。

表 5　2022 年黑龙江省司法质效试评价结果

单位：分

二级指标	三级指标	哈尔滨市	大庆市	宾县	杜蒙县
诉讼便利度	立案便利度	1.8	1.8	1.7	1.6
	阅卷、调档、案件信息查询便利度	1.6	1.7	2.1	2.1
	合同案件诉讼保全	1.8	1.7	1.6	1.5
裁判满意度	裁判效率	1.8	1.8	2.8	2.9
	调解结案	1.5	1.6	2.7	2.8
	裁判质量	2.5	2.5	2.2	2.4
产权司法保护	涉案企业合规监管	2.6	2.8	2.3	2.3
	慎用强制措施	2.8	2.8	2	2
	知识产权司法保护力度	2	2	—	—
	合同案件执行质量	2	2	2.4	2.4
企业破产办理	破产债权回收率	1	1	1	1
	破产财产处置周期	1	1	2	2
	"无产可破"案件纾解措施	1.5	1.5	1	1
总分		23.9	24.2	23.8	24

二是多元化解纠纷，深入解决执行难。第一，被评价单位依托法院调解平台，将"非诉讼纠纷解决机制挺在前面"，有效推动法院纠纷多元解纷工作进程。例如，大庆市萨尔图区人民法院通过与人民调解中心、石油石化企业、新闻媒体等单位的战略合作，创办金融调解工作室、油企调解工作室等诉前调解工作室。第二，被评价单位注重案件释法析理工作，当事人服判息诉率上升明显，上诉率、发改率以及再审改审率显著降低，当事人的裁判满意度有所提高。第三，在案件强制执行方面，被评价单位在"基本解决执

行难"两年攻坚成果的基础上，进一步加大执行力度。例如，宾县人民法院通过开展执行专项行动，深入推行节假日、凌晨等非常规时间集中执行常态化，提升案件执行效率。

三是落实慎用强制措施，稳步推进涉案企业合规监管。一方面，被评价单位公安系统能够积极落实禁止滥用侦查措施、强制措施和插手经济纠纷等"十个严禁"要求。对涉及企业正在投入生产运营和正在用于科技创新、产品研发的设备、资金和技术资料等，原则上不予采取强制措施。另一方面，被评价单位人民检察院作为涉案企业合规监管的主要实施者，通过推进涉案企业合规改革与贯彻少捕慎诉慎押刑事司法政策、落实认罪认罚从宽制度有机结合，开展能动司法保护。例如，大庆市检察机关通过实地走访、专业评价、第三方监管、全面公开听证、定期回访等措施构建实质化、个性化、全面化、规范化的"四化"模式，把督促涉案企业合规管理与助力打造优良法治化营商环境落到实处。

2. 评价发现的问题

一是裁判满意度有待进一步提升。随着案件繁简分流，基本实现简案快审、繁案精审，裁判的质量和效果都有显著提高，案件的服判息诉率、再审改判率等指标均呈良好态势。但由于各法院均存在案多人少问题，在结案压力下，办案人与当事人沟通不足，释法析理工作不到位，个别办案人员调解责任心缺乏，对案件一判了之、结案大吉的心态也较为明显。项目组随机走访被评价单位时发现，当事人对与法官沟通不上和法官惜字如金的抱怨最为集中，这在一定程度上影响了当事人的诉讼感受，导致裁判满意度有所降低。

二是执行工作指标的关注点有待进一步均衡。衡量执行工作的指标通常包括实际执结率、执行完毕率和实际执行到位率三项。在三项指标中，执行完毕率最能真实反映执行质效。因为实际执结率中包括因被执行人无可供执行的财产而暂时中止执行的案件和因被执行人死亡且没有可供执行的财产而终结执行的案件，该指标虽然容易提高，但不能很好地体现实际执行质效。而实际执行到位率是以执行到位金额为衡量标准，是这三个指标中标准最高的。通过评价发现，被评价市县的人民法院对该三项指标均有统计和考评，但以实际执结率最受重视。

三是产权保护和企业监管力度有待进一步加强。近些年，随着企业破产、知识产权保护、执行合同等专项工作的展开，被评价对象在产权保护力度方面均有明显增强，但与企业期待还存在一定差距，特别是在无产可破企业、执转破处理周期以及惩罚性赔偿适用方面还有待进一步加强。而在涉案企业合规监管方面，检察机关的职能定位需要进一步明确，第三方监督评价机构作用还有待充分发挥，综合运用司法政策和创新司法手段的路径需要积极探索，如制发检察建议、与行业协会座谈、向行政监管部门通报等形式还有待制度化、规范化和程序化。

（四）公共法律服务效能

1. 评价发现的亮点

一是普法资源日益聚焦营商环境。第一，在普法宣传内容上积极宣传《优化营商环境条例》《黑龙江省优化营商环境条例》等营商环境法规。第二，在普法主体上形成了行政执法机关、审判机关和检察机关齐头并进的营商普法格局。大庆市萨尔图区法院以优化营商环境为主题建立常态化走访企业机制，定期进企业实地普法，帮助企业解决法律问题。杜蒙县检察院以企业合规业务开展为抓手，通过以案释法形式对涉案企业及相关人员开展普法工作。第三，惠企政策宣传平台设计更趋合理。大庆在市政府门户网站设置"稳经济促发展政策"栏目，对相关政策进行了分类和细化，制作了更简明易懂的办理手册（见表6）。

表6　2022年黑龙江省公共法律服务效能试评价结果

单位：分

二级指标	三级指标	哈尔滨市	大庆市	宾县	杜蒙县
普法宣传	普法责任制落实	1.6	1.2	1.8	1.8
	涉企普法宣传形式	1.38	1.25	1.93	2
	普法宣传聚焦营商环境建设	2.5	3	2.67	3

续表

二级指标	三级指标	哈尔滨市	大庆市	宾县	杜蒙县
服务能力	公共法律服务中心建设	1.83	2	2.88	2.72
	律师与基层法律服务工作者队伍建设	1.73	1.26	0.53	1.06
	涉企公共法律服务提供	2.4	2.25	2.4	2.8
商事纠纷化解	多元调解机制建设与开展	1.8	1	2.7	1.5
	行政复议制度开展	1.2	1.2	2.4	1.8
	仲裁制度开展（市级）/行政裁决制度开展（县级）	2	1.2	1.95	1.8
总分		16.44	14.36	19.26	18.48

二是公共法律服务平台建设飞速发展。在网络平台建设上，黑龙江省建成统一的公共法律服务网上平台——黑龙江法律服务网（12348 黑龙江法网），为公众查询法律服务机构、人员和法律知识提供了便利。在公共法律服务热线建设上，实现了 12348 热线平台的省级统筹，为公众提供 365 天 24 小时的全天候免费法律咨询服务。在实体平台建设上，基本实现了"市县乡村"公共法律服务中心纵向全覆盖。此外，宾县还设立 17 个乡镇为群众办实事法律 114 微信群，群内包含律师、基层法律服务工作者、公证员、法律援助工作人员、司法所负责人、调解员等，及时为群众提供法律服务和化解矛盾纠纷。杜蒙县在全县 11 个乡镇和 83 个村（社区）开展每月 1 日、11日、21 日律师"坐诊"活动，为公众提供免费法律服务。

三是多元纠纷化解格局日趋成形。第一，在调解领域，形成了以人民调解为基础，行政调解、司法调解、仲裁调解、行业性专业性调解联动的大调解格局。哈尔滨市创新"四所联动三调衔接"工作机制，大力推动商会调解工作。第二，在行政复议领域，实施行政复议体制改革，将行政复议职责收归县级以上政府统一行使，提高行政复议效率和规范化水平。宾县还建立行政复议决议公开机制，提高了行政复议的公开性。第三，在商事仲裁领域，仲裁受理案件数量不断提升，仲裁在纠纷化解中的作用日益加强。第四，在行政裁决领域，不断完善行政裁决制度，推动行政裁决制度化、规范化。宾县和杜蒙县积极开展自然资源权属争议和政府采购活动争议方面的行政裁决工作，并建立政府采购活动争议裁决公开机制。

2. 评价发现的问题

一是普法宣传质效不佳。第一，"谁执法谁普法"普法责任制落实不严。普法责任制落实主要依靠纸面形式由上而下内部监督，相关考核机制缺乏公众和市场主体参与。第二，普法宣传形式刻板。普法宣传仍较依赖悬挂宣传条幅、发放宣传单册、开展培训宣讲等传统渠道，利用社交网络、短视频平台等新兴媒体开展案例释法、在线咨询普法的活动仍不多见。第三，惠企政策整体上仍较为凌乱繁杂。哈尔滨市、宾县门户网站仅对惠企政策进行了简单汇集，国家、省、市各级各领域政策和办理指引杂糅，令人眼花缭乱、无从下手。

二是公共法律服务能力有待提高。第一，街道乡镇公共法律服务工作站服务能力有待加强。各地虽然实现了街道、乡镇法律服务工作站的全覆盖，但这些工作站是依托基层司法所建立起来的，很多地方仅仅加挂了一块牌子，并未达到公共法律服务工作站的人员配置和服务标准。第二，律师和基层法律服务工作者人数较少。每万人拥有律师和基层法律服务工作者的数量为：哈尔滨市 3.88 人、大庆市 2.83 人、宾县 0.59 人、杜蒙县 1.19 人，与全国平均水平（5.3 人／万人）仍有较大差距。第三，民营企业"法治体检"机制运转不畅。实践中"法治体检"活动更接近有关部门"选择性"开展的普法宣传活动，而不是民营企业可以自主申请开展的一项公共法律服务，在试评价对象相关机构网站也未发现中央文件要求设立的"法治体检"申请通道。

三是商事纠纷化解机制有待完善。第一，商会调解功能发挥不足。从网络检索情况来看，四个试评价对象对商会调解的宣传介绍均较少，商会调解的社会认知度仍然不高。第二，行政复议决定公开情况不佳。目前，仅宾县实现了行政复议决定的网上及时公开，哈尔滨市仅网上公开了 2021 年 2 月之前的部分行政复议决定，大庆市和杜蒙县并未在网上公开任何行政复议决定。第三，行政裁决作用有待进一步发挥。四地有关行政裁决的情况无论是媒体报道、门户网站上，还是在法治政府建设报告、政务信息公开报告、政府工作报告等总结性报告中均难见踪迹；而且除政府采购领域的行政裁决情况网上公开外，其他类型的裁决均未见公开于网络。

四 优化黑龙江省营商法治环境的意见和建议

（一）立法质量方面

1.强化营商环境立法理念

第一，做好营商环境立法预测，确定需要制定新的法律文件的必要性、可能性和可行性以及相关制度设计的空间。第二，进行营商环境立法经验总结推广，对黑龙江省自主开展的直接立法进行经验总结，并将成熟的立法观念、思路、方法和技术推广到立法工作中。第三，破除对红头文件的惯性依赖，积极推动红头文件治理模式向法规规章治理模式转变。

2.扎实推进民主立法

第一，要把解决人民群众最关切、与群众切身利益最密切的现实问题作为立法的重点。第二，要防止个别行政机关借立法机会扩大本部门的权力或者减少本部门的职责，以及增加公民的不合理义务或者减少公民的法定权利。第三，不断拓展立法公开的深度和广度，尤其要注重建立意见、建议反馈机制。第四，以法定程序全方位保障人大代表、立法咨询专家库、基层立法联系点、立法研究基地、公民和社会组织参与立法的权利，推进座谈会、论证会、听证会、协调会的制度化、规范化和程序化。

3.深入推进科学立法

第一，建立健全立法调研机制、专家论证机制、公民参与机制、第三方起草机制、立法评估机制、备案审查机制等科学立法工作机制，发挥立法过程中多元主体的智慧和力量。第二，认真学习掌握立法技术规范，深入学习领会《立法技术规范（试行）（一）》《立法技术规范（试行）（二）》的精神和要求，邀请国内知名专家学者进行立法技术培训，将立法结构、逻辑、语言等技术标准熟练运用于营商环境立法全过程和各方面。第三，推进促进型立法和管理型立法的融合，针对市场主体采用鼓励、倡导、支持的促进型立法模式，针对政府主体采用监督、制约、规范的管理型立法模式，实现营商环境法律制度设计的刚柔并济。

（二）执法水平方面

1. 全面深入开展规范性文件清理工作

第一，统筹协调，加强领导。对清理范围、清理重点、清理职责作出明确规定，及时研究解决清理过程中遇到的问题。第二，逐件审核，分类处置。对于继续适用的列入有效目录；对主要内容与现行法律法规相冲突，不符合全面依法治国、全面深化改革和"放管服"改革要求，不适应经济社会发展需要，不利于优化营商环境的，要及时修订；对违法设定证明事项，适用期已过、调整对象已消失的，及时予以废止。第三，加强沟通，及时公布。各级政府应成立督促组，指导各单位及时落实工作进展，对意见不一致或依据不充分的应重新审核和沟通协商，对影响面广、涉及群众切身利益的热点、难点问题，进行专家论证。

2. 打通政府与企业沟通的有效渠道

一方面，建立多元有效的沟通渠道，拓宽制度化、非正式的沟通机制。建立领导干部联络服务重点企业，工商联、人大代表、政协委员以及相关职能部门与辖区企业定点联系制度，构建好"亲""清"新型政商关系。另一方面，畅通企业与政府的沟通渠道，增强沟通渠道为企业真正解决问题的能力。各级政府要高度重视企业反馈的问题，将问题纳入督查范围，逐步核查，限期督办，给企业合理合法的解决方案，并将企业对营商环境的评价纳入政府绩效考核体系。

3. 做好做实招商引资诚信政府建设工作

第一，强化招商引资工作统筹。根据自身的区位优势，合理规划总体产业及产业空间布局，明确市域内不同地区的主导产业、功能定位和招商重点；要及时向外宣传辖区招商引资的重大工作部署，引导外商投资创业。第二，建立招商引资领导责任制。建立主要领导牵头的招商引资工作领导小组，形成主要领导带头、以招商引资主责部门带动相关区、部门、商会等支持服务部门全面协作的招商引资"政务帮办一条龙"服务。第三，做好诚信政府建设，将加强社会信用体系建设融入政府工作全过程，凡是政府对企业的承诺，要优先、及时兑现，全力打造规范高效、便民务实、风清气正的发展环境。

（三）司法质效方面

1. 推进多元解纷和诉讼服务机制建设

第一，完善人民法院源头化解纠纷工作格局，建立分类分级预防化解矛盾纠纷路径，构建以基层法院及人民法庭为主体、群众广泛参与的基层解纷服务体系，将更多符合条件的组织或者人员纳入特邀调解名册，为群众提供"菜单式"解纷服务。第二，主动将多元解纷工作融入市域治理大格局，坚持资源整合、多方联动、高效便民思路，充分发挥社会各方力量协同作用，拓宽与政府部门对接途径，邀请社会第三方参与调解和化解纠纷。第三，借鉴新时代"枫桥经验"，将党建工作与中心工作相融合，促进人民法院工作重心前移、力量下沉、内外衔接，促进基层社会治理从化讼止争向少讼无讼转变。

2. 深入平衡执行工作指标

第一，各级人民法院要对照最高人民法院和省高级人民法院的要求找准自身差距，适时制定对应措施，勇于担当作为，以实实在在的执行工作业绩让人民群众体验到公平正义。第二，应在稳步提高实际执结率的基础上，将执行工作指标的关注点向执行完毕率转移，使执行案件不仅执行完毕，而且要真正惠及百姓。第三，要将提升"执行合同"指标专项工作与日常审判执行工作有机结合、并行推进，确保实现营商环境指标与审执质效指标双促进双提升。

3. 深入开展产权保护和涉案企业合规工作

第一，各级人民法院应当进一步加大产权保护宣传力度，让产权保护意识深入企业，营造尊重知识产权、保护创新发展的社会氛围。第二，对重点领域、重点企业开展定期体检，做到防患于未然；对于侵害产权的行为，应加大惩罚力度，使其不敢为、不愿为。第三，在涉案企业合规方面，检察机关除应加大宣传力度，让企业了解涉案企业合规的政策规定外，应定期开展涉案企业合规展示，以案例形式警示和督促企业依法依规经营，还应继续探索优化涉案企业合规适用条件，将涉案企业是否开展了充分的"合规自查"，作为决定是否对其适用合规考察的考量因素。

（四）公共法律服务效能方面

1. 不断优化普法机制

第一，完善"谁执法谁普法"责任制落实机制，在部门年度普法计划的制定和考评上，引入公众和市场主体参与机制，将公众和市场主体急愁难懂的法律和政策列为重点普法内容，将公众和市场主体的满意度作为普法责任制考评的重要参数。第二，丰富普法宣传形式，将公众和市场主体喜闻乐见的手段作为普法宣传的主要形式，利用行政检查、处罚等执法时机开展普法活动，做好重要涉企政策的集中宣讲阐释工作。第三，及时梳理总结涉企政策，对各级政府及其部门出台的各类涉企政策及时进行概括梳理，出台办理指引，并在政府门户网站、微信公众号等平台进行公开宣传展示。

2. 不断提高公共法律服务能力

第一，强化公共法律服务平台建设，完善区县、街道乡镇公共法律服务工作站的人员、硬件配备和工作机制，加强对黑龙江省12348公共法律服务热线和网站平台的建设与推广，以线上法律服务弥补线下法律服务资源的不足和区域分布不均。第二，提高律师队伍数量，通过减免会费、争取优惠扶持政策等方式强化律师事务所发展，同时积极培育壮大公职律师和公司律师队伍。第三，完善"法治体检"制度落实机制，提高对"法治体检"公共法律服务属性和重要性的认识，建立司法行政机关、工商联和律协三方联动机制，统一设置民营企业"法治体检"申请通道，并建立服务评价奖惩机制。

3. 不断完善商事纠纷化解机制

第一，要强化商会调解作用，在全省商会系统广泛设立调解机制，并通过微信群、新闻报道等形式加强对商会调解案例和制度的宣传推广。第二，推进行政复议决定公开，由省级出台有关行政复议决定网上公开的地方政府规章或规范性文件，统一推进行政复议决定公开工作。第三，加强行政裁决制度建设。提高对行政裁决工作重要性的认识，及时梳理完善行政裁决事项清单，出台行政裁决程序规范，建立行政裁决与调解、仲裁、行政复议、诉讼衔接机制，完善行政裁决过程与结果公开机制，不断推进行政裁决工作的专业化、规范化和制度化。

B.14
优化法治化营商环境的衢州实践

中国社会科学院国家法治指数研究中心项目组*

摘　要： 优化法治化营商环境是当前中国经济发展的重要任务之一。衢州市牢固树立"法治是最好的营商环境"理念，不断发力，久久为功，逐步构建起公平竞争的市场环境、公平公正的法治环境、优质高效的政务环境、公正权威的司法环境以及守法守信的社会环境。衢州的实践为普通地级市优化营商环境提供了模板。作为普通地级市，未来应当进一步完善相关制度供给、进一步强化法治政府建设、进一步完善司法保障机制、进一步保障企业合法权益，努力将每座城市打造成为政策制度更可预期、政务行为更值得信赖、市场竞争更加公平、执法司法更加公正、企业治理更加合规、法律服务更有保障的营商环境高地。

关键词： 营商环境　公平竞争　信用监管

法治是最好的营商环境。近年来，随着国际形势越发严峻复杂、各种风险挑战接踵而至，诸多企业压力陡然增加，部分地级市经济增长出现放缓甚至停滞迹象。为此，衢州市将优化法治化营商环境作为发力点，以提升群众和企业的获得感为第一要务，对标对表自贸区和先进地区经验做法，探索了

* 项目组负责人：田禾，中国社会科学院国家法治指数研究中心主任，法学研究所研究员，中国社会科学院法学院特聘教授；吕艳滨，中国社会科学院法学研究所研究员、法治国情研究室主任，中国社会科学院法学院行政法教研室主任，教授。项目组成员：王小梅、王祎茗、车宇婷、田禾、吕艳滨、刘雁鹏、李玥（按姓氏笔画排序）。执笔人：刘雁鹏，中国社会科学院法学研究所助理研究员；田禾；吕艳滨。

一套优化法治化营商环境的做法，为企业发展提供了较好的外部环境，鼓足其投资兴业的底气，维护了其合法权益，保障其在法治框架下稳步增长。自2020年以来，衢州市每年制定20多项改革举措和110多项改革任务，推动业务协同、系统整合、流程再造、数据共享，以刀刃向内、自我革命的决心，开展营商环境"清障"行动，坚决清除阻碍营商环境的中梗阻、下梗阻、不作为、懒作为等现象，一系列改革取得显著成效。

一　构建公平竞争的市场环境

市场经济具有平等性、竞争性、法治性、开放性等一般特征，只有市场主体可以平等进入、有序竞争、合法经营才能推进市场经济稳步运行。衢州市通过完善市场主体准入机制、完善市场主体退出机制、维护公平竞争秩序，构建公平竞争的市场环境。

（一）完善市场主体准入机制

《中小企业促进法》第38条规定："国家完善市场体系，实行统一的市场准入和市场监管制度，反对垄断和不正当竞争，营造中小企业公平参与竞争的市场环境。"一方面，衢州市严格贯彻落实市场准入负面清单，开展市场准入负面清单落实情况检查，不擅自设置负面清单，维护市场准入负面清单的统一性、严肃性和权威性。另一方面，衢州市聚焦政企信息互动不对称、不及时、不精准等问题，持续深化服务管理融合一体应用和"证照分离"改革，推广涉企经营许可事项告知承诺制应用，简化优化许可审批办理流程。按照市场主体的行业类型、经营规模、经营特点，健全分级分类梯度培育体系，加大对市场主体的培大育强力度，2023年1~6月，全市新设市场经营主体1.8万户，同比增幅居全省前列①。

---

① 樊勇军：《做好关键领域"三件事"　打造公平竞争"优环境"》，《衢州日报》2023年6月9日，第7版。

（二）完善市场主体退出机制

市场主体的设立、准入、退出是市场主体从产生到消亡的必经环节。市场经济是市场在资源配置中起决定性作用的经济，社会资源的有效配置通过市场主体间的市场竞争来实现，市场竞争要求市场主体积极参与，更要求建立便捷有效的市场退出机制实现优胜劣汰。完善的市场退出机制能够有效净化市场血液、增加市场活力、提高市场效率。衢州市迭代优化企业简易注销制度，简易注销公告时间从 45 天缩减为 20 天，升级注销"一网服务"功能，实现公章备案信息、食品经营许可证、破产企业注销"一次申报、同步办理、全项办结"。同时，衢州市印发出台《衢州市歇业备案"一件事"实施方案（试行）》，切实降低市场主体存续成本，增加市场流动性。

（三）维护公平竞争市场秩序

地方保护主义既是统一大市场的最大障碍，也是滋生腐败的温床，亦是破坏营商环境的重要因素。从全国实践来看，通过指定交易排除限制竞争的行为偶有发生，通过设置市场壁垒实施地方保护的动作依然存在，通过滥用行政权力排除限制竞争的举措屡禁不止。为进一步维护公平竞争的市场秩序，衢州市建立了公平竞争审查投诉举报受理回应机制，按照"谁制定、谁负责"和"谁制定、谁受理"原则建立公平竞争审查投诉举报受理回应机制，依法保障企业合法权益，促进企业公平参与市场竞争。衢州以举报内容为线索，不断清理阻碍破坏营商环境的因素，构建"亲清"政商关系。2022 年，衢州累计收到举报 275 个，回应率达到 100%，解决率达到97.4%，企业满意率达到 98.8%。

二　构建公平公正的法治环境

公平公正是法治化营商环境的题中应有之义，是地方优化法治化营商环境的重要抓手和着力点。衢州市通过平等保护企业合法权益、为企业开展法治体检、推进企业合规证明改革、推动形成行政执法新模式等一系列举措，保障市场主体享受公平公正待遇。

（一）平等保护企业合法权益

公有制经济财产权不受侵犯，私有制经济财产权同样应受到平等保护。平等保护所有企业是构建公平公正的法治环境的题中应有之义，是完善法治化、市场化、国际化营商环境的重要内容。衢州针对本市出台的规范性文件进行审查，组织清理违反公平、开放、透明市场规则的政策文件，尤其是涉及违反"平等保护"的政策文件。2022年全年，衢州市共清理涉及营商环境、企业保护等文件187件，其中已废止3件，已修订5件。2023年以来，市县两级梳理涉营商环境规范性文件306件，已废止11件，已修改8件。

（二）提供饱和式法律服务

衢州市为所有企业提供全链条、全流程、全方位法律服务，发现企业在经营中的法律困境，解决企业的后顾之忧。一方面，衢州围绕企业项目审批、投资经营、上市融资、破产重组等众多领域，为企业列出清单式法律服务31项，以满足企业多角度、多层次、多方面的法律需求。同时，衢州开发上线"企业小秘书"应用系统，形成具有衢州特色的"一码四端四色"①，降低企业违法违规和被违法违规概率。针对企业发展过程中可能出现的违法违规问题，搭建法治增值服务大平台，深化"家门口派出所"建设，延伸司法服务触角，对企业生产经营过程中涉法高频风险问题逐一提出防范措施，将可能影响企业健康发展的风险隐患消除在萌芽，为企业提供全产业链、全生命周期的"增值式"服务。另一方面，衢州市组织开展"百名律师助企纾困专项行动"，主动为企业提供生产经营、风险防控、企业合规等方面的法治体检。衢州市司法局借鉴社区网格化工作模式，统筹全市

---

① "一码"是企业电子营业执照身份码，四端即4个不同用户端口，四色即企业信用风险等级。

75 家法律服务机构、620 名律师、基层法律服务工作者进驻网格，开展企业法治体检，提升依法经营和风险防范能力。在企业合规过程中，衢州市为解决企业反复、多次、线下开具合规证明的痛点问题，开辟了线上企业合规证明渠道。衢州通过"企业管家"平台开发建设企业信用报告功能模块，整合市市场监管局、市税务局等 24 家单位的合规证明，形成企业合规记录。

（三）推动形成执法新模式

执法水平高低直接关乎营商环境的优劣，一个好的执法模式，既能"管得住、防得好、控得牢"，又能"不越位、不缺位"；既能够激发市场活力，又能规范市场主体的行为。衢州市不断创新执法手段，优化执法制度，提升行政执法规范化水平，打造一流营商环境。其一，严格执法与柔性执法相结合。一方面，衢州制定《关于进一步加强涉企有礼执法工作的意见》，细化行政检查、立案、调查取证、法制审核等 15 个环节 51 项执法规范操作指引。编制《行政处罚裁量权基准细化和适用工作指南》，将衢州市出台的 15 部地方性法规设定的 132 项行政处罚事项细化量化成 343 个裁量阶次，规范涉企事项裁量基准管理。另一方面，市本级 22 家行政执法机关建立完善涉企轻微违法行为和一般违法行为免罚、轻罚制度，形成从轻处罚、减轻处罚、不予处罚三项清单共 493 项，主动为企业提供"容错"支持。目前，已对 677 家企业的轻微违法行为不予行政处罚，累计减免罚款金额 240 余万元。其二，线下执法与线上监督相结合。衢州市开展行政执法监督与 12345 政务服务热线合作机制工作试点，创新 12345 热线与行政执法协作机制，采用"线上+线下"方式对行政执法行为进行监管监督，提升执法质量和效能，并在柯城区开展区县级试点。开展涉企重点领域专项监督，对市场监管、综合执法、卫生健康等 13 个领域共 170 件涉企行政处罚案件开展线上评查，合格率 91.2%。其三，"综合查一次"与"双随机"相结合。衢州市精简涉企检查事项，统筹开展"双随机、一公开"和"综合查一次"改革，从全市 5000 项检查事项中精简出涉企事项 1500 项，市场主体每月迎检时间下降 58%。2022 年开展"综合查一次"3256 次，涉企检查频次较上年下降

35.17%；开发"综合飞一次"应用，组建全市域无人机巡检网，实现数据一次采集21个部门共用，已预警各类问题2.3万个，占全市基层新发现问题的70%，全域巡查时间由1个月降至3天，最大限度减少了对企业生产经营的影响。

三　构建优质高效的政务环境

一流的政务服务是构建营商环境的重要保障，衢州市在优化政务服务工作中不断提高政务服务质量，通过提高政务服务效能、优化服务企业机制，为优化衢州营商环境提供支撑。

（一）打造高效的政务服务

高效、便捷的政务服务能够有效降低企业运营成本，提高企业生产经营效率。一方面，衢州根据企业的特点展开"企业画像"并自动匹配适应的政策，企业依据推送的政策内容申报各项惠企项目。通过该项举措，惠企资金兑现平均时间由原来的2个月缩短为平均12天。2023年1~8月，已兑付惠企政策资金57.4亿元，政策"免申即享、即申即享"率达到80.7%。另一方面，衢州推进不同部门的政务系统融合，为网上办、掌上办提供数据支撑。衢州市本级有政务服务事项2213项，网办率为93.99%，掌办率为91.41%，即办率为76.32%，"跑零次"率为93.85%，极大提升了企业办事效率，降低了企业运营成本。

（二）提供优质的政务服务

衢州市通过多种渠道，全方位、多角度、多层次服务企业，不断提高政务服务质量。一方面，衢州建立市政府领导挂联区块服务机制，推行社区化网格化服务企业，建构服务企业网络，通过干部下沉推动资源向一线倾斜，实现"专业性精准服务"，切实为企业解决实际问题。另一方面，衢州首创营商法治服务专区，推动政府侧9个部门、社会侧3类组织、市场侧4类机构入驻，提供减费让利、"公证+涉企"套餐任意办等8类增值服务。其中，"公证+涉企"服务新模式在招投标等11类64个事项中为企业提供联合服务，配套推出告知承诺、委托代办等服务保障机制，实现程序环节精简45%、办理时长缩减53%，"最多跑一次"服务占比达76.77%。

（三）拓展政企沟通渠道

政企有效沟通有助于利企政策的研究和制定，有益于检验各项惠企政策的实施效果。衢州通过公开市级部门领导手机号码、开设营商环境工作专窗、开辟企业云上社区及12345营商环境热线等政企沟通渠道，倾听企业呼声，了解企业需求，拉近政府和企业的距离。企业所想所呼都能及时被政府所了解，政府所有的惠企利企政策都能有效落地。

四 构建公正权威的司法环境

衢州市两级法院以构建公正、高效、权威的司法体制为目标，以审判执行工作为抓手，通过全面加强中小投资者保护、推进审执破"一件事"改革、护航外贸企业顺利出海等方式，为衢州营商环境提供司法保障。

（一）全面加强中小投资者保护

一方面，衢州市中级人民法院专门推动县级社会治理中心设立中小投资者权益保护中心，对中小企业开展座谈交流和实地走访，结合典型案例，并围绕公司治理结构、法律风险防范化解等开展"一对一"涉诉法治体检服务。衢州法院通过梳理涉企全生命周期服务30大类63项事项，形成14项解纷服务清单，帮助企业提前研判、降低风险。另一方面，衢州市检察机关坚决防止将经济纠纷作为刑事案件处理，对涉经营类犯罪的企业人员，根据企业发展需要和案件情节危害，能从宽依法予以从宽处理，对涉企刑事案件，在依法不批准逮捕、不起诉或根据认罪认罚从宽制度提出轻缓量刑建议的同时，通过督促企业作出合规承诺并积极整改落实，助力企业实现"司法康复"。

（二）推进审执破"一件事"改革

在审判方面，衢州在柯城、衢江法院试点买卖合同纠纷案件归口专门团队集中审理和集中执行工作机制，设立29个商事"共享法庭"，有效衔接诉前调解与速裁程序，用足用好小额诉讼程序和简易程序，全面提升买卖合同纠纷化解质效。全市法院一审买卖合同纠纷案件平均审理用时同比缩短10.09天，平均执行用时缩短9.93天。在执行方面，衢州打造综合治理执行难协作应用系统，将高频事项纳入应用，实现数据统合集成，高频协作事项全覆盖。执行人员通过系统统一发送协助事项，上传法律文书及证件，协作部门通过"浙政钉"接收并办理、反馈，法律文书及办理情况统一线上流转，实现市域范围内高频执行协作事项"一次不用跑"。在破产方面，出台《优化营商环境办理破产便利化行动方案》《关于建立企业破产处置协调联动机制的实施意见》等制度文件，开展长期未结破产案件清理，完善"立审执破"一体化工作格局，加强执行程序与破产程序衔接。

（三）护航外贸企业顺利出海

在企业"走出去"的过程中，衢州坚持一手抓风险预警，一手抓争议处置。风险预警方面，打造"外贸预警通"系统，及时发布经贸摩擦、贸易壁垒、产业波动等方面信息1.47万条，帮助企业防范在前、有效应对。例如，衢州上门摸排华友钴业、巨化集团等重点企业法治需求，为企业"走出去"构筑防火墙。争议化解方面，建立小微企业公益法律服务专家库，提供海关AEO高级认证、RCEP实务培训、原产地证书签证办理等"清单式"服务。设立衢州外经贸企业合规服务中心，帮助企业应对贸易摩擦。例如，成功帮助衢州环新氟材料应对海外知识产权纠纷，突破欧美专利壁垒；积极应对欧盟关于"鱼子酱残留监控计划"的新法规，帮助衢州市企业重返欧盟市场。

五　构建守法守信的社会环境

守法守信是市场经济的重要基石，只有政府、企业共同守法守信，市场经济才能有效运转，企业才能健康发展。衢州通过推动政府守法守信、加强社会普法、拓展信用监管等方式营造守法守信的社会环境，为优化营商环境奠定风清气正的社会基础。

（一）推动政府守法守信

政府守法守信有助于保障社会秩序稳定，有利于增强市场信心，有益于促进经济发展。一方面，创新政府合同履约监管。为进一步贯彻落实"政府无欠款"要求，衢州聚焦政府合同履约这一民营企业高度关注问题，开发政府合同履约监管系统，打造政府合同事前风险防范、事中履约检查、事后履约监管闭环新模式，有效提升政府履约合同预警和风险防范能力，切实增强了政府公信力。目前，已累计归集合同信息 40680 条，推动 267 个逾期合同完成履约，累计帮助企业收回 5061 万元逾期款项。另一方面，对政府违法失信行为进行监督。衢州以 12345 市民热线为基础，归集衢州"邻礼通""村情通""政企通"系统和风险监测（互联网+监管）、巡查上报等信息，强化对个别不守法、不守信的政府及部门的监督，对极个别因政府违法失信造成一定社会不良影响、产生负面舆情的事件，及时发现并挂牌督办。

（二）构建社会大普法格局

衢州市深化构建社会大普法格局，将优化营商环境纳入"八五"普法规划，制订普法责任清单，推动"谁执法、谁普法"普法责任制落实。将营商环境法治保障等相关法律法规纳入国家工作人员学法用法重点内容，促进依法行政、依法办事，为优化营商环境营造良好的法治氛围。推动市场主体法律顾问服务网格化全覆盖，由法律顾问对企业进行普法。近年来，法律顾问每年为民营企业开展普法活动 7.8 万余次，切实降低企业生产经营法律风险。

（三）持续拓展信用监管

市场经济本质上是信用经济，衢州市将信用作为引导市场主体行为的有效手段，将信用作为行政监管的重要补充，将信用作为构建公平竞争市场环境的重要助力。衢州通过创新和完善信用监管，有效降低监管成本、提高监管质效。例如，衢州市市场监督管理局深度运用信用风险模型推动"双随机"抽查，将日常监管重点指向高风险主体，目前全局98%以上的"双随机"检查已关联信用规则。在该规则下，市场监督管理局监管成本大幅降低，监管有效性随之提高。衢州不断拓展信用监管应用边界，会同其他部门和机构，利用系统体系防范风险。例如，衢州市在全国率先引入公证机构参与二手房资金监管，开发"公证+二手房资金监管"应用，打通与二手房交易相关的各项业务数据，补充完善二手房交易信用体系，实现信用体系风险防范的闭环管控。自2022年6月底应用上线以来，已累计监管资金1.47亿元。此外，衢州市还积极探索信用修复制度，在信用修复工作中推行行政提醒措施，告知企业改正违法失信行为，累计提醒603家（次）企业修复信用。

六 优化法治化营商环境展望

衢州市通过构建公平的市场环境、公正的法治环境、高效的政务环境等一系列举措，为其他"普通地级市"（非省会城市、非经济特区所在地城市、非计划单列市）优化法治化营商环境提供了样板。普通地级市在优化法治化营商环境过程中，会面临诸如缺少来自中央的顶层设计、缺乏省里的重点扶持、深化政务服务遭遇瓶颈、队伍建设有待加强等困难。未来，普通地级市应抓住时代红利，用好用足中央及本省的各项政策，立足本地资源，打造政策最优、成本最低、服务最好、违法最少、经济生态最佳的最优营商环境，全面建成营商环境高地。

（一）进一步完善相关制度供给

优化法治化营商环境离不开制度支撑，目前普通地级市面临缺少顶层设计和制度供给不足双重难题。在顶层设计方面，尽管普通地级市对标对表自贸区的各种制度创新，在学习借鉴过程中已然取得了不俗的成绩。但自贸区制度创新有顶层设计支持，如深圳前海蛇口自贸片区有《全面深化前海深港现代服务业合作区改革开放方案》的支持，广州南沙片区有《广州南沙深化面向世界的粤港澳全面合作总体方案的通知》的支持。而普通地级市在学习借鉴过程中，由于缺少来自中央顶层设计和本省的制度支撑，诸多理念无法贯彻，诸多制度无法复制。在制度供给方面，目前中国大部分地级市与企业相关的地方性法规严重不足，受制于设区的市立法权限范围，诸多创新举措和探索尝试无法体现在地级市立法中，故营商环境缺少足够的制度供给。这就导致很多创新无法做到于法有据，很多尝试都停留在纸面而非实践。未来，普通地级市应当用好用足已有的制度红利，在现有制度框架下完善制度供给，尽可能弥补顶层设计的不足。一方面，加快推进营商环境领域立法。未来普通地级市应将现有涉企服务体制机制和创新成果入法入规，巩固实践创新成果；应当进一步加强营商环境重点领域、新兴领域的地方创制性立法工作，诸如"优化涉企服务条例""绿色可持续发展条例""优化营商环境条例"等地方性法规应尽早提上日程。另一方面，开展公平竞争审查评估。对于已经制定的地方性法规、地方政府规章、政府及部门规范性文件，应当常态化开展涉营商环境制度清理评估，严把制度供给源头关，切实提升规范性文件质量。在此过程中，全面推广和铺开公平竞争集中审查工作，将涉及市场主体经济活动的具体政策措施，全部纳入公平竞争审查范围。

（二）进一步强化法治政府建设

强化法治政府建设对于优化营商环境至关重要，地级市普遍存在以下问题。其一，诸多法律法规对于企业违法行为并未给出明确的整改要求和整改标准，不仅让执法人员无法统一执法标准，而且使企业无所适从。其二，政务服务改革进入深水区，为适应新的内外环境，政务服务亟须提速加码。其三，部分垂直管理单位无法纳入地方营商环境考核范围，凡是涉及的相关单位的综合执法难以顺利进行。对此，未来普通地级市应当从以下几个方面着手强化法治政府建设，进一步优化营商环境。其一，制定企业整改标准和要求。地方政府可会同相关领域和行业，制定行业领域强制性标准，明确违法企业的整改标准和要求，统一执法人员对于标准的理解和运用，让企业脱离"不改错、改了更错"以及"不花钱会受罚、花了钱却消不了灾"的两难处境。在此基础上，地方政府应将此标准和要求作为细化法律法规的重要参照和依据，为全国行政执法精细化提供借鉴。其二，推动政务服务向纵深迈进。未来地方政府应围绕"企业办事无忧、政府无事不扰"，推进政务服务标准化、规范化、便利化、数字化改革。通过"网上中介超市"平台，规范涉批中介服务；通过"验登合一"、"标准地＋"、抵押登记等一系列集成改革，优化工程建设项目审批服务；通过深化商事登记和纳税服务改革，推行市场监管、税务、海关、商务等企业年报"多报合一"改革。在此基础上，地方政府要完善政务审批效能监测评估，加快政务服务线上线下融合发展，推动政策精准直达、高效兑现，为企业全生命周期提供全链条涉企服务。其三，持续深化"大综合一体化"行政执法改革，推行"综合查一次"联合执法机制和"首违不罚＋公益减罚＋轻微速罚轻罚免罚"等柔性执法制度，拓展执法监管"一件事"。健全政府守诺、社会监督、失信问责长效机制，依法推进"少捕慎诉慎押"，完善企业破产重整机制，深化综合执行难协作应用迭代，优化公共法律服务，维护市场主体合法权益。

（三）进一步完善司法保障机制

衢州法院通过一系列举措保护中小投资者合法权益，推动审执破"一件事"改革，护航外贸企业出海。衢州法院提供的方案为其他法院提供了借鉴。普通地级市面对民企保护制度供给不足、财产保全仍然具有难点、信用修复机制有待发力等问题，未来应当从中央和地方两个层面发力，进一步完善司法保障机制。在中央层面，未来应当加强顶层设计，由最高人民法院依据中央最新决策论断，不断完善影响营商环境司法保障的各项制度，加强同政府及有关部门的协商合作，努力将有益的地方经验转化为全国通行的规则，甚至争取全国人大及其常委会以立法形式将部分成熟的做法、制度、经验转变为法律。例如，对于民企产权保护需最高人民法院下达统一的指导意见，破产专项资金的落实则需会同国务院财政部门共同商议解决方案，信用修复制度的完善应由全国人大及其常委会以立法的方式确认等。在地方层面，未来地方法院应当立足当下，认真分析自身的优势和面临的障碍，总结其他法院的有益经验，复制推广成熟的做法，争取利好政策，为改善营商环境提供优质司法服务而努力。其一，深化买卖合同"一件事"改革。全面构建买卖合同纠纷案件立、调、审、执畅通衔接机制，强化"共享法庭"融合治理，推动涉企纠纷多元化解，对于调解不成的案件精准繁简分流，立案后快速排庭、优先送达、当庭裁判，力争"一揽子"解纷、"一站式"通办、"一次性"履约。其二，完善破产管理人选任机制，出台债权人推荐指定管理人工作办法，充分发挥破产审判的拯救和退出功能，加强对涉困企业的重整救治，促进市场主体新陈代谢、迭代升级。其三，建立失信人员信用修复工作协同机制。强化善意文明执行，进一步加大执行工作力度，采用"活扣"、"活封"、调解、和解、司法重整等法律手段，助力企业解困松绑、轻装上阵。其四，构建知识产权纠纷诉前"快保护"机制。建立商标、专利权诉前行政调解、裁决机制，协同处理诉前商标、专利权纠纷案件，探索优化诉前调解裁决流程、环节、办理时限等，全面夯实知识产权行政执法、司法保护、维权援助、仲裁调解联合保护体系。其五，健全涉企犯罪打击行动。持续打击各类侵犯企业财产、破坏企业生产经营的犯罪，坚持打击破案与追赃挽损并重，做好破案的"后半篇文章"，"能追尽追、能返早返"，最大限度挽回企业损失。

（四）进一步保障企业合法权益

加强企业合法权益保障不仅关乎企业、企业家的切身利益，同时也关乎地方经济发展的整个大局，必须从地方发展战略的高度予以重视。未来，作为普通地级市应当在市场环境、人文环境、人才队伍等方面全面发力，进一步保障企业合法权益，营造良好的营商环境。其一，全面优化市场环境。坚持公平竞争、开放包容、诚实守信，健全市场主体准入准营机制，大力破除妨碍各种生产要素市场化配置和商品服务流通的体制机制障碍。健全优质企业梯度培育体系，持续深化企业培育行动，推进中小企业"专精特新"发展，着力培育壮大市场主体。推进公平竞争政策先行先试改革，促进市场竞争公平规范有序，持续开展涉企违规收费专项整治，创新实施精准有效公正监管，持续推进社会信用体系建设，加快建设高标准市场体系，进一步降低市场交易成本。其二，全面提升人文环境。地方应当结合自身优势，充分挖掘优质的地方文化特色，支持民营企业从自身需求出发开展清廉建设，努力推动"廉洁文化"深入企业。同时，健全民企负面舆情研判联动机制，持续深化政企沟通圆桌例会、亲清半月谈等工作机制，持续开展营商环境"清障"行动，营造"人人事事皆是营商环境"的浓厚氛围。其三，提升执法人员专业素质。进一步加强招考和选调力度，注重"学法、懂法"法律专业人才的使用，注重涉外及高端法律人才培养。同时配备一批在各专业领域工作经验丰富的骨干执法人员，提高团队整体素质水平。此外，出台法制审核人员工作激励措施和执法人员继续教育支持措施，引导队伍自主学习、完善自我。对此，要建立健全长效管理机制，激发队伍活力。尽力挖掘优秀人员的潜力，选树典型，充分显示"能者上，平者让，庸者下"的用人机制，激发队伍活力。

B.15
法治化营商环境数字化监测
督导的构建与优化[*]

林惠玲　吴顺和　庄巧玲[**]

摘　要： 将市场化改革过程中形成的有效经验用法律法规或规章制度固化
下来，有利于营造公正、稳定和可预期的营商环境。本文以人民
法院牵头的"执行合同"与"办理破产"等法治核心指标为切
入点，结合法治化营商环境可视化平台与福建省监测督导机制的
融合实践，从司法视角探索在营商环境监测督导机制中构建区域
法治化营商环境日常监测指标体系，并提出优化日常监测体系、
升级可视化平台、健全配套机制的优化路径。

关键词： 法治化　营商环境　数字化　监测督导　指标体系

2019 年 4 月，习近平总书记在中共中央政治局第二次集体学习会议上
作出"要运用大数据提升国家治理现代化水平、建立健全大数据辅助科学
决策和社会治理机制"的重要指示，为国家各领域开展利用大数据助力社
会治理体系和治理能力现代化指明了方向。世界银行发布的新版评估体系新
宜商环境指数（Business Enabling Environment，BEE）也特别强调，"数据
收集和报告过程将遵循尽可能高的标准，包括健全的数据收集过程、强大的

---

* 本文系 2022 年福建省法学会重点课题"法治化营商环境数字化监测指标体系构建研究"
（FLS（2022）A08）的阶段性研究成果。

** 林惠玲，漳州城市职业学院副教授；吴顺和，漳州市中级人民法院研究室主任；庄巧玲，漳
州市中级人民法院研究室科员。

数据保护、明确的批准协议、颗粒数据的透明度和公开可用性，以及结果的可复制性"。

营商环境评价与衡量本身经历了从全要素评估，到制度要素评估，再到法治要素评估的发展历程，其关注的重点不在于宏观制度和法律框架，而聚焦具体法律文本和实际监管流程。在国务院规范第三方评估和世界银行停止发布世界主要经济体营商环境评估报告的双重背景下，探索构建数字化营商环境监测督导闭环，建立一套符合中国国情的科学合理的营商环境指标体系尤显重要。

一　多重样态催生法治化营商环境数字化监测督导

近年来，国内越发重视法治化营商环境建设，上海提出"使法治成为上海核心竞争力重要标志"，广州提出"让法治提升广州核心竞争力"①，江苏提出"让法治成为营商环境的最硬内核"② 等。全国多个省市结合区域实际，探索制订法治化营商环境评估指标体系。

样态一：国家营商环境评价体系中的法治要素。从网络搜索 2022 年国内各类冠以"营商环境"的报告，每份报告基本都有一套相应的评价指标体系作支撑，要么对标世界银行的标准体系，要么在国家营商环境 18 个一级指标框架下进行完善。在法治化营商环境层面，核心还是对执行合同与办理破产等相关指标的考察。

从法治化营商环境层面看，国家营商环境评价体系中除了"执行合同""办理破产"相对集中呈现外，其他一级指标凡涉及市场监管或权利保障，都或多或少与法治要素相关。构建法治化营商环境评价指标体系不应脱离国家营商环境评价体系，否则不利于区域间参照比对；更不应仅以法院为核心

---

① 常健：《国家治理现代化与法治化营商环境建设》，《上海交通大学学报》（哲学社会科学版）2021 年第 6 期。

② 顾敏、倪方方、卢晓琳、孙巡：《江苏大力营造法治化营商环境　护航高质量发展》，人民网，2023 年 3 月 11 日，http://js.people.com.cn/n2/2023/0311/c360300-40332935.html。

打造法治化营商环境评价指标体系，而造成法治化营商环境仅特指"执行合同"与"办理破产"的认识误区。

样态二：区域法治化营商环境指标体系。2019 年，重庆高院率先发布《重庆法治化营商环境司法评估指数体系（2019）》①，吸收世界银行营商环境评估中与法院工作紧密相关的"执行合同、办理破产"等指标，设置一级指数 5 项，是全国首个就法治化营商环境司法保护专门设置的评价体系。吉林高院对标世界银行营商环境评价标准，构建了全省法院统一的法治化营商环境建设评价指标体系及操作规则。

在国家发展改革委发布的《中国营商环境报告 2021》中，江苏省苏州市和辽宁省沈阳市的执行合同、办理破产、保护中小投资者、知识产权保护等指标均表现优异②，排位相对靠前。2020 年，苏州市发布《苏州市法治化营商环境建设指标体系》，明确了党的机关、权力机关、行政机关、监察机关、司法机关的具体工作职责。2022 年，辽宁省发布《辽宁省法治化营商环境评价指标体系》③，是全国首个省级层面的法治化营商环境评价体系，该体系涉及企业制度建设、行政执法、民事行政审批等 10 项一级指标。

以苏州市和辽宁省为代表的法治化营商环境评价样态和以重庆、吉林高院为代表的司法评价样态，容易与地方法治建设指数④混同，无法形成区域间可参照对比的法治化营商环境指标体系。

样态三：第三方营商环境评价体系。2018 年以来，第三方营商环境评价体系呈井喷式发展。纵观国内营商环境第三方评价，经常出现解读性偏差：一是泛法治化，国内有些研究机构直接用法治化营商环境指数来涵盖区域整体营商环境；二是容易造成法治化营商环境就是特指法院牵头的"执

---

① 重庆市高级人民法院课题组：《法治化营商环境司法评估的价值、理论与技术路径——以重庆法治化营商环境评估指数体系（2019）为例》，《人民司法》2020 年第 7 期，第 11 页。

② 林念修主编《中国营商环境报告 2021》，中国地图出版社，2021，第 298、321、427、451 页。

③ 《我省发布法治化营商环境评价指标体系》，《辽宁日报》2022 年 1 月 15 日，第 1 版。

④ 《中共中央关于全面深化改革若干重大问题的决定》提出，"建立科学的法治建设指标体系和考核标准"。

行合同"与"办理破产",从而忽略地方立法、执法等部门在法治营商环境建设中的主体责任。

为规范各类营商环境评价,促进评价回归本源,2021年6月,国务院下发通知规范营商环境评价,推动建立和完善以市场主体和社会公众满意度为导向的营商环境评价体系。而数字化监测督导机制打造的数字化营商环境,可以解决原有的法治化营商环境评价方式(第三方评估)自由裁量权大、调查样本不全、地方重复评价造成基层负担等问题,为区域优化法治化营商环境探索了一条全新途径。

样态四:法治化营商环境数字化监测。在国家规范第三方评估的基础上,吸收借鉴区域法治营商环境评估样态二、样态三中的实践探索成果,以执行合同、办理破产等指标为核心,对法治化营商环境指标体系进行标准化、规范化、系统性重构,从市场主体满意度出发,建立一套客观反映营商环境现状的法治化营商环境数字化监测督导体系,将有效助力提升法治化营商环境。

全球新冠疫情加速了各行各业对数字化转型的需求,也提升了全球对数字化应用的接纳程度。福建省作为数字中国的思想起源和实践起点,经过20年数字福建建设,不断推进系统集成优化、数据互联共享,数字化水平居全国前列,数字化水平为数字化监测督导奠定了坚实基础。2021年,福建省充分运用数字化建设成果和前期推进营商环境建设的工作经验,从市场满意度出发,在国家营商环境18个一级指标框架下,试点建设数字化营商环境监测督导闭环,打造监测督导平台(见图1),将监测督导结果纳入地方政府年度绩效考核内容。

在指标监测方面,由福建省营商办会同指标牵头单位或部门,结合国家营商环境评价指标体系,设定日常监测事项及权重。最终确定的监测指标体系由18个一级指标、61个二级指标、302个监测事项组成。2022年,省营商办及时总结第一年监测督导情况,对指标体系作了优化调整(见表1)。一级指标方面,鉴于"保护中小投资者"指标监测数据采集和可比性考量,决定不再保留,同时,为进一步加强法治营商环境建设与评价,经商政法各

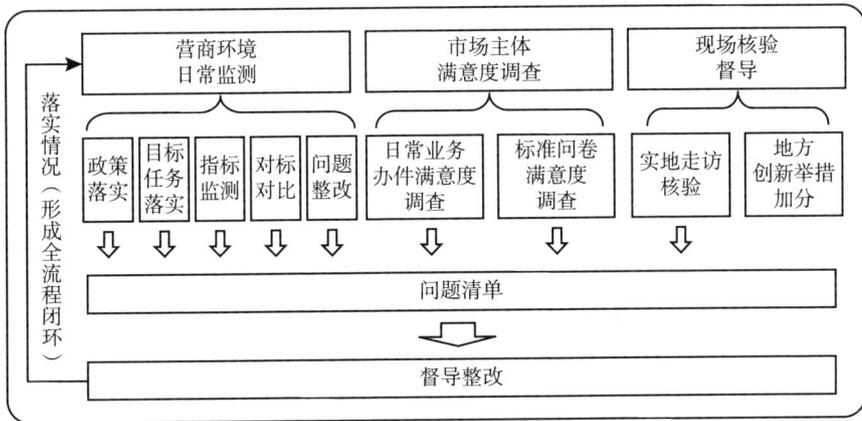

图 1　福建省数字化营商环境监测督导闭环

部门后，决定新增"司法与行政执法"指标，并设 4 个二级指标 22 个监测项；在监测事项方面，也作了部分优化，如"执行合同"指标调整为 16 个监测项，增设 2 个效率权重，以平衡地区差异；"办理破产"二级指标由 4 个调整为 3 个，但监测事项增加到 28 个。

表 1　执行合同、办理破产、司法与行政执法日常监测指标

一级指标	二级指标	监测事项
执行合同	时间指数	设适用小额数据程序平均审理时间、适用简易程序平均审理时间、适用普通程序平均审理时间、一审案件平均用时、上诉平均移送天数、二审案件平均用时、执行完毕案件结案平均用时和首执有财案件法定审限内结案率等 9 个日常监测事项
	司法程序质量指数	设司法集约化送达、长期未结诉讼案件率、实际执结率、实际执行到位率、一审独任审判适用率、生效案件改判发回重审、诉前调解成功与一审立案比等 7 个日常监测事项
	效率权重	设法院年人均结案数和员额法官年人均结案数 2 个效率权重
办理破产	时间、成本指数	设无产可破案件申请审查、无产可破案件审理、有产可破案件申请审查、有产可破案件审理平均天数、长期未结破产案件指数、适用简易程序审理平均天数等 6 个时间指数监测事项和审计费用案件平均占比、评估费用案件平均占比 2 个成本指数监测事项

续表

一级指标	二级指标	监测事项
办理破产	程序质量指数	设"执转破"立破申案件数、破产申请受理率、适用简易程序审理的案件占比、破字号案件新收数、结案数、结收比、有产可破案件普通债权平均清偿率、破产重整、和解案件结案数和当事人投诉率等9个监测事项
	破产府院联动指数	设政府年度破产援助基金使用金额、获取融资的重整案件占所有已结重整案件比、破产案件获取信贷融资金额、重整企业信用修复案件数、涉税便利化协作案件数、破产案件中税费减免金额、管理人依法查询账户受到障碍案件数、有效盘活不动产(面积)、有效盘活资产、妥善安置职工(人数)、信访维稳工作联动等11个监测事项
司法与行政执法	群众满意率	设当地群众对治安满意率和基本满意率的比率、对执法司法满意率和基本满意率的比率、对扫黑除恶斗争成效给予好评的比率等3个监测事项
	行政执法	设对涉营商环境类检察建议的按期回复率、采纳率、整改率,对检察机关调查核实的配合度、行政执法案卷评查合格率、行政规范性文件备案审查合法率、行政复议合法率、深化道路交通安全综合治理、强化酒驾醉驾综合治理、完成重点道路安全隐患治理任务等8个监测事项
	行政司法	设行政机关负责人出庭应诉率、行政案件常住人口万人成讼率、行政诉讼被告败诉率、行政机关裁判自动履行率、行政机关执行案件自动履行率、行政机关协助法院执行配合情况等6个监测事项
	刑事司法	共设打击洗钱犯罪、打击整治侵犯知识产权等领域突出犯罪,打击虚开骗税、破坏市场经济秩序犯罪等3个监测事项

　　福建营商环境监测督导机制是在总结国内经验的基础上,探索推动营商环境规范化建设的新模式,以指标日常监测代替抽样问卷调查,评价对象、评价标准、数据采集等均有别于既往的第三方评估,符合国家发展改革委通知明确的规范要求,是营商环境评价规则体系的全新构建。在监测督导机制中,以"执行合同""办理破产""司法与行政执法""知识产权保护"等指标为核心,系统构建法治化营商环境监测指标体系,通过合理设置日常监测事项,实现对营商环境法治要素的全面评价。

二 法治化营商环境数字化监测督导的运行检视

（一）法治核心指标日常监测事项设置的内在逻辑自洽有待强化

严谨的理论支撑方得以形成其价值观和方法论的高度自信。在数字化监测督导机制下建立法治化营商环境日常监测指标体系，整体框架套用国家营商环境评价一级指标体系及其理论基础，但如前所述，监测督导是有别于以往第三方评估的一种全新评价样态探索，特别是法治核心指标日常监测事项的设置，其必要性、关联性、可行性等需要科学论证，构建自己的理论支撑、价值观与方法论，形成指标体系的内在逻辑自洽。2021 年以来，法治核心指标日常监测事项动态调整的频次，在一定程度上也反映了监测督导指标体系在推陈出新变革中，理论逻辑与评价实践的融合还在持续探索中。

一是执行合同指标中"成本指数"缺失。例如，"执行合同"主要衡量企业解决纠纷所需要的时间、成本以及司法程序质量等[①]，但现有"执行合同"日常监测二级指标中，不考察"成本"指数。主要理由系法庭费用全国统一按照国务院诉讼费用缴纳办法来收取，执行费已经通过立法明确由被执行人负担，不再需要由申请人预交，只有律师费用一项，在政府指导价的基础上市场化运作，但个案数据采集存在困难。按原先世界银行（DB）评价标准，必须记录三类成本，即平均律师费、法庭费用（诉讼费）和执行费用[②]。是否因数据采集困难或是法律明确规定而取消成本指数的考察，还是从全新视角来考察纠纷解决的成本，应该取决于"成本"在"执行合同"指标所反映的纠纷解决程序制度构成中的权重。简言之，纠纷解决的价值观是又快又好又省，成本应该是其考察的重点之一。故在日常监测指标体系中，应该设置适当的评价因子来对其进行日常监测。

---

① 林念修主编《中国营商环境报告 2021》，中国地图出版社，2021，第 424 页。
② 罗培新：《世界银行营商环境评估：方法、规则、案例》，译林出版社，2020，第 394 页。

二是新增的"司法与行政执法"指标监测事项有待进一步论证。该指标系根据监测督导的运行实践，对国家18个一级指标体系作出的大胆改进尝试，不像其他指标有国家营商环境评价或世界银行营商环境评价（DB）的基础理论和方法论作为参照。2022年推出的指标系由省营商办统一牵头，实际是由各相关部门根据各自工作需要拟定具体的日常监测事项，新增指标在法治营商环境中的整体定位还不清晰，另外将群众满意率作为其中的一个二级指标，与监测督导机制满意度测评存在重复，群众满意率测评一般一年一次，达不到日常监测数据采集频次的客观要求，建议将之纳入法治化营商环境满意度调查。

（二）法治核心指标日常监测体系技术规范有待进一步优化

营商环境是个复杂的系统，日常监测指标体系更是一个复杂的系统性工程。数字化监测督导机制中执行合同、办理破产、司法与行政执法等法治核心指标日常监测技术规范还存在以下几个方面的不足。

一是日常监测指标体系架构不能满足精准监测需求。日常监测的目的是促进指标优化提升，目前采用的三级指标体系架构，有些二级指标项下的监测事项设置过多，易导致监测事项的目标性、关联性不够精准，不利于推动形成针对性预警监测、分析整改。例如，"执行合同"的时间指数，"办理破产"的程序质量、破产府院联动，"司法与行政执法"的行政执法等二级指标项下，均有9个以上的监测事项，像办理破产府院联动高达11个监测事项，可以考虑增设三级指标，进一步优化项目设置与内在关联。

二是日常监测事项的权重配置可能导致异化效应。目前基本采用平均权重法。要避免考核指挥棒下"趋利避害"的选择，应当对重点环节、主要短板的监测事项进行权重差异化配置。例如，"办理破产"指标中，申请审查天数与审理天数权重相等，审查是审理的前置程序，破产审理是办理破产指标的重心，故平均审理天数在时间指数上应该加重赋权。再者，指标体系的权重配比，是否先就二级指标进行赋权，二级指标赋权可以使指标体系更具有稳定性和灵活性。

三是"执行合同"指标增设效率权重以平衡地区差异有待商榷。营商环境评价需要充分考虑数据可比性和特定经济体数据的代表性，数字化监测督导是对省或市下辖行政管理区域优化营商环境建设成效的考察，日常监测事项的确定首要考量数据获取稳定性、可比性、代表性；因此，区域间差异化是监测事项设定时就必须充分考虑的前置性问题，而不应作为事后调整的依据。具体操作上，以员额法官人均结案数和法院年人均结案数作为效率权重，既忽略了案件体量大的地区，员额法官配比相对数较高，公共资源的投入相对也较多，又可能导致人均办案数多的法院，弱化提升效率指数的积极性，不利于形成区域间优化营商环境的良性竞争格局。当然，为激励主动作为，可以将人均结案数作为一个监测事项纳入时间周期治理指数。

四是日常监测事项的数据采集范围、统计口径、计算公式等实施配套标准有待统一规范。法治化营商环境就是要为市场主体提供一个稳定、公平、可预期和效率的规则化营商环境。监测督导只是手段，指标日常监测是监测督导机制的核心，其有效实施必须建立在确定的规则、标准之下。但纵观这两年的监测督导实践，还处于摸着石头过河的探索阶段，自上而下还缺乏自成体系的操作规则指引。"知其然而不知其所以然"的状态不利于监测督导对象整改提升的预期效果。

（三）法治化营商环境可视化平台还有待推广运用

数据分析能够发现工作和管理中存在的大量问题，被认为是管理上最有效的方法①。数字化监测督导平台是涵盖18个一级指标的集成展示平台，但也正因为其面向所有的指标，难以实现精细化、专业化的深度监测运用，且目前也仅是对设区市的营商环境进行监测督导。在省营商环境监测督导机制下，执行合同、办理破产、司法与行政执法等法治化营商环境核心监测指标模块分散，缺乏集约监测平台，而且在法治化营商环境的政策落实、重点

---

① 邹碧华：《法院的可视化管理》，法律出版社，2017，第14~23页。

改革创新任务、满意度调查等方面，会存在重复评价。漳州法院法治化营商环境可视化平台目前尚未完成与省监测督导平台的互联共通，还只是在市级层面运行，且以执行合同、办理破产两大指标为主体，还需要进一步扩容升级，吸收数字监测督导中的法治核心指标，实现对法治全要素的监测。

三　法治化营商环境数字化监测督导的完善路径

（一）优化法治核心指标四级日常监测体系

四级指标体系即在执行合同、办理破产、司法与行政执法等一级指标下，按二级指标、三级指标和四级监测事项的架构来规范重构日常监测指标体系。在现有监测督导指标体系（见表2）基础上，遵循"指标简明易懂、可量化、可操作"原则，一是对监测事项作了增补完善，适当补充非权重的监测事项，用以辅助监测督导分析；二是增设三级指标，根据其监测督导的目的、方向，对二级指标下的监测事项等进行细分，使二级指标下监测事项更加简明易懂，也有助于提升监测督导的实效性、预警分析的针对性、整改提升的精准性，当然部分监测事项较少的二级指标不设三级指标，避免冗杂；三是优化现有的二级指标，完善基础理论支撑，体现营商环境监测督导独特的价值观和方法论，让新的指标体系更具时代性、开放性。

第一，"执行合同"指标（见表2）。建议恢复"成本"二级指标，设时间、成本和程序质量3个二级指标，时间指数按解决纠纷的法定程序设置一审、上诉、二审、执行和周期治理等5个三级指标，程序质量指数围绕公正与效率的价值目标，设案件管理、智慧法院、诉源治理、司法公正、解决执行难等5个三级指标。日常监测事项由现有的16个增加到36个，部分为非权重监测事项，主要在周期治理、成本、智慧法院建设等方面增加相应的监测事项。建议取消2个效率权重指标，将员额法官人均结案数纳入案件管理指数。指标权重方面，建议将一审案件平均用时、二审案件平均用时、首执案件结案平均用时、首执案件实际执结率和实际执行到位率等5个监测事项加倍附权。

表 2　执行合同日常监测指标优化建议

二级指标	三级指标	监测事项	权重	计分规则
时间指数(13)	一审	适用小额诉讼程序平均审理时间	1	前沿(一)
		适用简易程序平均审理时间	1	前沿(一)
		适用普通程序平均审理时间	1	前沿(一)
		一审案件平均用时	2	前沿(一)
	上诉	上诉案件平均移送天数	1	前沿(一)
	二审	二审案件平均用时	2	前沿(一)
	执行	首执案件结案平均用时	2	前沿(一)
	周期治理	当天立案率	1	前沿
		平均送达时间	1	前沿(一)
		平均鉴定时间	1	前沿(一)
成本指数(2)		公告案件平均公告费用	1	前沿(一)
		鉴定案件平均鉴定费用	1	前沿(一)
程序质量指数(23)	案件管理(6)	买卖合同纠纷案件新收数		
		买卖合同纠纷案件结案数		
		买卖合同纠纷案件结收比	1	前沿
		一审独任审判适用率	1	前沿
		员额法官人均结案数	1	前沿
		法定审限内结案率	1	前沿
		审限变更率	1	前沿(一)
		长期未结案件数		
		长期未结案件占比	1	前沿(一)
	智慧法院(4)	买卖合同纠纷集约送达率	1	前沿
		电子送达率	1	前沿
		电子卷宗随案生成率	1	前沿
		审判流程信息有效公开率	1	前沿
	诉源治理(4)	调撤率	1	前沿
		诉前调解成功案件占一审立案比	1	前沿
		民事案件万人成讼率	1	前沿(一)
		执源案件下降比	1	前沿
	司法公正(3)	一审案件改判发回重审率	1	前沿(一)
		生效案件改判发回重审率	1	前沿(一)
		裁判自动履行率	1	前沿
	解决执行难(6)	首执案件执结率	1	前沿
		首执案件实际执结率	2	前沿
		实际执行到位率	2	前沿
		首执有财案件法定期限内执结率	1	前沿

第二，"办理破产"指标（见表3）。设时间、成本、程序质量和府院联动4个二级指标，在时间指数下增设无产、有产和周期治理3个三级指标，在府院联动指数下增设破产便利、协调联动2个三级指标。日常监测事项由现有的28个调整为35个，部分为非权重监测事项，调整变动不大，建议"当事人投诉率"监测项调整到问题整改模块中考察。指标权重方面，建议将无产、有产可破案件平均审理天数，有产可破案件普通债权平均受偿率等3个监测事项加倍附权。

表3　办理破产日常监测指标优化建议

二级指标	三级指标	监测事项	权重	计分规则
时间（10）	无产	无产可破案件申请审查平均天数	1	前沿（-）
		无产可破案件审理平均天数	2	前沿（-）
		无产可破案件结案数	1	前沿（-）
	有产	有产可破案件申请审查平均天数	1	前沿（-）
		有产可破案件审理平均天数	2	前沿（-）
		有产可破案件结案数	1	前沿（-）
	周期治理	适用简易程序审理平均天数	1	前沿（-）
		长期未结破产案件数		前沿（-）
		长期未结破产案件指数	1	前沿（-）
		未结破案案件平均审理天数		
		未结案件数		
成本（4）		审计费用案件平均占比	1	前沿（-）
		评估费用案件平均占比	1	前沿（-）
		有产可破案件普通债权平均清偿率	2	前沿
程序质量（8）		"执转破"立破申字号案件数	1	前沿
		破产申请受理率	1	前沿
		破字号案件新收数	1	前沿
		破字号案件结案数	1	前沿
		结收比	1	前沿
		适用简易程序审理的案件占比	1	前沿
		破产重整、和解结案数	1	前沿
		破产重整和解率	1	前沿

二级指标	三级指标	监测事项	权重	计分规则
府院联动(13)	破产便利	政府年度破产援助基金使用金额	1	前沿
		获取融资的重整案件占已结重整案件比	1	前沿
		破产案件获取信贷融资金额	1	前沿
		重整企业信用修复案件数	1	前沿
		涉税便利化协作案件数	1	前沿
		破产案件中税费减免金额	1	前沿
		管理人依法查询账户受到障碍案件数	1	前沿(-)
		裁定送达后超过30天未能注销企业家数	1	前沿(-)
	协调联动	有效盘活不动产(面积)	1	前沿
		有效盘活资产(金额)	1	前沿
		妥善安置职工(人数)	1	前沿
		信访维稳工作联动(件)	1	前沿
		出台联动机制文件的件数	1	前沿

第三,"司法与行政执法"指标(见表4)。将"平安三率"满意率调查作为年度监测督导满意度调查项目,暂保留行政执法、行政司法与刑事司法3个二级指标,行政执法二级指标细分检察监督、规范执法、重点整治等3个三级指标。日常监测事项方面作个别优化调整。作为一个新增一级指标,还需要在实践运行中进一步回应市场主体的公共法律服务需求;下一步,可以考虑增设公共法律服务二级指标及相应的监测事项。

表4　司法与行政执法日常监测指标优化建议

二级指标	三级指标	监测事项	权重	计分规则
行政执法(11)		对涉营商环境督促履职类行政检察建议按期回复率	1	层差
		对涉营商环境督促履职类行政检察建议采纳率	1	层差

续表

二级指标	三级指标	监测事项	权重	计分规则
行政执法（11）	检察监督	对涉营商环境督促履职类行政检察建议完成整改率	1	层差
		对涉营商环境督促履职类行政检察建议完成整改率	1	层差
		对于检察机关调查核实的配合度	1	层差
	规范执法	行政执法案卷评查合格率	1	层差
		行政规范性文件备案审查合法率	1	层差
		行政复议合法率	1	层差
	重点整治	深化道路交通安全综合治理	1	层差
		强化醉驾综合治理	1	层差
		推广道路交通事故线上快处快赔机制	1	层差
行政司法（6）		行政机关负责人出庭应诉率	1	层差
		行政案件常住人口万人成讼率	1	层差
		行政诉讼被告败诉率	1	层差
		行政机关裁判自动履行率	1	层差
		行政机关执行案件自动履行率	1	层差
		行政机关协助法院执行、配合情况	1	层差
刑事司法（3）		打击洗钱犯罪	1	前沿
		打击整治侵犯知识产权等领域突出犯罪	1	前沿
		打击虚开骗税、破坏市场经济秩序犯罪	1	前沿

（二）升级推广运用法治化营商环境可视化监测督导平台

课题组建议以漳州法院法治化营商环境可视化平台为试点，吸收新增司法行政执法指标，升级打造全省法治化营商环境可视化监测督导平台。以数据可视化方式分析法治化营商环境建设取得的成效、存在的问题，既能让问题浮出水面，直观看到法治化营商环境建设哪个环节、哪个监测事项存在问题，还能分析问题的根源以及影响监测指标提升的难点、堵点，有效实现全域预警监测，推动优化提升。具体进路如下。

1. 畅通监测数据通道

数据是数字化监测督导的基础，更是可视化平台发挥"数助治理"功能的前提。数据通道的畅通决定了监测分析精准高效、快捷便利，是平台运行的生命力所在。漳州法院法治化营商环境可视化平台上线运行以来，始终致力于可视化平台与各业务平台的数据对接，但受制于目前法院智慧办公平台多系全国或全省统一运行平台，市级层面对接还存在不少客观障碍。从省级层面来推广运用可视化平台，监测数据的互联互通，甚至与法院外部数据共享，应当列入首要解决的范畴。其次，要尽快统一数据采集的规范要求，包括各监测事项的统计口径、数据字段、计算公式、指数形成及排名等，确保基础数据来源真实、准确。要推动建立全省破产审理统一业务平台，解决当前"办理破产"指标数据提取的堵点。

2. 实现两大平台融合

法治化营商环境可视化平台与省、市两级营商环境监测督导平台如何对接？各自功能定位如何互补融合？如何避免重复性建设？课题组认为，可以把两大平台看成整体与局部、主干与支线的关系。可视化平台是在监测督导平台的整体环境下打造的一个专业化的监测督导平台，目的在于对监测督导机制中的法治核心指标进行深度监测，集约化监管营商环境中的法治要素，推动区域法治化营商环境指数提升，目标高度契合。因此，建议以可视化平台为法治化营商环境监测督导的主要载体平台，法治化营商环境建设的任务发布、问题整改下达、对标对比等日常监测督导内容，通过可视化平台完成；通过开发数据接口，将可视化平台的监测督导成果推送给省市监测督导平台，今后，省市监测督导平台作为一个向社会公众展示的平台，既解决了营商环境监测督导指标体系及监测结果公开的问题，又可以实现可视化平台专业化建设的价值目标。

3. 明确各方主体责任

法治化营商环境建设，主力军虽是法院，但绝非法院一家之责。可视化平台目前虽以法院为建设主体，随着"司法与行政执法"指标的加入，以及今后可能有更多的法治监测指标或事项汇聚，必将涉及更多的指标牵头单位、责任单位。平台的推广运用有必要进行前瞻性规划与论证。现阶段，日常监测指标体系下的各责任单位，要协同配合完成指标动态优化、数据采集报送、重点任务分解与反馈等工作。下一步，在通过区块链技术确保数据安全的情况下，尽快把可视化平台打造成多部门共建共享的开放型平台。

（三）健全法治化营商环境日常监测督导实施配套机制

法治化营商环境建设本质是打造企业等市场主体在市场活动中所感知的、满意的一整套由政府提供的"公共产品"——规则、程序、职责、责任及实施机制等构成的法治环境。法治化营商环境日常监测督导指标体系作为"公共产品"之一，也要完善其配套的实施机制。

1. 完善指标体系的动态调整机制

《福建省营商环境监测督导机制实施规则》明确要求，监测督导指标体系总体应保持相对稳定，部分监测事项可根据监测督导机制实施情况、相关政策导向、工作重点等因素进行年度调整。指标牵头单位须明确涉及的指标监测事项、监测数据的业务定义、数据口径、计分规则、数据来源、覆盖区域层级、更新频率、数据提供方式等内容。如前所述，从2021年试行监测督导以来，执行合同、办理破产等指标基本上每年都会作出相应的调整优化。课题组建议，指标体系的动态调整，由指标牵头单位向省营商办提出后，面向全省征求意见，还要进一步完善指标体系动态调整的分析论证机制，邀请专家学者，市、县区指标牵头单位及相关部门进行专题研讨，提升指标体系动态调整的科学性、合理性。

2. 健全市场主体参与机制

监测督导机制坚持以市场主体为导向，市场主体的评价在监测督导中占有较大权重，但集中体现在满意度问卷调查。满意度问卷调查存在随机性和不确定性，较难发现"真问题"，而且问卷内容及调查情况并未向市、县区公开。优化法治营商环境日常监测督导，在指标监测体系中要相应增加反映市场主体参与的监测事项，同时，也要向市场主体提供反映法治营商环境建设存在问题的便捷渠道。目前12345热线平台虽然也能满足一部分市场主体投诉建议的需求，但平台涉及面太广，建议在打造法治化营商环境监测督导可视化平台的同时，建设全省法治营商环境在线投诉咨询服务中心，作为向市场主体提供政策咨询、投诉举报、意见建议的互动参与平台。查实投诉举报反映的问题后，要纳入监测督导问题整改与监测督导评价。

3. 落实保障机制

法治化营商环境监测督导是一项系统化、专业化、技术性工程，需要政策、人员、经费、大数据平台建设等全方位的保障，才能确保其稳定、高效运行实施。省、市营商办要鼓励监测督导框架下法治化营商环境监测督导可视化平台的深度开发建设，省财政要给予专项资金支持。要加快推进法治化营商环境日常监测事项数据互联共建共享，加快建立全省法治化营商环境监测督导大数据平台。

社会治理

Social Governance

B.16
提升天府中央法务区涉外民商
事法治服务水平路径调研报告[*]

成都市中级人民法院　四川大学课题组[**]

摘　要： 天府中央法务区建设的基础理论兼采政府功用与市场自治之长，国际商事法庭则在习近平新时代中国特色社会主义思想的指引下，坚持强调建设科学、公平、高效的涉外司法审判机制，促进跨区域司法协助，依法平等保护中外当事人合法权益以及强化涉外司法跨区域供给的理念。在此基础上，已积累了协作共建、制度引领、案例示范以及一流国际营商环境建设成效的宝贵经验，但因中国涉外民商事审判在解决机制、人才储备和环境建设上还存在局限，国际商事法庭应当继续从审判理念、审判架构和智慧

---

　* 本文系四川省法学会 2022 年度法治实践创新专项课题"提升天府中央法务区涉外法治服务水平路径研究"（课题编号：SCFXSB2201）的部分成果。
　** 课题组负责人：郭彦，四川省政协社会法制委员会副主任；王军杰，四川大学法学院教授。课题组成员：龚成、吴爽、申莉萍、王莹、鄢子涵、张红霞、盛梦娇等。执笔人：鄢子涵，成都国际商事法庭法官；刁之淳，四川大学法学院研究生。

法院的维度深入推进一流国际商事法庭建设；同时继续探索设立涉外解纷协同创新中心、涉外法治理论研究中心和涉外法治人才培养中心，进一步深化国际化营商环境建设。

关键词： 涉外民商事法治　中央法务区　国际商事法庭

2021年2月5日，天府中央法务区正式启动运行，成为中国首个在省级层面提出和推动实施的现代法务集聚区。中国共产党四川省第十二次代表大会明确提出，"推进天府中央法务区高质量发展，以法治软实力提升区域竞争力"。成都市第十四次党代会作出"高标准建设天府中央法务区""打造习近平法治思想研究实践先行区，加快建设一流法治创新实践基地"重大战略部署。在当前复杂的国际国内形势下，助力天府中央法务区实现构建世界一流法律服务高地建设目标显得至关重要。本文以天府中央法务区建设为背景，以成都国际商事法庭为实践创新基地，从理论基点和实践层面探讨提升天府中央法务区涉外民商事法治服务保障水平这一重要议题。

一　提升天府中央法务区涉外民商事法治服务保障能级的理论基点

国外法务区的建设主要分为自下而上的"自发演化型"和自上而下的"政府助推型"，其理论基础分别为斯密—哈耶克的自发市场秩序理论和凯恩斯的政府干预理论。天府中央法务区涉外法治体系与能力建设理应兼采二者之长，既尊重市场的自我演化、自我生成，又重视政府的呵护培育、助推促进。

在政府层面，政府应当重在打造一流的营商环境，高效审批，严格监管，筑巢引凤，支持产业经济快速发展。同时，政府的功用还在于提升"法治治理"和"法律服务"水平。前者包括严格执法、公正司法、高效执行、多元化争议解决机制等制度建设，后者主要是支持促进包括律师服务、司法鉴定、会计审计、公证等在内的法律服务产业跨越式发展。

在市场层面，司法能力建设与经济发展是相互依赖的关系，商业和法律服务业已逐步形成相互依存和彼此促进的关系。总部经济、战略性新兴产业的发展、对外贸易的繁荣都是推动法律服务集聚的核心动力。故法务区和国际商事法庭建设应与经济发展水平提升同时推进，当然，建设过程中也能更好地促进区域经济繁荣。具体而言，为提升保障能级，在理论基点层面可从以下方面采取对应举措。

（一）坚持以习近平法治思想统筹推进国内法治和涉外法治为基点

天府中央法务区建设坚持以习近平新时代中国特色社会主义思想为指引，以统筹国内法治和涉外法治为基点，积极落实"法治是最好的营商环境"的指示要求，助力成都从内陆开放高地迈向全国开放的前沿。

明确成都国际商事法庭以服务统筹推进国内法治和涉外法治，打造一流国际商事审判工作体系，建设国际商事争端解决首选地、新高地为目标，以提升涉外司法效能和延伸涉外司法职能为主线，在发展战略布局中明确工作重点，突出服务保障功能。

近年来，天府中央法务区已将习近平法治思想贯彻到建设运行的全过程，天府中央法务区已然成为习近平法治思想的重要实践区。二者的契合点集中体现在以下几个方面。首先，坚持党的领导。天府中央法务区的筹建和运行是在四川省委、省政府的领导下实现的。其次，坚持以人民为中心。天府中央法务区承担的主要任务就是立足市场，为广大市场主体服务，满足市场主体差异化、高质量法律服务的客观需求。再次，坚持在法治轨道上推进国家治理体系和治理能力现代化。天府中央法务区本身即为一次创新，是法律服务内容和方式的重大创新，是推进国家治理体系和治理能力现代化的重要实践。最后，坚持统筹推进国内法治和涉外法治。天府中央法务区的一个重要功能就是建设规范标准、涉外人才聚集，形成参与国际法律合作竞争新优势的国际性法律服务阵地，积极面向国际市场提供法律服务。

（二）助力双城经济圈建设和西部开放新高地

成渝地区发展一直受党中央和国务院的高度重视。2020年1月3日，习近平总书记主持召开中央财经委员会第六次会议，作出推动成渝地区双城经济圈建设、打造高质量发展重要增长极的重大决策部署，为未来一个时期成渝地区发展提供了根本遵循和重要指引。

在此基础上，天府中央法务区建设将进一步助推成都发展核心城市功能，加快推进川渝双城法治建设。充分认识国家赋予成渝经济区"双核"的重大历史使命，发挥好引领示范和辐射带动作用，以天府新区规划建设为载体和着力点，拓展发展空间，优化功能分区，加快建设城乡一体化、全面现代化、充分国际化的大都市。

一方面，在法治人才培养上，天府中央法务区的大力建设，不仅会带来司法机关及法律服务机构的争相涌入，法务区内的机构还将进一步围绕"打造西部法治人才培养高地"的目标和任务，与法治人才培养和输出达成一系列合作。目前，成都中院等相关机关单位已与国内多家高校达成了合作协议。天府中央法务区在助力双城经济圈建设和西部开放新高地的同时，也将受其反作用力，川渝乃至西部地区区域合作发展所导向的经济繁荣，也将为国际商事法庭建设打造法治人才输出的新引擎，实则是驱动二者"双向奔赴"。

另一方面，在营商环境建设上，天府中央法务区与国际商事法庭的双向导入将为川渝双城乃至整个西部开发城市集群提供营商法治化样本。天府中央法务区的滥觞象征着现代法务集聚区已呈势如破竹之势，"一流法律服务高地"蓄势待发。在建设双城经济圈与打造西部开发新高地背景下，各大经济区通过结合产业布局和资源优势，聚焦重大战略需求并加强应用基础和前沿技术研究，形成了一套区域创新基地"梯次衔接"的建设体系。与此同时，在经济、科技与创新的交互腾飞之际，完善法治环境将成为促进营商环境的显性推手，为其构建发展保驾护航。因此，法律服务一体化等天府中央法务区附带的优质法治资源，将通过法务业态与营商环境的有机结合，加强川渝双城及西部地区合作协同，在川渝合作和西部大开发的基础上，建立区域互动协调机制，并加强规划和政策衔接，强化产业分工协作，促进生产要素合理流动和资源优化配置。最终，在扩大合作领域并提高合作实效的期冀下，加快经济一体化进程，进而形成优势互补、互利共赢的发展格局。

（三）加速"一带一路"涉外司法服务的高能级跃升

近年来，随着"一带一路"高质量共建，沿线国经贸往来日益密切，纠纷解决的需求也日益增加。为深入贯彻落实以习近平同志为核心的党中央提出的"一带一路"倡议，最高人民法院采取了多项改革举措，为共建"一带一路"提供有力的司法服务和保障。其中最高人民法院国际商事法庭建设正是适应"一带一路"法治建设进程需求的时代产物，具有重要的历史意义。

在"一带一路"视域下，为应对国际商事纠纷解决的需求，各国相继建设国际商事法庭或国际商事法院。成都国际商事法庭作为其中不容小觑的新力量，积极改革探索，加强与沿线国家国际商事法庭的交流与合作，将具有中国特色的和谐文化理念、经验推介给世界，为公正高效化解"一带一路"国际商事争端、提升全球治理法治化水平作出贡献。

在理论层级上，习近平法治思想针对坚持统筹推进国内法治和涉外法治、坚定维护以联合国为核心的国际体系和以国际法为基础的国际秩序等涉外法治作出了重要论述，为国际商事法庭促进"一带一路"法治建设指明方向并提供理论根基。法治是共建"一带一路"过程中不可或缺的重要基础和有力保障。

在实践效应上，天府新区是"一带一路"建设的重要节点，以此契机建立国际商事法庭有利于高水准服务"一带一路"建设，有利于通过归纳总结"一带一路"沿线国家的法律特点和多发案件规律，依法妥善化解纠纷，有利于将"一带一路"经贸往来导向法治化的康庄大道。近年来，成都法院逐步加强高水准服务"一带一路"建设，立志高标准保障成渝地区双城经济圈建设，高质量护航国际化营商环境建设，高能级推动天府中央法务区建设，以"四高"背书加快打造立足四川、辐射西部、影响全国、面向世界的一流国际商事审判新高地。

与此同时，为促进"一带一路"建设，及涉外司法服务的高能级跃升，成都国际商事法庭可率先发力，为提升中国国际商事纠纷解决机制的国际竞争力和公信力提供动力，并在加快推进涉外法治人才培养、加强与沿线国家国际商事法庭交流与合作等途径上寻求更大突破。

（四）引入国际商事法庭推动自贸试验区高层次发展

四川自由贸易试验区是改革开放的"试验田"，是成都新发展格局的战略支点。在法治化上，四川自由贸易试验区坚持用法规制度推动改革政策或改革经验落地，推动全国首个以省域命名的自贸试验区法院、检察院率先运行；其中，天府中央法务区改革经验获评"中国改革2021年度特别案例"。在国际化上，四川自由贸易试验区在人民法院对商事ADR中心的构建上，引入"一带一路"国际商事调解中心等六家合作机构后，极大提升了法院纠纷解决的国际化水平及纠纷化解效率，助力保障天府新区、四川自贸试验区营造国际化营商环境。在便利化上，为推动四川自贸试验区高起点改革，四川省政府正式印发《推进自由贸易试验区贸易投资便利化改革创新若干措施》，通过提升投资贸易、国际物流、金融服务实体等方面的便利度，持续打造国际化的便利营商环境。

自贸试验区的建设之路任重而道远，为寻求进一步发展，应聚焦自贸区的全方位高质量发展，围绕扩大内陆开放新高地战略重点，加强跨部门、跨领域、跨行业统筹协调，探索系统集成性制度创新，持续优化营商环境。

国际商事法庭的引入将有利于成都加速打造专业化国际商事审判体系，加力聚合高能级法律服务资源，加快提升涉外纠纷多元化解能力，助推天府中央法务区成为中西部国际商事纠纷解决首选地、优选地。在国际商事法庭的加持下，四川自贸试验区成都片区将进一步丰富国际消费、优化营商环境、促进要素流动、推动协同发展等，并将高标准完成国家赋予的试验任务，突出细节、落到实处，着力打通自贸试验区建设发展的难点与堵点。

与此同时，完善成都国际商事法庭多元化纠纷解决机制，将为打造域外法查明与适用的"蓉城名片"赋能。高效权威的涉外民商事审判机制将为自贸区建设营造良好的法治营商环境、提供优质高效的法律服务，并以此推动四川自贸试验区成都片区向更高层次的市场化、法治化、国际化、便利化营商环境迈进。

二 提升天府中央法务区涉外民商事法治服务保障能级的理念与实践

天府中央法务区和国际商事法庭建设过程中始终坚持建设科学、公平、高效的涉外司法审判机制，并强调跨区域司法协助、司法为民和跨区域供给的建设理念，已在习近平法治思想的指导下形成诸多宝贵经验，为可持续发展提供源源不断的动力。

（一）天府中央法务区成都国际商事法庭建设理念

1. 建设科学、公平、高效的涉外司法审判机制

在天府中央法务区的建设推动下，国际商事法庭多方面的机制创新赋予了国际商事法庭专业性、国际性、多元性、高效性、包容性、便利性，使其更加符合现代社会处理国际商事争议专业和效率的需要，并有利于树立中国法院的公信力和影响力，更好地满足共建"一带一路"新形势下国际商事纠纷解决的迫切需要。

为建设科学、公平、高效的司法审判机制，成都国际商事法庭将全面提升线下服务水准，依托天府中央法务区资源集聚优势，优化商事 ADR 中心、民事财产保全中心、司法确认中心，探索为涉外纠纷当事人提供清单式、一站式、定制式专业服务。拓展线上服务半径，在全国率先建立"蓉易诉"在线诉讼平台，全力打造"全案由、全链条、全智能、全天候、全交互"的"五全"在线法院办案系统，便捷域外当事人参与诉讼活动。

此外，国际商事法庭还致力于支持包括仲裁、调解在内的多元化纠纷解决机制的发展和完善。国际商事法庭还可选定条件适当的国际商事调解机构、仲裁机构，与其共同构建国际商事纠纷多元解决机制。在该机制内，国

际商事法庭依法对国际商事仲裁机构提供财产保全、证据保全等程序支持，并在便利、快捷司法审查基础上积极执行仲裁裁决；国际商事法庭还将充分发挥国际商事专家委员会成员、国际商事调解机构在国际商事调解中的作用，依法审查国际商事调解协议，通过调解书或判决书形式赋予调解协议以强制执行力，从而形成诉讼、调解、仲裁有效衔接，构建更便利、快捷、低成本的科学、公平、高效的"一站式"司法审判机制。

2. 促进跨区域司法协助

近年来，天府中央法务区建设蓬勃发展，在此大背景下，适时引入国际商事法庭可全面深化司法协助的平等互助，推进区域法律服务合作。促进川渝地区乃至与"一带一路"沿线国家间的跨区域司法协助。

在立法层面，应加强区域立法协同。探索建立成渝地区双城经济圈建设立法协调工作机制和协同立法信息共享平台，加快清理废除妨碍统一市场和公平竞争的各种规定和做法。加强区域生态环境共保共治、营商环境共建共享方面的立法协调。加强区域立法协调等理论问题研究。在执法层面，应加强区域执法协调。推动完善成渝地区双城经济圈区域行政执法联动响应和协作机制。联合开展市场监管、环境保护、文化旅游等执法监督检查。推动逐步统一相关领域行政处罚裁量基准，实现违法线索互联、监管标准互通、处理结果互认。

在"一带一路"范畴下，应坚持与沿线国家的国际商事法庭加强联系，通过加强双边或者多边合作机制进行国际司法合作，从而在尊重各国主权基础上协调各国的司法管辖权冲突，快速解决国际民商事纠纷。并与沿线国家在司法、经济等紧密合作中达成共识，积极防御域外国家长臂管辖等滥用国际司法协助与合作的霸权主义行为。

3. 依法平等保护中外当事人合法权益

成都国际商事法庭坚持国际化标准，加强国际法研究和司法实践，强化国际法前沿问题调研，优化域外法查明机制，搭建中英文双语网站，提供涉外翻译等服务。通过提升涉外民商事审判质效、加强涉外民商事纠纷调解、准确查明准据法、完善司法协作机制等途径为中外当事人提供司法保障，畅通救济渠道，平等保护中外当事人合法权益。

具体措施的实施可聚焦准确查明适用准据法，保障中外当事人选择适用法律的权利；依法审理仲裁司法审查案件，为中外当事人申请仲裁提供司法支持；完善司法协助工作机制，为中外当事人畅通司法救济渠道；在涉外案件审理中遵守国际条约和国际惯例，恪守国际法基本准则，充分尊重当事人意思自治，坚持"意思自治+最密切联系"原则，依法确定案件应当适用的准据法。

4. 强化涉外司法跨区域供给

在国内涉外司法跨区域供给层面，国际商事法庭的建设将大力推进成渝地区双城司法服务一体化进程，在健全跨域立案、执行协作等司法协调联动机制基础上，进一步统一司法裁判尺度，建成成都司法智库大数据中心，推进区域内法院数据信息共享。对此，两地法院需以营商环境共建、突出问题共治、司法资源共享等为核心深入开展协作，通过达成司法协作框架协议，深化推进服务产业建圈强链落实落地、聚焦成渝地区双城经济圈建设、助力法治化营商环境建设联动推进等多项合作机制。星火燎原，两星相汇，川渝双城合力必将在一定程度上提升区域司法协作质效水平。

在国际涉外司法跨区域供给层面，随着共建"一带一路"国际合作的深入推进和中欧班列的大量开行，中国与沿线国家铁路合作必将带来民商事纠纷的日益激增。基于此，国际商事法庭的设立更具有时代性和必要性。在天府中央法务区涉外法治建设过程中，国际商事法庭应多途径打好组合拳，对内坚持集成化标准，与政府职能部门、行业协会、院校等建立常态化沟通协调与信息共享机制；对外加强区域性双边多边争端解决机制、重点领域司法同步机制的建设。通过国家间跨区域司法供给来解决文书送达、调查取证、外国法查明难等问题，从而大大缩短涉外民商事案件审理周期。

（二）天府中央法务区成都国际商事法庭建设经验集成

1. 强化协作共建，赋能多元解纷高地加快成势

2023 年 7 月 14 日，为深入贯彻落实关于加快培优做强"一带一路"国际商事争端解决机构的工作部署，高质量建设成都国际商事法庭，以多元化解纷机制为抓手拓展内外统筹广度，全力护航成都超大城市治理现代化建设，助推天府中央法务区成为中西部国际商事纠纷解决首选地，成都中院与成都市司法局、成都市律师协会、成都市涉外商事与法律服务中心举行国内国际商事争端一站式解决合作机制签约仪式，标志着一站式多元解纷机制迈入高质量发展新阶段。2016 年以来，成都法院率先推进诉源治理改革，已立体化构建了涵盖近 20 个纠纷多发、常发、易发领域的一站式解决平台，实现了矛盾纠纷止于未发的良好效果。成都中院在国内国际商事纠纷领域全面推进一站式解纷机制建设，有利于提高平等保护中外当事人合法权益的能力水准，将成都打造为国内国际商事争议解决优选地。

2. 突出制度引领，涉外法治精品示范案例开拓新境界

2022 年 9 月 27 日，发布《成都国际商事法庭涉外民商事案件诉讼指南（试行）》中英文双语版。2022 年 12 月 13 日，出台《成都市中级人民法院民商事案件涉外因素认定规程（试行）》《成都市中级人民法院域外法查明规程（试行）》《成都市中级人民法院适用域外法裁判规程（试行）》《成都市中级人民法院涉外民商事案件送达规程（试行）》等四项规程，强化涉外审判规范指引。同时，拓展在线智慧诉讼服务应用场景，完善涉外送达、远程身份认证等机制，为跨境诉讼当事人提供网上立案、委托见证等司法服务，诉讼服务便利度持续提升。此外，推进涉外民商事案件精品审判模式。2 件涉"一带一路"国家重大基础设施建设工程的大标的涉外独立保函止付案件均实现立案 24 小时内快审快结，依法平等高效保护中外企业合法权益并有力维护金融机构的国际信誉，获评"全市政法系统服务项目建设十大典型案例"。审结的成都国际商事法庭首例依法适用国际条约承认和执行外国仲裁裁决一案，彰显了中国法院恪守国际条约义务的司法立场；审结的涉外商事审判"第一槌"案件荣获"四川政法五年百佳案例"、省市法院系统"十佳文书""十佳庭审""优秀庭审"等荣誉；延伸审判职能，首次发布涉外民商事审判白皮书和十大典型案例，取得成都国际商事审判领域新成果。

3. 精准护航企业，法治保障一流国际营商环境建设成效凸显

紧盯司法需求，持续优化司法供给，精准护航在蓉企业发展。2023 年 3

月 22 日，成都中院开门纳谏、问需于企，召开优化营商环境暨服务保障企业座谈会，对优化营商环境进行再部署、再发力。正式对外发布《成都法院服务保障持续优化营商环境二十二条措施》《优化法治化营商环境企业经营法律风险提示一百条》。这标志着成都法院服务保障营商环境建设 5.0 政策矩阵正式建立。成都中院把思想、认识和行动统一到中央、省、市的部署上，把"法治是最好的营商环境"理念转化为实际行动。聚焦企业关注的产权保护、融资借贷、企业创新发展、跨国输出和贸易等系列问题，创新服务举措，加快构建成都大司法区，服务保障企业"全生命周期"工作体系，实现全方位、全要素、全系统保障。在营商环境保障实施中，国际商事法庭承担着协调保障、态势研判、智慧参谋等职能，始终以更大的合力持续优化营商环境。

三　提升天府中央法务区涉外民商事法治服务保障能级的路径展望

在"一带一路"背景下，国际商事纠纷数量不断增多，但缺乏对应的国际商事争端解决机制，单一纠纷解决方式难以满足当事人的需求，各国在纠纷解决领域都趋向于秉持多元化理念。国际商事法庭多元纠纷解决机制"诉仲调"的出现，可以满足参与"一带一路"建设的各国商事主体维护自身合法权益的现实需求，但目前中国涉外商事纠纷中还存在诸多问题，主要体现在三个方面。首先，多元化纠纷解决机制存在一定局限性；其次，涉外法治理论及人才储备不足；最后，一些妨碍国际化营商环境建设的因素仍然存在。基于此，本部分将探讨天府中央法务区和国际商事法庭建设中可参考的解决路径。

（一）推进一流国际商事法庭建设

推进具有中国特色和成都地方特色的成都国际商事法庭高位运行，对于提升成都国际影响力、助推天府中央法务区服务保障提档升级，具有重要意义。地方性国际商事法庭的运行，需要根植中国的司法体系、法律文化以及本土经济发展状况，在宏观层面设计完善的制度架构，从中微观层面切入，对地方国际商事法庭的运行理念、机制、程序等优化路径展开探讨。

1.审判理念国际化

成都国际商事法庭作为天府中央法务区涉外法治建设的重要板块，应当秉持国际化的审判理念，与全球通行的法院核心价值相衔接，在诉讼程序、审判组织等方面进一步革新，体现与普通人民法院、普通商事法庭的定位差异。公平、中立、胜任职责、及时快捷、司法确定性作为《卓越法院国际框架标准》的核心价值和评价标准组成部分，也应当作为涉外审判工作的重要理念和衡量标尺。

2.审判架构专业化

"商事活动的国际化和商事法律的国际化带来的直接影响就是，在跨国商事审判中要求法官具有更高的国际法视野，更专业的国际商事法律素养。"在现行法律框架下，要使涉外审判架构和组织更具国际化、专业化，有以下三方面的考量。

一是复合型国际化审判人才的培养。基于国际商事案件审理需要，对于国际商事审判法官的任职资格应当在专业领域、审判经验、外语能力等方面提出更高更细化的要求。虽然囿于《民事诉讼法》的规定，涉外案件不能使用外语进行诉讼，但审判语言的多样化选择既不会影响中国司法主权，又能提升选择成都国际商事法庭作为区域纠纷化解高地的吸引力，未来在不突破现行法律规定的情况下，可以考虑允许双方合意选择将英语作为诉讼语言的方式展开试点。

二是国际商事专家委员会职责的扩大。设立国际商事审判专家库为国家商事审判提供域外力量以增强国际商事法庭的国际属性，是中国司法的首创，对涉外案件审判组织国籍单一化有重要的弥补作用。目前，专家委员的职责涵盖了为各级人民法院审理案件所涉国际条约、域外法等专门性法律提供咨询意见，这为地方性国际商事法庭获得专家委员的咨询服务提供了制度依据。但不可回避的是，国际商事审判专家库委员的现有职责范围仍有巨大拓展空间，除域外法适用外，专家委员对于诉讼过程中的其他疑难复杂问题同样可以提供建设性的咨询意见。

三是审判组织体系优化。从全球范围看，普通法具有巨大的影响力，中国的语言、文化和法院体系与普通法国家存在很大差异，这使得中国的国际商事法庭在吸引国际当事人上存在天然障碍。参照前海法院的有益实践，若通过选任熟悉国际法域的港澳专家担任涉外案件人民陪审员，既不与现行法律相悖，也可以此提升审判组织的国际化和专业化水平。

3. 涉外审判智慧化

依托智慧法院建设平台，推动中国的国际商事法庭在全球国际争端解决服务市场脱颖而出已成为一项重要议题。

一方面，相较于国内案件审判，涉外案件审判中，不仅法官的个人经验、主观判断会影响案件，外国法律的查明与适用、不同法域观点的交锋与碰撞，均可能造成案件的不同审判结果。而司法大数据通过对关键信息的抓取、整合，让全体法官的集体智慧与最佳审理方案为涉外案件审判结果的统一性和确定性提供参考。成都国际商事法庭可以通过内嵌涉外审判数据库，为审判法官提供更多的域外法、案例以及其他决策参考信息。另一方面，智慧法院建设在诉讼服务领域的应用，符合及时快捷、高效公正的国际化法庭核心价值目标。在最高人民法院出台的规定中，已体现出国际商事法庭审理涉外案件诉讼程序的灵活化和信息化趋势。虽然地方性国际商事法庭能否参照适用该规定尚待确认，但规定所带来的国际商事审判诉讼程序和规则的突破仍是地方性国际商事法庭努力的方向。

（二）探索设立三个"中心"

非诉讼解决机制指通过诉讼以外的其他方式解决纠纷，在国内主要包括调解、仲裁等方式，受制于诉讼的高成本以及判决在国外的承认与执行情况，有必要探索建立涉外解纷协同创新中心。除多元解纷方式外，涉外解纷还涉及公证、鉴定、翻译等配套法律服务。为当事人提供全链条、一体化、便捷化的法律服务，囊括配套法律服务是涉外解纷协同创新中心建设的题中应有之义。具体而言，可以位于天府中央法务区的成都国际商事法庭为重要载体，分三阶段逐步建立聚焦多元解纷、涵盖配套服务的涉外解纷协同创新中心，并带动涉外法治理论研究及人才培养。

1. 探索设立涉外解纷协同创新中心

习近平总书记指出，"要坚持把非诉讼纠纷解决机制挺在前面"，为达成此目标，可从基础、功能和服务方面采取对应措施。

第一，夯基础，建立涉外解纷协同创新中心基本制度。在涉外协同创新中心建设中，根植已有深厚基础的诉讼制度，以成都国际商事法庭为重要载体，充分发挥成都国际商事法庭引领作用，以点带面辐射引领，逐步搭建配套制度。

建议通过成都中院主推的方式，在现有诉讼服务中心设置涉外解纷协同创新中心。另外，应建立司法机关、仲裁机构和调解组织联席会议制度，定期召开联席会议，沟通涉外纠纷新情况新问题。以联席会议为基础，建立多方合作机制，就多元解纷同向发力。具体而言，发挥成都国际商事法庭支持调解的作用。出台相应规则，规范涉外案件委托调解原则、流程、调解主体等。在委托调解中，基于涉外案件的专业性，法院应秉持谦抑和适度原则对调解进行引导和监督，以确保调解的公正性。发挥成都国际商事法庭支持仲裁的作用，向公众公布示范性管辖条款，对仲裁监督秉持适当原则。应用成都法院智慧法院建设成果，发挥"蓉易诉"在线诉讼平台、和合智解、证据云中心等数字化平台的效能，探索与调解组织、仲裁机构共享数字化平台成果，以现代信息化技术辅助调解、仲裁。充分利用最高人民法院国际商事专家委员会资源，发挥专家在案件调解、域外法查明等方面的作用。

第二，聚功能，建立涉外解纷协同创新中心多元解纷机制。深化诉调融合协作机制。纵深推进成都法院"特邀调解倍增"计划，继续扩容调解力量。明确诉前调解先诉管辖原则，当事人申请诉前调解的，诉讼时效从当事人向人民法院提起诉讼之日中断。因调解不成转立案的，在发生管辖争议时，以编立"诉前调"字号时间作为确定先诉管辖的依据。

完善诉调对接程序信息共享，强化特邀调解员及时共享国际商事纠纷涉诉必要信息，指导当事人规范填写线上线下"送达地址确认书"。特邀调解中当事人签署的"送达地址确认书"适用于诉讼阶段，提升国际商事案件送达效率。推进与成都市涉外商事与法律服务中心等特邀调解组织的合作，持续优化合作细则，以示范案例方式推动合作落地落实。

优化诉仲衔接路径。推动与中国国际经济贸易仲裁委员会成都国际仲裁中心、成都仲裁委员会等仲裁机构建立互助协作机制。持续优化仲裁司法审查案件归口办理机制，统一司法审查标准，出台审理规范指南，确保申请确认仲裁协议效力、撤销内地仲裁机构仲裁裁决、承认和执行外国仲裁裁决等仲裁司法审查，协助案件高质量办理。探索构建法院与仲裁机构对接电子平台，压缩仲裁案卷调取时间，畅通信息交流渠道。推动在天府中央法务区引入国内外知名国际商事仲裁机构，积极打造国际商事纠纷优选地。

高效开展司法确认。国际商事纠纷调解成功的，当事人可以选择申请司法确认。委派调解达成调解协议，或者委托调解达成调解协议当事人撤诉后，当事人可以申请对调解协议进行司法确认。强化"5G智慧参审室""蓉易诉"在线诉讼平台应用，高效开展调解案件网上指派和司法确认。

第三，提服务，丰富涉外解纷协同创新中心配套服务功能。公共法律服务涉及法治宣传教育、律师、公证、司法鉴定、法律援助等。就涉外解纷协同创新中心而言，聚焦其主体功能解纷，在后续提档升级服务中，可优先提供司法鉴定咨询服务与公证服务。司法鉴定机构鉴定范围不同，且诉中司法鉴定已形成相对完整的流程，建议通过设立专门服务窗口形式为当事人提供司法鉴定咨询服务。其一，窗口帮助当事人了解司法鉴定的业务办理流程等。其二，与司法部门合作，共享鉴定机构库，当事人确有诉前鉴定需要的，根据当事人申请鉴定的事项，告知其相关鉴定机构的联络方式。除此之外，国际商事案件可能涉及翻译，可以在调研现有涉外案件的基础上，提供委托第三方翻译机构的便捷窗口，在相关机构运行中，需充分尊重当事人意愿，遵循司法中立，避免过度引导。

2. 探索建设涉外法治理论研究中心

在西部探索中构建涉外法治理论研究中心，着力提升创新理论和解决问题的能力，打造深入践行习近平法治思想的涉外法治理论阵地。探索构建涉外法治理论研究中心，需要做好以下谋划。

一是优化组织架构。拟设的研究中心可以依靠政府主导设立一个独立的法人机构。涉外法治理论研究中心除应具备基本的章程外，应有必要的组织架构，包括领导班子、研究部门和支撑部门。

二是丰富成员结构。研究中心应当吸纳具有国内法治及涉外法治背景、经验的研究人员。除此之外，研究中心的成员背靠成都国际商事法庭，可以申请成为中心涉外法律专家咨询委员会的委员，形成涉外法治理论与司法实践的良性互动。

三是聚焦特色领域。涉外法治理论研究中心应当紧密围绕习近平法治思想，深入探讨统筹推进国内法治和涉外法治的重大理论和实践问题，为统筹维护国家主权、安全、发展利益提供智力支持。除此之外，需要始终关注国际商事争端解决的前沿问题、主要经济体国家的涉外法治实践，以及国际社会对中国特色社会主义法治体系、运行方式的认知和反馈，积极参与国际规则制定、改革进程中的各项研究命题。

四是彰显研究特色。涉外法治理论研究过程中除遵循一般的法学研究方法外，还应综合运用各种研究方法，特别是根据涉外法治的政治性、复杂性、特殊性等因素，突出自身特色。应当坚持理论自信、注重交叉研究、突出实证研究和拓展研究语言，以此提升比较法视野的涉外法治研究水平。

五是加强成果转化。成果转化是涉外法治理论研究中心工作的"最后一公里"，也是将理论支撑和决策咨询做实做优的最后关键环节。应当加强向党委政府汇报、加强同高校部门合作、加强同实务部门协作和加强向立法机构建议，以此来提升成果转化成效。

3. 探索构建涉外法治人才培养中心

天府中央法务区作为在中国西部建立的全国首个省级层面提出和推动实施的现代法务集聚区，积极探索涉外法治人才培养中心建设，加强涉外法治人才队伍建设，是提升天府中央法务区涉外法治服务水平，实现打造立足四川、辐射西部、影响全国、面向世界的一流法律服务高地建设目标的重要举措和必然要求。

首先，推动专业涉外审判机构与高校合作。要充分发挥专业涉外审判机构的实务经验和实践资源优势，依托各高校法学学科优势以及丰富的高素质法治人才培养经验，通过更高水平的交流合作和资源共享，着力培养一批具有国际视野、通晓国际规则，能够参与国际法律事务、善于维护国家利益、勇于推动全球治理规则变革的高素质、国际化、复合型涉外法治人才。

其次，加强涉外法治理论知识与实务培训。应当从三个方面加强理论与实践的相关工作，一是积极开展涉外法学理论知识培训，涉外法治人才必须掌握国际法体系、英美法等重要国别区域法体系以及中国国内法体系。二是重点关注法律外语技能水平提升，涉外法治人才在阅读文献、理论分析以及推理论证等诸多方面的需求，都使得加强法律外语学习成为无法回避的课题。三是大力促进涉外法治人才实务交流，强化涉外法律从业人员对实务工作基本流程和关键节点的掌握，提升涉外法律从业人员运用理论知识解决实际问题的能力，建设精通实务的涉外法治人才队伍。

最后，加强涉外法治人才引进政策支持。中国可以从三方面采取对应策略。一是力争政策支持，助力高校建设涉外法治相关专业博士生博士后工作站，吸引中国国际经济法学会等涉外法学会和涉外法治研究机构进驻。二是积极争取国家级、省级资源导入，提升涉外法律服务能级，吸引涉外法治人才入驻。三是寻求政策倾斜，加大涉外法治人才引进力度。最大限度消除域外当事人因不同司法体制、法律文化造成的司法认同差异，提升天府中央法务区涉外法治服务水平和司法公信力。四是提高涉外法治人才基本待遇与生活保障，通过人才政策吸引涉外法治人才安家落户。

（三）深化国际化营商环境建设

第一，加强涉外企业及企业家权益保护。依法保护民营企业产权和企业家权益，必须按照中央要求，执法上，政府应树立善意对待民营企业产权和企业家权益的施政理念。司法上，司法机关要提高民事权利保护水平和效率，畅通司法救济渠道，促进民营企业依法决策、依法经营、依法管理、依法维权。

第二，支持引导涉外企业加强合规建设。涉外企业在"走出去""引进来"过程中应更加认真对待企业合规的中国化和本土化问题,结合中国国情改革形势,补强涉外企业合规探索的"中国特色",打造市场化法治化国际化便利化营商环境的新高地。

第三,加强海外知识产权纠纷应对机制建设。为企业产品进入海外市场保驾护航,法务区首先应当从人才资源、体系建设等方面加强海外知识产权保护模式构造。除此之外,还应当从知识产权的多元化纠纷解决机制入手,为中国企业提供高效便捷的海外知识产权纠纷解决服务,引导企业通过和解、调解、仲裁等方式快速解决海外知识产权纠纷。

第四,稳步推进跨境破产实践探索。在中国推进"一带一路"国际合作的大背景下,解决跨境破产中的法律冲突与矛盾、促进各国在跨境破产领域的合作也显得至关重要。天府中央法务区应当深化跨域破产理论研究与司法实践探索,以扎实的理论研究成果、优质的司法审判实践,为经济高质量发展提供持久活力,更好地服务天府新区的产业转型升级和营商环境优化。

四 结束语

全面提升涉外民商事法治水平,深化成都国际商事法庭建设,打造国际商事争议解决优选地是实现天府中央法务区立足四川、影响全国、面向全球目标愿景的核心要素之一,更是提升成都产业整体竞争力和城市综合服务效能,支撑城市高效能治理,推动城市发展从"生产型制造"向"服务型智造"转变的重要助力。

为此,在天府中央法务区蓄势发力、全力攻坚建设期间,成都国际商事法庭将继续贯彻理念深化经验,持续发挥其作为涉外司法机构的引领作用,依托虹吸效应,引领与国际商事相关的调解组织、仲裁机构、法律服务机构、公证机构、鉴定机构、理论研究中心等涉外法律职业共同体入驻中央法务区,切实形成兼具实务与理论的涉外法治服务新高地,为打造一流的政府治理、一流的法治服务、一流的市场环境、一流的营商水平,协同推进法治政府、法治市场、法治社会一体建设夯实基础。

B.17
规制不诚信诉讼的太原实践

山西省太原市中级人民法院课题组*

摘　要： 规制不诚信诉讼具有必要性和紧迫性。报告深入分析太原不诚信诉讼的主要表现形式和形成原因，从强化内部管理、强化业务指导、强化监督制约解决、强化激励保护解决、全覆盖释明、全流程防范、全方位打击、发挥"三员"专业优势、建立"四方"联动机制、面向社会群策群力、广泛宣传营造氛围等层面阐述流程全覆盖式规制不诚信诉讼的做法经验。今后，应当教育引导、巩固深化、落实责任、综合施策，做到标本兼治，一抓到底。

关键词： 司法改革　不诚信诉讼　诉讼生态　公信力

不诚信诉讼，又称欺骗性诉讼，与诚信诉讼相对而言，多数发生在案件审理和执行阶段，主要是指为获取不当利益或者使自己处于有利诉讼地位，在行使诉讼权利时不诚信的行为。不诚信诉讼对维护诉讼正常秩序产生不利影响，对相对方当事人的合法权益造成了侵害，造成了国家司法资源的不必要浪费，对司法公信和司法权威也产生极大负面影响，降低了人民群众对公平正义的合理期待，也影响了人民群众的司法获得感。如果法院放任这种行为发生，不进行有效规制，客观上会形成一种在诉讼中"谁不诚信谁获利"

---

* 课题组负责人：于昌明，太原市中级人民法院党组书记、院长。课题组成员：杨晓宇、张宏。执笔人：杨晓宇，太原市中级人民法院审判委员会专职委员；张宏，太原市中级人民法院审判委员会委员、研究室主任。

的结果，甚至"劣币逐良币"，诚信一方也跟着效仿，导致人民法院在本已承受案多人少办案压力的同时，不得不花费大量精力识别和应对这些不诚信诉讼行为，办案效率和办案质量均大受影响，诉讼生态与诉讼环境遭到破坏，而这又直接影响法治环境和营商环境，进而影响经济社会高质量发展。2020年以来，太原法院常态化开展优化诉讼生态活动，打击不诚信诉讼，发现和处罚的虚假诉讼和不诚信诉讼案件呈现"小""杂""近""深"四个显著特征。小，就是不诚信诉讼行为往往通过各种诉讼小动作、小技巧实现，不易发现。杂，就是形式杂、不诚信诉讼行为花样百出。近，就是离群众近、实现门槛低，如代理人不让当事人出庭陈述、当事人虚构地址电话逃避接受文书等等。深，就是受"无谎不成状"等诉讼文化影响，不诚信诉讼往往被理解为诉讼技巧，在一些诉讼参与人心中根深蒂固。然而，再微小的不诚信，也能折射出不规范不公正；再轻微的不规范不公正，也会危害司法公信和法律权威。屡见不鲜的不诚信诉讼，对人民群众利益造成影响，降低了参与诉讼人的司法获得感，冲击着法律的神圣与庄严，从根本上动摇司法公信力和社会诚信体系，必须强力予以规制，让群众更多感受到司法获得感。2022年10月至12月，太原市中级人民法院对恶意隐瞒重要案件事实、故意逾期举证、伪证假证、虚假诉讼等14起不诚信诉讼案件诉讼参与人罚款102万元，以拒执罪、虚假诉讼罪等罪名向公安机关移送42人。太原法院风清气正、规范有序、诚实守信的良好诉讼生态得到巩固发展，人民群众获得感明显增强，得到社会各界一致好评。

一　规制不诚信诉讼的重要意义

民无信不立，诚信为人之本。不诚信诉讼严重影响社会诚信体系建设，降低人民群众司法获得感。

（一）从严规制不诚信诉讼，是党心民心持续凝聚的迫切需要

党的二十大报告明确提出，"坚持以人民为中心的发展思想"。不诚信

诉讼严重影响人民群众的司法获得感，削弱老百姓对党和法律的信任、信心和信赖，随时冲击党的凝聚力、号召力和战斗力。党心民心所向，要求法院严格规制不诚信诉讼行为。

（二）从严规制不诚信诉讼，是加强队伍建设的题中应有之义

造成不诚信诉讼的原因是多方面的。有诉讼参与人的原因，也有社会原因，还有审判机关自身的原因，这就需要加强队伍建设来解决。有些法官机械办案、就案办案，缺少三个效果统一的意识和穿透思维，看不到案件背后的案件。有些法官不会办案，不会行使释明权和调查权，缺乏办案的方法和艺术。有些法官受案多人少因素影响，粗放式办案。有些法官害怕追责不担当，躺平式司法。这些行使审判权不规范的行为，客观上被不诚信诉讼当事人所利用。这些行为均与党和人民对法院和法官的期待相去甚远。迫切需要通过加强队伍建设，从理念上、机制上加强对法官的规范和管理。通过从严管党治警，才能培树起案件当中有大局、案件当中有政治的办案理念，才能更好地完善内控措施，加强对规制不诚信诉讼行为的内部预防和规制。

（三）从严规制不诚信诉讼，是巩固良好诉讼生态的必然要求

诉讼生态是一个复杂系统，是一个地区诉讼相关行为的集中反映，是法院系统党风政风和民风社风的综合体现。2020年以来，太原市诉讼生态持续向好。但也应看到，不诚信诉讼行为仍然存在，企图通过假证据、说谎话、虚构事实拖延诉讼时间等方式谋取诉讼利益的行为屡禁不绝。这倒逼法院必须下硬手、出重拳，从严规制不诚信诉讼行为，把诉讼生态巩固好发展好，进而为整个社会诚信体系建设贡献力量。

二 不诚信诉讼实施方式探究

通过对群众反映、案件评查等情况分析，不诚信诉讼行为表现形式各异、形成原因多样。

（一）冒用他人名义提起诉讼或参加诉讼

当事人为牟取不正当利益，冒用他人的身份证等身份文件，起诉他人或者参加诉讼，作出错误的意思表示，误导法官作出错误判决的行为。

（二）滥用起诉权

在起诉阶段，有些当事人基于某种不正当意图或者不合理要求，滥用法律赋予的起诉权，没有事实和法律依据而恶意提起诉讼。具体表现有两种形式：一是故意编造某种不存在的事实和理由提起诉讼，如原被告并不存在借贷关系，原告以捏造的借条起诉至法院要求被告返回欠款，以期获取不当利益。二是虽然存在某种事实，但原告提出的诉讼请求明显没有法律依据，如追讨赌博引发的欠款。

（三）滥用财产保全

当事人存在滥用财产保全申请的情形。一是对财产进行保全的提起较为随意。起诉后无论对方是否有履行能力或逃避执行可能，一概申请财产保全。二是不当申请财产保全。有的原告起诉依据明显不充分，明知获得法院支持的可能性很小，仍然申请财产保全，以图通过财产保全，冻结对方经营账户或查封不动产、生产设备，损害对方正常生产经营和商业信誉，向对方施压。据统计，近三年来，太原法院判决驳回原告诉讼请求的民事案件中，申请财产保全占比 60.31%。

（四）在诉讼中故意隐瞒重要信息

有的当事人故意隐瞒己方作为当事人、第三人，与本案诉讼请求或诉讼标的相关联诉讼案件、仲裁案件的相关信息，导致审判机关作出与生效裁判文书意见相左的裁判。

（五）以明显缺乏事实和法律依据的事由提出管辖权异议

以拖延诉讼进程为目的，以明显缺乏事实和法律依据的事由提出管辖权异议，经人民法院告知不予审查后，仍坚持以管辖异议为由不到庭参加诉讼或在开庭中坚持提管辖异议干扰庭审，严重扰乱庭审秩序。有的当事人在管辖异议被裁定驳回后，又继续提起上诉，严重拖延诉讼进程。据统计，近三年来，太原法院审结的民事案件中提出管辖权异议且被裁定驳回管辖权异议的占 77.78%。

（六）以不符合法定回避情形的事由提出回避申请

以拖延诉讼进程为目的，以明显不符合法定情形的事由向法院申请回避，经人民法院口头驳回其申请后，仍坚持以该申请回避事由不到庭参加诉讼或在开庭中坚持申请回避干扰庭审，严重扰乱庭审秩序。

（七）以拖延履行为目的提起上诉

一些诉讼参与人为达到推迟履行的实际效果，虚构证据和事实或无理由提起上诉。具体表现如下。一是提起上诉后故意不在法定期限内预交诉讼费用，待二审法院发现后裁定按自动撤诉处理，以此拖延裁判文书生效时间。据统计，近三年来，太原法院收到上级法院返回上诉案件中因上诉人未交费二审法院按自动撤诉处理的占 21.54%。二是明知上诉请求不会得到法院支持，基于某种不正当或不诚信意图而提起上诉，使案件进入二审程序，严重耽误一方当事人权利的及时实现。

（八）恶意逃避法律文书送达

太原法院虽然采用了电子送达等方式破解送达难题，但法律文书送达难问题仍然突出，采用公告方式送达所占比重较高。据统计，近三年来，太原法院共审结公告案件占全部民事案件的 26.4%。送达难的一个很重要原因就是当事人采取虚构送达地址、拒接法院电话等方式逃避法律文件送达。

（九）违背客观事实进行虚假陈述

当事人故意捏造、虚构事实，作出与真相不吻合的表述。或者对相同情况作出不同的陈述。当事人或其代理人对同一事实作出前后矛盾的陈述，在少数情况下是发现对事实掌握有误后予以更正，多数则是不诚信的一种表现。对应当知道的自身相关事实，在对方当事人不能充分举证的情况下故意回避不作回答。

（十）不诚信举证

当事人伪造变造证据、故意提供虚假证据材料。或者一方故意隐藏对对方有利的证据拒不提供。民事诉讼一般实行"谁主张谁举证"，但是提出主张的一方有时因客观原因无法提供相应证据。还有的在质证中利用证据瑕疵，故意曲解证据材料的"三性"或证明内容。

（十一）恶意串通，企图通过诉讼、调解等方式侵害他人合法权益

当事人双方串通一气，通过制造诉争、虚假达成合意等方式对第三人的合法权益进行侵害。一般表现为虚假诉讼，此类案件往往较难发现。虚假诉讼案件在各类以一方给付货币为义务的经济纠纷中较为高发，主要表现在两类案件类型：一是被告不到庭抗辩，只有原告方的陈述与举证；二是虽然被告到庭，但是原被告双方配合默契，多是主动要求调解，双方缺乏基本的诉讼对抗。

（十二）不诚信调解

民事案件通过调解结案受到提倡，但在调解过程中出现不诚信行为的情况也极为常见。有的被告在调解协议中故意设置较长的履行期限，实际上并无履行诚意，而是缓兵之计，在约定到期后仍不履行。实践中，民事案件非以判决方式结案后，不履行调解协议而求助于公力救济的数量和比例都较高。据统计，近三年来，太原民事案件进入执行程序的案件以调解结案的占全部执行案件的 42.15%。

（十三）当事人提供虚假鉴定所需材料、证人作伪证的

当事人提供虚假鉴定所需材料、证人作伪证、鉴定人出具虚假鉴定报告。这种行为可以对其主要负责人或者直接责任人员予以罚款、拘留；构成犯罪的，依法追究刑事责任。

三 产生不诚信诉讼行为的成因

（一）当事人基于个人利益进行不诚信诉讼

趋利避害是人的本性，在民事诉讼中基于民事诉讼对抗性的特征，为获取不当利益或者使自己处于诉讼有利地位，在法律意识和诚信意识缺失的情况下，当事人就可能以不诚信的方式行使诉讼权利的行为。

一是当事人缺乏诚实守信的思想意识。这种意识源自法律知识和意识的匮乏。部分诉讼参与人在参与司法活动中受利益驱使，颠倒是非黑白，造成难以查明事实真相，或为实现其不正当目的，明知不可为仍滥用程序性权利。

二是法律服务群体服务观念偏差。随着经济社会发展，各种法律服务工作者越来越多，整体服务能力和水平也高低不等。部分法律服务者在提供法律服务时背离职业道德，片面强调胜诉率，以此来提升法律服务价格，采取了不被法律所允许的方式协助委托人实施不诚信诉讼行为。

三是企业商业经营存在漏洞。一些企业的商业行为或经营管理存在漏洞，风险防范能力弱，容易给不诚信行为以可乘之机。例如，卖方送货上门，在不确定签收人身份的情况下让其签收货物，如果事后买方予以否认，将造成卖方主张货款时举证困难。对于买方为个人的，购买并收到货物后要求卖方开具付款人为他人的增值税发票，造成账目不清、交易关系混乱。

（二）不诚信诉讼缺乏社会共识

受"无谎不成状""无诉不成词"传统诉讼思维影响，社会对不诚信诉讼缺乏统一认识，还存在不诚信诉讼是一种正常的诉讼技巧的错误认识。对

不诚信诉讼的危害性和如何规制、打击亦没有形成共识。

一是社会信用环境有待提升。虽然当前社会诚信体系建设逐步完善，但部分领域信用环境仍有待提高。一方面是因缺乏诚信导致的纠纷需要通过公力解决，造成人民法院办案压力增大；另一方面是生活中防骗防风险意识较差，相关流程不健全，进入审判环节后，前期不设防行为成为不诚信方利用的工具。

二是职能部门监督不到位。对法律服务工作者的守纪意识和规范服务的培训和监管相对较少，对其中部分法律服务工作者违规参与不诚信诉讼的制约和惩戒措施较少。同时，银行、税务、工商等职能部门对经营者不诚信行为的监督有待提升，对虚开增值税发票等一些违法行为，打击力度不够。

三是社会征信体系不健全。一些当事人在民事交易中存在欺诈、拖欠账款、恶意偷税漏税、产品质量低劣等情形，民事活动中的不诚信往往会通过具体案件反映到诉讼中。同时，当前社会征信体系不健全，尚未形成有效的信息共享机制，企业信用评级工作也相对滞后，导致诉讼中法院对诉讼当事人经营活动中的失信行为失察。

（三）裁判者内在能力需要提升

裁判者内在能力需要进一步提升。有些法官机械办案、就案办案，缺少三个效果统一的意识和穿透思维，看不到案件背后的案件。有些法官不会办案，不会行使释明权和调查权，缺乏办案的方法和艺术。有些法官受案多人少因素影响，粗放式办案。有些法官害怕追责不担当，躺平式司法。这些行使审判权不规范的行为，客观上会被不诚信诉讼当事人所利用。

一是审判人员甄别和应对不诚信诉讼行为的能力不强。对于当事人不诚信的诉讼行为，一些法官缺乏足够的识别能力，虽然能够及时发现一些诉讼行为可能涉嫌不诚信，但是缺乏对诉讼进程的控制引导和对不诚信行为的有效应对，尤其是不能合理运用释明权实施诉讼引导、控制诉讼进程，造成庭审程序处于被动状态。

二是适用证据规则有偏差，忽视三个效果统一。司法实践中，部分诉讼参与人的不诚信诉讼行为十分明确，部分审理者在裁判时对不诚信诉讼视而不见，适用证据规则出现偏差，导致虽然是依法裁判，但案件社会效果和政治效果不佳。

三是行之有效的应对和处罚措施较少。司法实践中，法官在办案中发现当事人滥用诉权、虚假陈述等不诚信行为，由于对规制不诚信诉讼的机制不熟悉，难以在第一时间采取强有力的应对和处罚措施。

（四）法律法规对不诚信诉讼的界定不明确

虽然《民事诉讼法》总则规定了诚信原则，在具体的条文中和相关司法解释中也有所体现，但作为原则存在理解和把握的问题，而分散在具体条文中条款又存在一个适用场景和适用尺度的问题。也就是说，相关规定不是很明确具体，实践中不好把握和操作。

四　不诚信诉讼规制的太原经验

2020年下半年以来，太原法院常态化开展优化诉讼生态，规制不诚信诉讼工作，以优化诉讼生态为导向，多点施策，合力联动，致力打造闭环式不诚信诉讼规制机制。

（一）强化破解法官对不诚信诉讼监管难题

针对少量审判人员存在主动规制不诚信诉讼行为不积极，缺少规制办法和措施，怕被处罚人信访闹事的思想顾虑问题，以及客观上规制工作经验不足、尺度把握不一可能存在的规制工作质量问题，需要重点做好以下工作。

一是强化内部管理。出台"两严一优"专项工作方案，常态化推进。在对外严惩虚假诉讼的同时，对内加强政治素养，加强队伍建设，严格审判行为，解决自身不硬素能差的难题。

二是强化业务指导。广泛开展座谈、调研，出台加强法官释明工作、防范惩戒虚假诉讼、当事人说事代理人论理、防范规制逾期举证、限制执行异议权滥用、规范诉讼参与人不诚信诉讼行为等系列办案指引，指导法官对各诉讼参与人在各诉讼阶段的各种不诚信诉讼行为进行识别，防范规制有章可循、有措能用，解决因手中无招"不会管"的问题。

三是强化监督制约。院庭长加强对不诚信诉讼行为案件的监督，常态化指导，让不诚信诉讼认定得准、规制得好、处罚得严，竭力防止不合规制导致正常诉讼参与人权力受损，解决因经验不足"管不好"的问题。

（二）促使诉讼参与人"不想为、不能为、不敢为"

综合运用引导、防范、规制、惩戒四种工作模式，针对全部参与诉讼主体、全部诉讼环节、所有不诚信诉讼行为，从"释明引导诚信诉讼、防范规制滥用诉权、惩治打击失信行为"三个方面入手，形成诉讼参与人主观上不想为、客观上难以为、作出不诚信诉讼行为必被罚的规制效果。

一是全覆盖释明使其"不想为"。实行诚信诉讼承诺和诉讼失信风险提示制度。为所有诉讼参与主体都量身定制"诚信参与诉讼承诺书"，强化诉讼全流程对诚信诉讼原则的释明和风险提示，引导教育诉讼参与人警钟长鸣"不想为"。

二是全流程防范使其"不能为"。制定覆盖诉讼全流程的防范规制机制，堵塞程序漏洞空挡，力求使欲为诉讼失信行为的诉讼参与人无机可乘而"不能为"。在立案阶段，实行类案强制检索。主动发现可能存在的不诚信诉讼行为；对类案、系列案件等予以警示，生成报告并附卷。在诉讼保全中，结合被申请人的实际情况，对是否有必要采取保全进行审查，对提出的异议进行多方听证，防止恶意保全。在送达阶段，采取"电子送达+网格员协助+公证送达"相结合送达模式，提升送达效率，防止不诚信诉讼参与人逃避接收送达。为防止诉讼参与人利用管辖异议实现非法利益，制定了规范性文件，对十种违法的管辖异议理由不予审查，当场驳回不合法回避事由，避免司法资源浪费。在审理阶段，推行"说事论理二分法"改革，对事实不清双方争议大的案件要求双方当事人强制到庭，防范虚假陈述和虚假诉讼；对逾期举证进行处罚，防止造成诉讼拖延。在鉴定阶段，进行诉前鉴定，提升鉴定速度，防止利用鉴定达到拖延时间的目的。在执行阶段，用十条措施反规避执行。

三是全方位打击使其"不敢为"。总结梳理五类18种具体情形，明确处罚依据，视不诚信诉讼的行为及后果予以处罚。同时承担诉讼成本和赔偿他人损失，并通过媒体曝光其诉讼失信行为，力求使不诚信诉讼行为人畏责畏罚"不敢为"。

（三）凝聚合力推动形成不诚信诉讼共防共治格局

通过聘请特约调解员、专家咨询员、廉政监督员参与不诚信诉讼行为治理，公检法司四方协调联动，召开多方参加的听证会，进行问卷调查，在融媒体矩阵大力宣传，形成共防共治的规制合力。

一是发挥"三员"专业优势。实行特约调解员溯源识别制度，在实现诉源治理、繁简分流的同时，对经协调不成进入审判流程的案件，主动发现不诚信诉讼进行预警。邀请专家咨询员参与庭审，专业问题由专家提供观点，防止专业类不诚信诉讼陷阱。实行特约监督员听证制度，对诉讼失信当事人因被处罚闹访案件，由人大代表、政协委员参与听证，进行监督。"三员"上阵参与不诚信诉讼治理，极大提高了治理工作的公信力。

二是建立"四方"联动机制。联合市检察院、市公安局共同打击不诚信诉讼行为，出台和完善相关规定，对虚假诉讼罪和拒执罪移送公安，就律师参与失信诉讼的行政处罚达成共识，确保移送渠道顺畅，依法处罚到位。

三是面向社会群策群力。建立规制不诚信诉讼行为研讨论证机制，邀请法律专家、业内人士对其中的疑难争议问题研讨论证。建立工作成效反馈机制，委托省统计局实施司法工作满意度专项调查，利用本院微信公众号对本院优化诉讼生态工作效果进行问卷调查，运用院长信箱收集当事人反馈意见，倾听民意，改进工作。

四是广泛宣传营造氛围。依托本院多媒体矩阵，协调有合作关系省市新闻媒体，及时报道本院优化诉讼生态的工作举措，发布规制处罚不诚信诉讼的典型案例，形成舆论氛围，凝聚社会共识、推动共防共治。

五　规制不诚信诉讼的成功经验

在规制不诚信诉讼实践中，太原市中级人民法院主要有以下工作经验。

（一）发动群众参与是重要基础

通过召开新闻发布会，在微信、抖音等平台转发对虚假诉讼的处罚，群众的获得感和满意度普遍增强，司法公信力提升明显。群众的眼睛是雪亮的，对不诚信诉讼的危害也是看得最清、体会最深，最有发言权。群众也是诉讼参与的主要群体，规制不诚信诉讼要发挥群众主体作用，必须充分发动群众，提升人民群众的诚信意识和法律意识，让人民群众自觉抵制不诚信诉讼，不进行不诚信诉讼，规制不诚信诉讼过程和处罚结果向群众公开，成效由群众评判，把规制不诚信诉讼的全过程始终置于人民群众这湾活水中，人民群众才能持续增强对诚信的向往、对法律的尊重、对司法的信任。

（二）注重综合施策是治本方式

着力把握"标"与"本"的辩证关系，治"已病"，也是治"未病"。治标是为治本赢得时间。要在坚持问题导向的同时，把公开、建制作为突破口，突出顶层设计，积极预防、系统治理，才能取得"釜底抽薪"之效，从根本上杜绝不诚信诉讼"纠而复发、禁而不绝"。

（三）强化责任担当是根本要害

牢牢牵住责任这个"牛鼻子"，通过警示教育、谈话提醒、业务培训、追责问责等多种方式，构建起法官责任落实横向到边、纵向到底体系，推动规制不诚信诉讼的全覆盖、无盲点、零空白。规制不诚信诉讼，法官需要主动作为，责任落实是关键，敢于担当才有为，严肃问责害怕追责不担当、躺平式司法的法院干警。

（四）加强统筹协调是组织保障

规制不诚信诉讼，不是法院一家的工作，需要全社会群策群力，共同完成。着力构建党委主导、法院主抓、相关部门联动的工作机制，形成上下联动、左右协同、整体推进的工作格局。规制不诚信诉讼也要坚持"弹钢琴"辩证方法，着力发挥好党委"火车头"作用，法院发挥好主力军作用，加强统筹谋划和组织协调，才能聚心聚力、形成合力规制不诚信诉讼。

六　规制不诚信诉讼的未来展望

培树诚信理念，改变诉讼观念，需要一个长期的过程。今后工作中，必须坚持以人民为中心，助力社会诚信体系建设，顺应人民群众对公正司法的需要，推动规制不诚信诉讼从遏制走向根治，切实提升人民群众获得感和司法公信力。

（一）坚持理念培树，培树诚实守信理念

注重理念培树，通过普法教育、庭前诚信诉讼教育等措施引导诉讼参与人树立诚信意识，诚信参加诉讼。加强对虚假诉讼等不诚信诉讼行为的打击和处罚力度，让诉讼参与人对不诚信诉讼不想为、不敢为，进一步唤醒人民群众的诚信意识。加强诚信宣传和舆论引导，不断传递诚实守信正能量。

（二）坚持巩固深化，持续用力，久久为功

针对发现的不诚信诉讼案件，保持"永远在路上"，踏着不变的节奏，做到规制、处罚无禁区、零容忍、全覆盖。紧盯民事诉讼中的合同纠纷、民间借贷，执行中的执行异议等重要环节，一个节点一个节点坚守，一个行为一个行为规制。针对不诚信诉讼与时俱进不断演化的新表现，不断丰富发现和查处手段，探索实践"内部加强监督+加大规制力度+多方联动配合+加强普法宣教"的规制不诚信诉讼全流程处置体系，积极运用大数据等手段，

提升发现不诚信诉讼行为的科技水平，以坚决的态度、果断的措施，及时发现、查处发现的不诚信诉讼行为，加大处罚曝光力度，持续释放不诚信诉讼必被发现必会处罚的强烈信号。

（三）坚持责任落实，压实责任、夯实基础

把甄别不诚信诉讼作为法官办案的一项重要流程，作为考核法官质效的一项重要指标。建立健全规制不诚信诉讼明责、督责、考责、问责为路径的责任链条，对视而不见不诚信诉讼行为的躺平式法官严肃追责问责。

（四）坚持综合施策，标本兼治、一抓到底

完善诚信体系建设，大力推进规制不诚信诉讼行为联合机制，加强与行政处罚、律师管理、宣传引导部门的沟通协作。健全内部全流程监督体系，通过对七个审判执行环节的重点监督，始终保持规制不诚信诉讼的内生动力。用活、用好处罚手段和通报曝光，确保对不诚信诉讼行为的震慑作用充分发挥。坚持问题导向，深入研究不诚信诉讼行为制度机制原因，通过制度建设的不断升级优化，堵塞漏洞，强化治本。

B.18
山东省济宁市兖州区推进中等及以下学校信息公开探索

兖州区教育信息公开研究课题组 *

摘　要： 教育是民生之基，做好教育领域信息公开工作能够更好地保障师生、家长的合法权益，维护教育公平。近年来，济宁市兖州区在做好中等及中等以下学校信息公开工作中进行了大量的实践与探索，从抓制度、强队伍、建平台等方面入手，不断提升教育领域信息获取的便捷性、信息公开的透明度，助推家校融合、精准决策。在全面总结中等及中等以下学校信息公开方面经验做法的基础上，建议突出问题导向和目标导向，从强化管理、落实考核、人才培养、提升服务等方面，进一步加强和完善教育领域信息公开工作。

关键词： 中等及中等以下学校　信息公开　回应关切

一　中等及中等以下学校信息公开的背景

2019年5月15日新修订的《政府信息公开条例》施行后，进一步提升了各级政府机关的信息公开服务水平，更好地维护了人民群众的知情权、表达权和监督权。但除了政府机关，许多公共企事业单位在履职尽责过程中也

---

* 执笔人：樊孝华，济宁市兖州区教育和体育局办公室副主任；杨婷，济宁市兖州区人民政府办公室政务公开科科长；宓保芹，济宁市兖州区人民政府办公室政务公开科科员。

制作、获取了很多与人民群众利益密切相关的信息。以教育领域为例，各级各类学校在招生就业、教学管理、学生管理、教师管理等方面都制作或获取了大量信息，这些信息是否公开直接关系到社会公众的切身利益，关系到教育公平。

2019 年 6 月 4 日，教育部印发《义务教育领域基层政务公开标准指引》，提出 2020 年底前，实现义务教育领域基层政务公开内容覆盖权力运行全流程、政务服务全过程，公开制度化、标准化水平显著提升，教育透明度和公众参与度不断提高，人民群众的教育获得感持续增强。要求各地县（市、区）及以下义务教育领域基层部门应立足本地工作实际，按照指引明确的工作要求和目录内容，健全工作规范、完善工作机制、加强组织保障，切实做好义务教育领域信息发布、政策解读、回应关切和公众参与等各项工作。

2020 年 12 月 7 日，国务院办公厅印发《公共企事业单位信息公开规定制定办法》的通知，要求国务院有关主管部门应当根据《政府信息公开条例》第 55 条和《公共企事业单位信息公开规定制定办法》的要求，制定或者修订教育、卫生健康、供水、供电、供气、供热、环境保护、公共交通等领域的公共企事业单位信息公开规定。全国政府信息公开工作主管部门根据经济社会发展情况和工作实际，逐步扩大《公共企事业单位信息公开规定制定办法》适用范围。

2021 年 12 月 31 日，山东省教育厅印发《山东省中等及中等以下学校信息公开办法》的通知，明确了学校信息公开的主体，公布了《山东省普通中小学主动公开基本目录》和《山东省中等职业学校主动公开基本目录》，同时鼓励学校坚持"公开为常态、不公开为例外"原则，不断扩展主动公开范围，主动公开更多与师生、家长和社会公众等切身利益相关的信息。

二　举措与实践

（一）济宁市兖州区教育基本情况

百年大计，教育为本。济宁市兖州区深入落实教育优先发展战略，全区教育教学水平和群众满意度不断提升，在全市率先通过全国县域义务教育均衡发展督导评估认定。全区现有中小学、幼儿园 205 处，在校（园）生 9.1 万人，其中：高中学校 3 处、在校生 1.1 万人，义务教育学校 71 处、在校生 5.6 万人，各类幼儿园 129 所、在园幼儿 2 万人，职业教育学校 1 处、在校生 3300 人。

（二）济宁市兖州区教育领域公共企事业单位信息公开工作历程概况

2018 年 7 月 4 日，山东省人民政府办公厅发布《关于进一步做好政务公开工作的通知》（鲁政办发〔2018〕21 号），首次提出要建立健全公共企事业单位信息公开制度。要求省级教育、生态环境、文化和旅游、卫生计生等主管部门要积极推进相关领域公共企事业单位信息公开工作。县级以上地方政府要督促有关部门履行监管职责，加强分类指导，组织编制公共企事业单位公开事项目录，建立完善公开考核、评议、责任追究和监督检查具体办法，切实推进公共企事业单位信息公开工作。同年 8 月 16 日，济宁市兖州区人民政府办公室印发《2018 年政务公开工作任务分解表》（济兖政办发〔2018〕9 号），对各主管部门提出要求，要求各部门编制行业公共企事业单位公开事项目录，同时指导本系统企事业单位做好信息公开工作。

兖州区自 2018 年 9 月起，探索县区教育系统事业单位信息公开工作，制定了《兖州区教育系统事业单位公开目录》，公开主体设定为区直学校，公开内容主要包括岗位职责、民生决策、服务指南、收费项目、工作规范、办事纪律、监督渠道，同时指导各区直学校收集、整理应公开的学校信息。2019 年，在兖州区人民政府门户网站设立了公共企事业单位信息公开专栏，兖州区正式开始将各区直学校信息公开内容全部录入，进行公开。

2020 年四季度，山东省人民政府办公厅发布了 2020 年山东省政务公开工作评估考核指标，对中小学信息公开指标进行了详细的描述，根据评估考核指标，济宁市兖州区再次调整《兖州区教育系统事业单位公开目录》，将学校历史沿革、发展规划、课程设置方案、教学计划等纳入学校信息公开范围。

2022年5月24日，为进一步提升济宁市兖州区教育工作透明度，依法保障社会公众获取兖州区各学校信息，济宁市兖州区印发《济宁市兖州区中等及中等以下学校信息公开管理办法》的通知，将学校信息公开主体设定为济宁市兖州区行政区域内的普通中小学和中等职业学校，对学校信息公开的范围、公开的方式和程序、监督和保障作出了明确的规定，同时制定了《济宁市兖州区普通中小学主动公开基本目录》和《济宁市兖州区中等职业学校主动公开基本目录》。

（三）济宁市兖州区推动学校信息公开的做法

为切实提高教育工作透明度，促进教育公平，近年来，兖州区多措并举，着力从四方面推进学校信息公开，全力助推兖州区义务教育优质均衡发展。

1. 立足实际，深化学校信息公开内容

深入学习借鉴山东省教育厅出台的《山东省中等及中等以下学校信息公开办法》，学习优秀地市的经验做法，立足兖州教育实际，进一步梳理学校主动公开内容及事项标准。

学校信息公开的关注群体主要包括即将入学的学生家长、本校的在校生家长和教师群体，对于即将选择学校入学的家长来说，他们更关注学校的基本情况、招生政策、教育教学信息等；对于在校生的学生家长来说，他们更关注学校的发展规划、教育教学信息、学生评优信息等；对于教师群体来说，他们更关注教师评选树优信息、教师招聘信息、学校财务信息等；对于职业学校的公开对象来说，他们还会关注职业学校的专业设置、实习就业情况等。

针对这些实际情况，济宁市兖州区制定了《济宁市兖州区普通中小学主动公开基本目录》和《济宁市兖州区中等职业学校主动公开基本目录》，普通中小学重点公开学校基本情况、招生录取信息、学校规划计划、教育教

学、教师招聘评优、学生评优、学生资助、学校采购、代收费、校园安全等信息，中等职业学校还增加了就业指导服务、学生实习实训、校企合作等信息，基本满足公众对学校信息公开的要求。同时，各学校公开接受信息公开咨询的电话号码，接受书面咨询的通信地址等，除学校主动公开的信息外，公民、法人或者其他组织可以向学校提出信息公开咨询。

2. 统筹谋划，加强学校信息公开队伍建设

学校信息公开是一项综合性强、专业性强的工作，公开范围涉及学校工作的方方面面，要想做好学校信息公开工作，有一支精干的队伍是非常必要的。《济宁市兖州区中等及中等以下学校信息公开管理办法》出台后，各公开主体学校选取一名能力优、责任心强的教师作为信息公开专员，专门负责学校信息公开工作。为使这些信息公开专员迅速熟悉业务，济宁市兖州区组织了对学校信息公开专员的专题培训，从如何做好学校信息公开工作、公开范围解读、公开程序规范、公开信息保密审查等方面对工作人员进行了全面培训，初步建立了兖州区教育系统信息公开队伍。同时建立了"兖州教育信息公开交流"微信群，兖州区教育和体育局负责政务公开工作的工作人员和学校信息公开专员均加入此群，主管部门随时在群内发布最新业务信息和工作要求，信息公开专员平时遇到问题及时在群内沟通、讨论，工作人员的能力稳步提升，逐步建成一支熟悉业务、人员稳定、结构合理的专业队伍，为做好兖州区学校信息公开工作奠定了良好基础。

3. 搭建平台，提升公众检索的阅读体验

2019年起，济宁市兖州区人民政府门户网站搭建公共企事业单位模块，集中分类公开全区公共企事业单位信息。2022年省、市先后发布公共企事业单位信息公开办法后，济宁市人民政府主导在市政府门户网站重新建立公共企事业单位信息公开平台，全市十二个县市区六大领域公共企事业单位集中在这一平台进行信息公开，各县市区门户网站一键链接。将学校信息公开板块目录分为学校所在区、上级主管部门、学校类别三类检索方式，其中学校类别又分为义务教育、高中教育、中等职业教育、高等职业教育，同时还增加了"学校名称"直接检索功能，方便公众一键查询自己关注的学校信

息。每所学校设立独立信息页面，按照"学校概况""规划统计""财务信息""招生录取""教育教学""教师管理""学生管理""体育美育""校园安全""信息公开咨询指南"分为10个公开板块，每个板块分类公开若干相关信息。对于信息公开的发布内容，制定统一格式模板，既规范信息发布形式，又规范文本字体，要求各学校在发布公开信息前严格按模板排版，使学校信息公开页面整洁、明朗，有效提升了公众阅览体验。

4. 多方合力，拓宽学校信息公开渠道

一是搭建政务新媒体平台。除济宁市兖州区人民政府门户网站外，济宁市兖州区还充分考虑公众获取信息习惯，利用好新媒体平台来拓宽学校信息公开渠道，传播教育信息。济宁市兖州区教育和体育局建立了"兖州教育"微信公众号，以文字、图片、音频、视频等形式，发布全区学校教育动态、校园风采、典型经验、优秀教师、惠民政策和服务类信息，微信公众号自2017年3月开设至2023年4月，已收获粉丝55269人，发布推送7000余篇，成为社会公众获取兖州教育信息的重要阵地。

济宁市兖州区区直29所学校全部开设了微信公众号，进一步拓展公开学校信息。以济宁市兖州区第一中学附属学校为例，一中附校于2019年建校，2019年7月设立"兖州一中附属学校"微信公众号，截至2023年4月，已有8275名用户关注，发布推送530余篇，内容涉及学校教学教研、师德师风、特色活动、家校互动、心理健康、安全教育等信息，有效扩充了学校信息公开内容。

二是充分回应公众关切。济宁市兖州区在微信公众号搭建了全区教育系统教育民意通服务平台，让家长在"平台上"提诉求，教育系统干部教师"平台下"服务，6.8万名教师家长参与，成为学生家长与学校、教师沟通交流的"直通车"，增强了教育部门和群众的良性互动，进一步拉近了教育部门和群众的距离。截至2023年4月，累计办理群众诉求4413件，受理率、办结率、受理满意率、服务满意率、办理满意率均为100%，实现了家长反映诉求便捷化、干部服务群众规范化，增强了教育和群众之间的良性互动。

"兖州教育"微信公众号还与兖州区人民政府门户网站"区长信箱"

"信息公开—教体局"板块进行了关联，实现了群众进一个平台即可了解全部公开信息，进一步拉近了教育和群众的距离，提高了人民群众教育满意度。

三是积极推进线下公开。除了积极开拓线上信息公开渠道，兖州区各个学校还致力于推进线下信息公开，每年各个学校都积极开展各类家校活动，开展"校园开放日"、校长（园长）接待日、校长（园长）谈心日等活动，每月固定一天，邀请学生家长、关心支持学校发展的社会各界人士，走进学校，参观学校，与校长、教师面对面交流，进一步加强对校园环境、教学信息、食堂饮食等信息的了解，收集群众对学校建设等方面的意见建议。

三 取得的成效

学校信息公开工作的持续深化，有效推动了兖州区教育管理体系现代化进程，以公开促进学校教育教学行为规范发展，进一步保障了师生的合法权益，提升了学校管理的科学化、决策的民主化水平，进一步落实依法治校。

一是信息获取更加便捷。兖州区在推进教育领域信息公开工作的过程中，探索出了更多推进政务公开的方式和途径。充分发挥了线上政府门户网站以及微信公众号等政务新媒体的传播作用，推进信息一键获取；同时，线下开展各种形式的"校园开放日"，真正确保教育公开有实效。

二是信息公开更加透明。随着各学校对公众关心关切的学校情况、教育教学等信息的公开，特别是"阳光招生"工作让学生入学变得更透明，每个学校在7月初专题公开学校招生政策，对招生范围、招生计划、招生程序、招生条件进行了详细描述，让公众一看就懂。同时公开了学校咨询电话和救济途径，及时解决群众的个性化问题，9月初公布招生结果，每个学校的招生情况一目了然，创造了更加公平公正公开的教育发展环境。

三是家校关系更加密切。随着信息公开内容的扩大和公开方式的多样化，群众能够更多地参与学校的信息公开建设，提升了群众对学校的了解程度，也加深了群众与教师之间的关系，群众对学校工作开展更加支持，为进一步办好人民满意的教育提供了更多保障。

四是管理决策更加精准。通过推行教育民意通服务平台与区长信箱能够及时收集群众对学校建设、信息公开等方面的意见建议，也能够及时地解答群众关心关注的学校招生、招聘、教育收费、教师评审等方面的热点问题，对全区教育方针政策的制定、办学准则的规范、教师管理等提供了更加精准的指导。

四 存在问题

整体来说，兖州区学校信息公开工作在各方共同努力下取得了较大成效，但不可否认，还有许多值得推敲、需要改进的地方，各个学校开展情况也不均衡，主要还存在以下问题。

（一）做好信息公开的意识还不够强

学校信息公开工作已经开展了数年，但一些学校仍然没有认识到学校信息公开对推进依法治校，进而构建教育公平、公正的促进作用和对人民群众的服务作用，思想保守，观念陈旧，把学校信息公开工作看作一项阶段性工作应付，工作中缺乏主动性。

（二）保障信息公开的考核机制还不够明确

自 2019 年济宁市兖州区人民政府就开始集中分类公开全区公共企事业单位信息，但直到 2022 年，各个部门才陆续出台本领域公共企事业单位信息公开管理办法，且更多偏向于对公共企事业单位信息公开工作的指导，较少提到监督考核。以兖州区教育系统为例，济宁市兖州区教育和体育局于 2022 年 5 月出台了《济宁市兖州区中等及中等以下学校信息公开管理办法》，对学校信息的公开方式、内容、时限等提出了明确要求，但对监督检查一项只是笼统地提出，没有具体的考核方法，也没有单独出台与管理办法相适应的内部监督考核制度，使得教育主管部门缺乏有效手段推动工作。

（三）从事信息公开的专业人员明显不足

任何工作要想做得出色，人才是关键，信息公开工作也不例外，但现实中人才缺失问题凸显。兖州区人民政府办公室配备 2 名专职工作人员，负责全区政务公开工作，兖州区教育和体育局配备 1 名工作人员，负责整个教育系统信息公开工作。虽然目前兖州区学校信息公开工作正逐步走向正轨，每个学校都配备了一名信息专员，负责本校信息公开工作，但是，信息专员一般身兼数职，不仅是信息专员，还是数项工作的"专员"，最重要的还是一名教师，教学才是首要任务。这就导致信息专员力不从心，没有太多精力钻研信息公开工作，进而导致信息公开质量不高，甚至不能做到信息及时更新。

（四）对重要政策进行解读的意识还不够强

对重要政策同步发布政策解读，有助于群众更好地了解政策信息，更好地指导群众决策。兖州区在推进学校信息公开过程中，还局限于信息表层，以现有制度文件发布为主，对出台的政策文件缺乏专业解读，尤其在招生阶段，解读信息不畅会导致群众诉求激增。同时，发布的解读类信息还局限于文字类的书面说明，缺乏形象化、通俗化的解读方式，在服务群众需求上还有欠缺。

五　未来工作展望

针对当前学校信息公开工作存在的问题，以及面临的发展机遇，今后兖州区教育领域信息公开工作应坚持以制度建设为统领，着力完善组织管理，严格公开流程，细化公开内容，培养公开人才，以全面提升公开水平。

（一）完善组织领导，在强化管理水平上下功夫

针对各学校对信息公开重视度不高的问题，兖州区建立自上而下公开责

任制度，明确要求各学校加强组织领导，成立学校信息公开领导小组，校长任组长，履行学校信息公开的第一责任人职能，对上级要求的信息公开内容要亲自过问，亲自把关，各内设机构负责人为成员，负责对报送的各领域公开信息内容进行把关。领导小组要定期研究信息公开工作，既抓自我提升学习，又抓转变思想；既抓信息公开质量，又抓信息公开亮点。不仅要按照学校信息公开目录做好基础信息公开，还要结合学校实际和公众需求，不断拓展学校信息公开内容；既要做好在政府门户网站规范展示学校信息，又要不断创新公开形式，采取公众喜闻乐见的方式在新媒体平台上灵活发布各类信息，做到学校信息公开全面升级。

（二）完善考核机制，在强化监督考核上下功夫

针对学校信息公开工作考核力度不够的问题，兖州区将进一步制定责任追究制、目标管理考核制，以"制"促"治"，把学校信息公开纳入对学校的目标管理和考核内容，坚持量化考核，严格奖罚。将学校信息公开的内容、时限、程序等作为硬性指标纳入考核，将学校信息公开的亮点作为加分项，对信息公开工作做得好的学校和工作人员进行通报表彰；对不按要求进行学校信息公开或公开内容失实的，责令限期整改；对搞形式主义、走过场的，要批评教育、坚决纠正，弄虚作假、造成恶劣影响的，要严肃查处，严格追究。

（三）完善人才培养，在打造公开队伍上下功夫

教师的首要任务是教学，其次才是管理，这毋庸置疑，所以在当前情形下，抱团取暖可能是破解人员短缺的一手好棋。公共企事业单位各个系统内部公开的信息具有同质性特征，如教育系统内各中小学校要公开的信息都基于《济宁市兖州区普通中小学主动公开基本目录》，该目录包含10项一级事项、24项二级事项和若干具体内容，如果让一名工作人员从头到尾研究下来，无疑需要耗费大量精力，可以采取集团学校或近邻的学校结合起来打团体赛的方式，数个信息专员成立信息小组，相互督促，共同做好信息公开

工作。以济宁市兖州区实验小学教育集团为例，实验小学教育集团有5个校区，这5个校区作为信息公开主体分别在政府门户网站进行学校信息公开工作，把5个校区的五个信息专员组成一组，每人负责数个板块，分别研究信息公开要点，再一起讨论学习，平时互查互促，共同提升。这样可以有效节省每个信息专员的精力，同时又能确保各个学校信息及时更新。

（四）完善研修培训，在提升公开能力上下功夫

业务水平高低也会直接影响工作开展。今后，兖州区将把教育领域公开队伍打造作为学校信息公开的一项重要工作，通过日常的讨论学习、专题培训等，提升校务公开人员的专业技能，着力培养一支专业的校务公开队伍。

（五）完善政策解读，在提升政策服务上下功夫

教育领域公开工作应深入加强政策解读，按照"谁起草、谁负责、谁解读"原则，评估舆论风险，准确及时解读。对于重要政策、文件，要同步发布政策解读。全面介绍政策背景、目标任务、主要内容、落实措施等。重大政策通过新闻发布会、答记者问、专家文章、图解视频等多种形式，全方位、多角度、形象化、通俗化地加以解读。在政策执行过程中，要密切跟踪舆情，分段、多次、持续开展解读，尤其是学校的招生政策，在政策出台后同步邀请专业人士录制解读视频、制作一图看懂等进行解读，通过政府门户网站、校园网站、微信公众号、校园开放日等及时向社会公开。

教育事关国家发展，事关每个家庭，事关每个人的未来。中等及中等以下学校的教育工作对于立德树人意义深远。做好教育领域信息公开工作，能够更好地帮助广大师生家长提升对新时代教育领域工作的认识。教育部门要做好深入细致的调查，公开更多群众关心、关注的热点、难点问题，探索更加高效、合理的信息公开方式，推动学校信息公开工作长效化、制度化、科学化、规范化，发挥好公开对学校发展的积极推进作用，努力建设人民满意的教育。

B.19
河南省焦作市中站区检察公益诉讼
推进水资源税改革的探索

中站区人民检察院公益诉讼检察研究课题组*

摘　要： 水资源税改革是中国水资源保护和水资源税征收中的重要改革举措，而基层试点改革工作的推进情况不容乐观。检察机关具有法律监督职能，应当通过制发检察建议或提起行政公益诉讼等方式督促行政机关履行监管职责和落实改革政策。但以检察公益诉讼推进水资源税改革仍存在案件线索获取困难、检察建议效力弱、与行政机关配合欠缺等问题，需拓宽检察机关获取线索渠道，保障检察建议内容落实，同时加强检察机关与行政机关的协同联动，共同推进水资源税改革政策落实，以维护国家水资源税收利益。

关键词： 水资源税改革　行政公益诉讼　水资源保护　人民检察院

引　言

自 2016 年河北省开展水资源税改革工作后，水资源税改革成为水资源保护制度建设中的必要环节，是健全国家自然资源管理体制的重要基础。水资源税改革是科学合理、切实可行的保护水资源、维护国家税收利益的重点

---

* 负责人：李艳敏，中站区人民检察院检察长；胡丽丽，焦作市人民检察院第六检察部主任；张庆，中站区人民检察院副检察长；姚东升，中站区人民检察院检察委员会专职委员。成员：赵婉彤、董存祯、丹晴。执笔人：丹晴，中站区人民检察院第二检察部一级科员。

民生工程。当前，水资源浪费问题依旧突出，基层水资源税改革工作推进缓慢，企业配合行政机关税制改革工作积极性低，各行政机关尚未形成沟通高效、配合默契的协作机制，改革政策推行工作难度大。

水资源保护公益诉讼是保护水资源、保障国家税收，提高全社会节约水资源、保护水资源意识的重要举措，是基层水资源税改革工作的重要推动力。以焦作市中站区人民检察院为例，2020年该院通过开展"水资源管理与保护专项公益诉讼系列活动"，督促辖区内59家用水企业办理取水许可证、缴纳水资源税，取得了水资源税收金额增长近一倍的显著成效。2022年该院办结的督促缴纳水资源税行政公益诉讼案被最高人民检察院评选为"国财国土领域行政公益诉讼典型案例"。为此，总结中站区人民检察院开展水资源保护公益诉讼的有效经验，并提出公益诉讼推进水资源税改革工作的规范进路，既有必要性，也有现实意义。

一　水资源税改革中检察公益诉讼制度的运行现状

2016年7月财政部、国家税务总局、水利部三部门联合印发《水资源税改革试点暂行办法》，12月发布《河北省水资源税改革试点有关政策的意见》，以办理取水许可证，按照取水用量计征纳税为基础的水资源税改革工作在河北省正式启动[①]。2017年，作为第二批开展水资源税制改革的试点地区[②]，河南省人民政府发布《河南省水资源税改革试点实施办法》，为保护水资源，促进水资源税纳税人依法规范用水，根据该办法第三条推动全省取水单位和个人办理取水许可证，并缴纳水资源税[③]。以提高水资源使用成本、实现水资源节约集约利用为目的的水资源费改税的改革试点范围逐步扩大。

---

① 参见《水资源税改革试点暂行办法》第2条、《水资源税改革试点暂行办法》第5条。
② 参见《扩大水资源税改革试点实施办法》第2条。
③ 《河南省水资源税改革试点实施办法》第3条。

（一）基层水资源税改革制度实施情况

水资源税制改革基层工作推进缓慢。首先，2017 年前焦作市等地方行政区域内的单位和个人依法取用水资源时，应当向其行政区域内的水务行政主管部门申请取水许可证，缴纳水资源费①。而水资源税制改革后，水资源纳税人仍需向水务行政主管部门办领取水许可证，但无须缴纳水资源费而须向税务主管部门缴纳水资源税②。原负责办理许可证和收缴资源使用费的水务行政主管部门的职能被分割，水务行政主管部门无法再收缴水资源费。故新政策实施以来，处于水资源费改税改革的窗口期，由于水务行政主管部门监管职能下放、人员和相关监管经验不足、执法手段局限，政策推进中存在畏难情绪。

其次，2018 年中办、国办发布《国税地税征管体制改革方案》，国税、地税融合，税务主管部门迎来大变革，职能组成更复杂。基层税务部门疲于面对同期新增加的水资源税收工作，水资源税收工作更难推进。

最后，用水企业配合行政机关参与水资源税改革的积极性低。企业拥有自备水井，能够直接获取使用地下水或地表水，未依法办理取水许可证并及时缴纳水资源税。

水资源税收工作推进缓慢，不仅削减了水资源保护力度，加剧了国家水资源浪费的严重程度，更是对国家水资源税征收的阻碍。

（二）检察机关公益诉讼现状

2017 年是检察机关提起公益诉讼制度的确立之年，2022 年党的二十大报告专门强调"完善公益诉讼制度"。检察机关坚决贯彻党中央决策部署，在新的实践中不断探索，更实更好地履行公益诉讼检察职能，助力国家治理体系和治理能力现代化。中国公益诉讼的发展势如破竹，检察公益诉讼在生

---

① 《水法》第 48 条。
② 《河南省水资源税改革试点实施办法》第 3 条。

态环境和资源保护领域取得了显著成就。截至 2022 年底，全国检察机关共办理生态环境和资源保护公益诉讼案件 40 万余件，占全部公益诉讼案件的 52%①，共办理涉水行政公益诉讼案件 1.7 万余件②。检察机关通过公益诉讼推动解决一批突出的生态环境问题，已然成为生态环境治理体系中的一支重要新生力量。

中站区人民检察院自 2018 年至 2022 年，五年内共受理公益诉讼线索为 124 条，其中涉及生态环境保护线索 63 条，自然资源保护线索 21 条，占全部案件的 67.7%，共办理行政公益诉讼案件 105 件，属于生态环境保护类案件 61 件，资源保护类案件 17 件，占全部案件的 74.3%。2018 年中站区人民检察院仅办理 6 件公益诉讼案件，而 2022 年共计办理 43 件公益诉讼案件，基层检察公益诉讼工作推进迅速，成效显著。

二　检察公益诉讼推动水资源税改革的实践优势

（一）检察公益诉讼在水资源税改革中的优势

基层水资源费改税工作实施以来，效果不够理想。水资源费改税是一项紧迫、复杂、涉及面广的工作，需要取水单位和个人主动配合，需要各行政机关相互配合，积极采取措施力保改革有效推进和全面实施。检察机关正是推动水资源税制改革的中坚力量。

首先，检察机关的主体身份与水资源税改革工作的出发点高度一致。"检察机关是国家利益和社会公共利益的维护者，检察机关须代表国家利益采取行动，诉诸司法程序。"③ 以公益诉讼行使推进水资源税改革，既能切

---

① 《最高人民检察院"生态检察助力美丽中国建设"新闻发布会》，最高人民检察院，https://www.spp.gov.cn/spp/stjczlmlzgjs/22xwfbh_ sp.shtml，最后访问日期：2023 年 9 月 6 日。
② 《推动水行政执法与检察公益诉讼良性互动》，最高人民检察院，https://www.spp.gov.cn/spp/zdgz/202206/t20220610_ 559499.shtml，最后访问日期：2023 年 9 月 6 日。
③ 陈瑞华：《论检察机关的法律职能》，《政法论坛》2018 年第 1 期，第 7 页。

实保护水资源利用，又能保证国家税收，做到社会公共利益与国家利益双重保障。

其次，检察机关能通过主动走访探查，有效打击违规取水、用水行为，充分发挥检察机关的监督职能。检察机关在水资源税改革中起到"三重监督"作用。其一，检察机关能督促水资源纳税人依法办理取水许可证，缴纳水资源税。其二，检察机关能以检察建议与行政公益诉讼形式，督促行政机关依法履行职责。当水务行政主管部门怠于监督违法责任人时，检察机关能及时督促水务行政主管部门启动追偿程序。其三，检察机关能督促税务主管部门积极履职，依法征收应缴未缴的水资源税，避免国家税收流失。

再次，通过行政公益诉讼形式能有效克服传统法律手段在水资源保护领域的局限性。对"超量引水、超采地下水等大量破坏水资源但尚未达到刑事犯罪标准的违法行为，通过行政公益诉讼以获取更高数额的赔偿金"[1]，即有力打击不法责任人，又有效填补了水资源保护所需费用。

最后，能够推动水资源税改革相关法律规范的完善。呼和浩特铁路运输检察分院督促征缴国有水资源税行政公益诉讼案中，呼和浩特铁路运输检察分院依法向水利局、税务局制发诉前检察建议，督促追缴企业加征部分水资源税。检察建议发出后，两部按照检察建议积极整改并制定出台了《关于进一步加强水资源征税联动协作机制的通知》和《关于进一步明确水资源税征税联动协作机制的通知》[2]。检察机关通过公益诉讼，发现办案中遇到的重点、难点，以典型案例形式总结实践经验，以实现立法和司法的良性互动、理论与实践的相互促进。

---

① 王晓娟、王建平、汪贻飞：《建立水资源保护公益诉讼制度的思考》，《中国水利》2012 年第 14 期，第 58 页。

② 参见《内蒙古自治区检察机关 2022 年度公益诉讼十大案例》，案例 3 "呼和浩特铁路运输检察分院督促征缴国有水资源税行政公益诉讼案"。

（二）中站区检察院公益诉讼推进水资源税改革的实践方案

2018 年河南省委督导组在焦作市专项工作审计中发现，水资源费改税工作未落实到位。自中站区推行水资源税改革政策以来，辖区内超 50% 的企业拥有自备井，未办理取水许可证与缴纳水资源税，改革未见明显成效。水资源浪费和国家税收流失的状况依然存在。

2020 年 5 月，焦作市中站区人民检察院开展了"水资源保护专项活动"，发现该条涉及水资源保护和国家财政收入保护的重大线索，立刻向焦作市人民检察院作专题汇报。在市检察院指导下，中站区检察院进行立案调查，经深入调研与摸排工作，发现走访调查的 62 家企业，其中办理取水许可证的仅 23 家，只占所统计企业总数的 37%。经税务部门配合查证，发现依法缴纳水资源税的企业仅 20 家，占全区所统计企业总数的 32%。区内较多企业存有自备井，未申办取水许可证，企业随意用水、任性用水、免费用水的情形较多。

2020 年 7 月，中站区人民检察院经充分调查研究后，向区水利、税务主管部门公开送达诉前检察建议，要求两行政主管部门协调配合，采取有力措施，共同履行监管职责与政策落实职责，对问题用水企业依法审批取水资质并征收水资源税。检察建议发出后，中站区检察院及时将案件进展情况作专题报告呈报区委与区人大，以争取中站区委和区人大的支持。中站区委和区人大听取报告后高度重视，对该案作出批示，区政府责令水利部门牵头，协调、组织其他部门合力推进水资源费改税工作。

2021 年 12 月，经再次走访调查，发现共计 59 家企业办理取水许可证并缴纳水资源税。水资源税收逐年增长，2019 年为 1500 万元，2020 年达2700 万元，2021 年达 2800 万元。办案成效显著，既有力遏制水资源浪费行为，又保障了国家税收，取得了较好的社会反响。

三 检察公益诉讼推进水资源税改革面临的问题

（一）检察机关获取破坏水资源案件线索途径匮乏

以检察公益诉讼推动水资源税改革的首要前提是发现相关公益诉讼的案件线索。只有发现案件线索，检察机关才能制发检察建议或提起行政公益诉讼，而检察机关获取破坏水资源案件线索存在困难。

第一，人力排查方式低效。公益诉讼案件的线索来源大多是检察官在走访调查、收集证据中发现，该方式人力成本高且低效。以中站区检察院为例，公益诉讼专职办案人员仅 3 人，这就意味着公益诉讼检察官不仅需要在办公室敲文书、整卷宗，还需要承担跑遍辖区寻找案件线索、实地走访调查、收集证据等各项法律监督工作。

第二，"检察机关还未形成统一、制度化的线索收集办法，各业务部门也缺少公益诉讼信息共享机制。"① 案件线索移送慢、无配合等问题依旧突出。2021 年中站区人民检察院收到的通过行政、刑事部门移交的案件线索不足 3 起，其余案件线索均由检察官在履行职责中发现。

第三，水资源保护案件探查难度更大。其一，不同于其他环境污染类案件，水资源浪费行为方式更隐蔽且没有明显的外在表现特征。例如，部分企业搭建自备井，通过自备井抽取地下水。自备井的位置不容易发现，地下水的过度抽取也难以察觉。其二，多数企业未办理取水许可证，水务行政主管部门对此类企业用水情况监管不到位，难以及时掌握其违规取水情况。

（二）检察机关制发的检察建议刚性保障不足

水资源费改税工作将水资源取用许可与水资源费用收取的两项权力分属

---

① 曹明德：《检察院提起公益诉讼面临的困境和推进方向》，《法学评论》2020 年第 1 期，第 120 页。

于水务主管部门和税务主管部门，行为人未办理取水许可证，逃避缴纳水资源税行为的两部门都有职责加以监管。但是，在发生水资源浪费事件时，都难免有推诿情况。

公益诉讼推动水资源税改革困难，最重要的原因在于，公益诉讼检察建议相较于再审检察建议、纠正违法检察建议等，其性质更为柔和，缺乏强制性和制约性。一是检察建议专业性保障不足，公益诉讼领域对于生态环境污染防治和自然资源保护等复杂的问题，理论上需要司法鉴定机构出具的鉴定报告，但实际办案过程中时间紧、任务重，为避免证据流失，出具的检察建议通常没有专业性保障。二是检察建议权威性不足，实践中，检察机关作为法律监督机关，虽然向行政机关制发检察建议后，若行政机关在规定时间内整改不到位，可依法提起行政公益诉讼，但检察机关为与行政机关形成良好互助关系而与之妥协处理，造成检察建议的实际落实效果不佳。三是检察建议的刚性保障缺失，同级检察机关无法有效地督促同级水务主管部门等行政机关整改其履职不到位的行为，这不利于水资源税改革政策落实，也间接导致在改革工作中其与检察机关的配合不足。

（三）水资源保护的相关主体协同配合不足

水资源费改税是一项紧迫、复杂，涉及单位多、覆盖面广的工作，仅依靠水务主管部门力量远远不足，需要水资源保护的所有相关主体协同配合。

第一，协同配合不足体现在各行政机关间的联动薄弱。检察建议制发后，最重要的是水务与税务部门相互积极配合，对此进行整改。水务主管部门具有取水许可的审批权力，清楚用水单位或个人的基础信息；而税务主管部门具有征收水资源税的权力，清晰水资源纳税人的纳税情况。两大部门缺乏有效的信息共享与联合惩处等协同配合机制，导致用水单位或个人出现违规取水、未缴纳水资源税等行为时，无法及时有效地责令其整改或进行行政处罚。

第二，协同配合不足还体现在检察机关与行政机关间的联动薄弱。检察机关除履行法律监督职能外，还应当为行政机关推行水资源税改革政策提供助力。"现行水资源和水环境监测机制尚不健全，部分地方在水量和水生态的监测方面较为滞后"①，水务主管部门一定程度上缺乏监测、排查违法责任人违规取水、用水的能力。

（四）水资源保护公益诉讼宣传工作未到位

根据《河南省水资源税改革试点实施办法》，水务主管部门和税务部门承担水资源费改税相关法律法规和政策的宣传职责。但从企业办理取水许可证意愿低、主动缴纳水资源税占比小的情况来看，水资源费改税宣传工作进展并不理想。

2017 年中办、国办发布《关于实行国家机关"谁执法谁普法"普法责任制的意见》指出，"要健全普法宣传教育机制，落实国家机关普法责任"，要求建立"法官、检察官、律师等以案释法制度，在司法办案过程中，要利用各个环节宣讲法律，及时解疑释惑"。因此，检察机关应当根据水资源保护公益诉讼的案件特点，开展水资源保护普法宣传活动。基层检察机关在注重公益诉讼案件线索获取率、检察建议回复率的同时还应当注重法律普及程度。普法宣传是全面建设新时代中国特色社会主义法治社会的重要抓手。当前，基层检察机关的水资源保护公益诉讼普法宣传活动开展少、内容简单，未能集中开展水资源保护普法宣讲活动，也未能针对其管辖范围内的重点用水企业通过案例教学现身说法。

四　检察公益诉讼推进水资源税改革的完善路径

（一）开展公益诉讼专项活动拓宽线索获取渠道

水资源保护公益诉讼案件的线索获取困难，最关键原因是线索获取途径

---

① 王晓娟、王建平、汪贻飞：《水资源保护公益诉讼制度构建问题及推进对策》，《中国水利》2014 年第 12 期。

零散被动。传统环境污染、生态破坏案件虽然隐蔽性强，但造成严重损害后果时仍有迹可循，而水资源浪费案件中水资源的浪费，通常并未直接对生态环境造成损害，若行政机关或检察机关未能及时走访调查，通常难以发现企业过度用水情况。因此，检察机关应当改变工作思路、化整为零、化被动为主动，以开展水资源保护公益诉讼专项活动为抓手，有组织、有计划、有步骤、有目标地开展专案活动，以多方面获取公益诉讼案件线索。

中站区人民检察院以办理上级院交办线索和中站区人大常委会对"一法一条例"执法检查为契机，2018 年组织开展了"大沙河生态湿地环境保护公益诉讼活动"和"南水北调干渠沿线环境保护专项公益诉讼活动"，集中排查本区南水北调干渠沿线和大沙河沿岸存在的乱堆垃圾、养殖场污染、垃圾中转站设置违规等突出问题。2019 年又实施开展了"加强北山治理、守护生态林地公益诉讼专项活动"，集中排查北山附近区域内违法偷伐、滥伐林木等问题。2020 年在全市范围内首次开展"水资源管理与保护专项活动"，通过该专项活动共立案 1 件①，制发检察建议 2 份，走访调查辖区企业 62 家，发现 32 家未办理取水许可证，超 50%的企业未如期缴纳水资源税。

专项活动的开展对公益诉讼案件线索获取意义重大。第一，专项活动使检察机关能集中有效力量针对同类问题作集中式排查。第二，能够有秩序、有规模地进行走访调查活动。上述案例中，中站区检察院先后对 62 家企业进行现场取证、查阅台账以及核查企业自备井使用与水资源使用情况，通过大规模集中式排查，检察机关更容易发现企业违规取水、用水的违法线索。

此外，水资源保护公益诉讼案件的线索获取困难还在于缺乏科技力量的支撑，仅靠人力是低效、缓慢的。为拓宽线索获取渠道，2023 年中站区人民检察院启用最高人民检察院研发设立的"益心为公"检察云平台，通过

①　河南省焦作市中站区人民检察院督促收缴水资源税行政公益诉讼案。本案被最高人民检察院评为"国财国土领域行政公益诉讼典型案例"，通过该案件的办理，中站区人民检察院共计督促辖区内 32 家企业办理了取水许可证，促进该区水资源税征收工作，2021 年中站区水资源税收金额达 2838.96 万元。

招募志愿者，使群众能够通过在线投诉与举报的方式，为公益诉讼案件提供线索来源。但必须指出的是，该平台的建立暂未增设有效的监督管理与奖励机制，无法引起更多群众关注。

（二）提高检察建议的权威性与强制性

在水资源保护工作中，水资源监管部门承担首要责任，应当在水资源破坏事件发生时先控制、消除损害，并积极向违法责任人追究行政责任与民事赔偿责任，而检察机关更多是履行检察职能，起到协同、督促、兜底作用。最高人民检察院公布的非法取水行政公益诉讼典型案例中[1]，检察机关在水资源保护案件中发现水务、税务、自然资源等主管部门未依法履行监管职责，均向其制发检察建议。检察机关制发检察建议是其履行监督职能的重要体现，应当大力提高检察建议的权威性与强制性。

第一，可以争取党委领导与人大支持。中站区检察院向区委、人大作专题报告，中站区委和区人大高度重视，让区政府责令水利部门牵头，协调、组织相关部门合力推进费改税工作。第二，召开专题座谈会，公开送达检察建议。镇坪县检察院为推动解决跨省取水问题组织召开专题座谈会，邀请了镇坪县政府、水利部门、自然资源部门、林业部门和华坪镇政府参加，建议各部门依法履职，加大监管力度。"水资源费改税涉及税务、水利、农业、统计等行政部门，需要多部门、多行业协作联动。"[2] 通过座谈会，由检察长在会议上公开送达检察建议，提出整改要求，既能增强检察建议的效力，确保建议内容精准落实，又能明确行政机关在整改过程中的各自职责要求，督促各行政机关发挥自身职能优势，并形成工作合力。

（三）创新水资源保护协同工作机制

水资源税改革中应当构建具有协同性、整体性的水资源保护与监管体

---

[1] 参见最高人民检察院典型案例：河南省焦作市中站区人民检察院督促收缴水资源税行政公益诉讼案、陕西省镇坪县人民检察院督促整治跨省非法取水行政公益诉讼案、陕西省定边县人民检察院督促保护水资源行政公益诉讼系列案。

[2] 杜丙照：《水资源费改税的实践探索与对策》，《中国水利》2019 年第 23 期，第 22 页。

系，创新各国家机关间的协同工作机制。

其一，推动行政机关跨部门联动建章立制。前述呼和浩特铁路运输检察分院督缴水资源税行政公益诉讼案中，经检察机关督促后，呼和浩特水利与税务部门建立了依法依规、信息共享、联合惩戒、整体联动的跨部门协调配合机制，完善了涉水、涉税基础信息共享程序，构建了全程留痕的衔接模式，确保水资源税依法有序征缴。

其二，强化检察机关与行政机关的协同配合。水资源保护公益诉讼案中，检察机关可以联合水务等相关部门成立专案组，共同督办违法责任人破坏水资源的行为。例如，中站区人民检察院督促收缴水资源税行政公益诉讼案中，中站区检察院针对本辖区企业内自备井监管中存在的问题，牵头中站区水利、税务、环保等主管部门参与"水资源管理和保护——自备井监管专项协调会"，并组成联合督办组，督促用水企业和个人尽快办理取水许可证，缴纳水资源税。当水务主管部门依法提起诉讼时，检察机关依旧能通过支持起诉的方式，配合行政机关参与诉讼。水务主管部门具有颁发取水许可证的权力，能直接对用水单位和个人进行监管，能更有效地掌握与提供其违法证据，检察机关作为法律监督部门，熟悉诉讼流程，能高质高效整理案件材料。由检察机关支持行政机关提起诉讼，能够为行政机关提供司法助力，提高诉讼效率。

（四）加大水资源保护公益诉讼宣传力度

水资源保护公益诉讼是需要拓展思路、积极尝试的检察工作，要全面实现水资源公益诉讼办案效果与社会效果结合，还需要拓宽水资源保护公益诉讼宣传渠道。

第一，开展水资源保护主题宣传教育活动，提高用水单位和个人的规范取水、用水意识。检察机关可以通过定期向重点用水企业开展主题宣传教育活动，向用水企业阐明水资源保护的重要性、浪费水资源的危害性与违法性，督促其规范取水用水。

第二，开展线上线下相结合的多种宣传活动，提高检察公益诉讼公众知晓度。检察机关可以与新媒体加强联动，"加大新媒体公益诉讼宣传力度、报道力度，让更多的行政机关对公益诉讼理解和支持，让社会各界人士对公益诉讼充满信心，营造良好社会舆论氛围"①。线下可以采取设立宣传咨询台、流动宣传车、散发宣传单等方式，到人流密集的城市街道或人口集中的乡村，向群众发放"公益诉讼宣传手册"，深入宣传公益诉讼法律依据、监督范围、办理程序等，提高群众节约用水、依法取水的意识。

第三，提高检察官个人业务素养与以案释法能力。检察官不能仅注重结案率，还需要注重惩戒与教育相结合，对个案当事人及时以案释法、阐明利弊，劝诫当事人改正违法行为。

五 结语

2021 年，国务院发布的《关于 2020 年度国有自然资源资产管理情况的专项报告》指出，"要继续水资源税改革试点，强化税收在资源节约集约利用和生态环境保护方面的调控作用"。水资源税改革对水资源保护与水资源税征收具有重要意义，需要水利、税务等行政主管部门积极落实税制改革政策，推进税收工作，而检察机关作为法律监督者，应当充分履行检察职能，通过制发检察建议、提起行政公益诉讼等形式，督促行政机关履行职责、落实政策改革。

---

① 葛永昶：《公益诉讼检察能动履职研究》，《2022 年黔南州检察理论研究年会论文集》，第 138 页。

Abstract

The Annual Report on Rule of Law in Local China No. 9 (2023) focuses on the hot spots of the rule of law from the perspectives of the local people's congress, the government ruled by law, judicial construction and social governance, and summarizes the exploration and experience of innovation of the rule of law in various places.

Based on the whole country, the general report sorts out the practice of improving the rule of law for the market, optimizing the development environment of market subjects, strengthening the rule of law for people's livelihood, increasing the level of grass-roots governance, and improving the regional collaborative rule of law, supervision and emergency rule of law. It is pointed out that in the future, we shall better serve the overall situation, better coordinate development and security, promote the healthy and sustainable development of the economy and society, so as to further enhance the people's satisfaction and sense of gain.

This blue book continues to launch the rule of law index report, conduct the in-depth excavation and discussion on the difficulties, pain points and blocking points in transparency of government affairs, procuratorial public welfare litigation, civil execution, and put forward operable, replicable and propagable opinions and suggestions.

The optimization of the business environment, the transparency of school information, the linkage between the local government and the procuratorate and the regulation of dishonest litigation are the frontier topics of the in-depth promotion of local rule of law. This blue book sorts our the current situation, summarizes the achievements, points out the problems, and conducts empirical research on the practice of typical samples in various places.

Keywords: Local Rule of Law; Government Ruled by Law; Judicial Construction; Society Ruled by Law; Legalized Business Environment

Contents

I General Report

Abstract: Under the severe and complex situation at home and abroad, the governments in various places have actively promoted the new reform of the legal construction, and have made extensive achievements optimizing the business environment, people's livelihood security and grassroots governance. How the local rule of law can better serve the overall situation, better coordinate development and security and provide new kinetic energy for development needs to further improve rule of law for the market, optimize the development environment of market subjects, strengthen the rule of law for people's livelihood, improve the level of grassroots governance, and improve the emergency rule of law, minimize the occurrence and impact of various extreme events and accidents, and effectively prevent and resolve risks in key area.

Keywords: Business Environment Optimization; Rule of Law for People's Livelihood; Rue of Law for the Market; Supervision of Rule of Law

II   Government Ruled by Law

B.2   Assessment Report on National Government Websites and Government New Media

Project Team of Center for National Index of Rule of Law,

Chinese Academy of Social Sciences / 023

Abstract: Government websites and government new media are important channels for the party and the government to contact, serve and unite the masses in the mobile Internet era. They are important ways to accelerate the transformation of government functions and build a service-oriented government, they take an important position to guide online public opinion and build a clear cyberspace and they are conducive to new models of social governance and improving social governance capabilities. The Project Team of Center for National Index of Rule of Law, Chinese Academy of Social Sciences conducted a third-party assessment of the construction government websites and government new media of 31 provincial governments, 333 prefecture-level municipal governments and 121 county (city, district) governments of random inspection across the country. The assessment shows that governments at all levels have performed well in the construction of government websites, but their level of building government new media needs to be improved to better serve the businesses and the public.

Keywords：Government Websites；Government New Media；Government Services；Transparency in Government Affairs

B.3 Annual Observation on the Construction of the Government Ruled by Law（2023）

—*Analysis and Assessment Based on the "Annual Report on the Construction of the Government Ruled by Law"*

Project Team of Center for National Index of Rule of Law,

Chinese Academy of Social Sciences / 069

Abstract：2023 is the beginning year of fully implementing the spirit of the 20th National Congress of the Communist Party of China. The assessment shows that the construction of the government ruled by law in various regions has made great progress in the construction of the functional system of government institutions, the system of administration according to law, the administrative decision-making system and the system of administrative law enforcement. But meanwhile, local governments are still faced with many problems and challenges in the progress of building the government ruled by law. During this process, it must adhere to the overall leadership of the party, ensure the correct direction of the construction of the government ruled by law, take the annual report on the construction of the government ruled by law as the starting point, accelerate the profound transformation of the government functions, and promote the standardization, proceduralization and legalization of the government governance.

Keywords：Government Ruled by Law；Transparency in Government Affairs；Annual Report

B. 4　Annual Report on the Construction of the Government

　　Ruled by the Law of China's Public Security

　　　　——*Based on the Data Publicly Available on the Website of Public Security*

　　　　　　Project Team of Center for National Index of Rule of Law,

　　　　　　　　Chinese Academy of Social Sciences / 099

Abstract: In 2023, the project team evaluated the release of the annual reports on the construction of the government ruled by law of 73 public security organs from the perspectives of transparency forms, team construction of public security, decision-making according to the law, government services, administrative law enforcement, criminal law enforcement and supervision of relief. The evaluation results show that the construction of the government ruled by law in the new era has been well promoted as a whole, which is manifested in the facts that the annual report on the construction of the government ruled by law has become the key work of public security ruled by law, the team management of the public security has been gradually standardized and legalized, the legal administration system has been increasingly sound, the credibility of administrative decision-making of the public security has been continuously improved, the government services have been continuously optimized, and the administrative law enforcement and criminal justice has been gradually open and transparent. However, it still needs to pay attention to some problems, for example, the transparency form of the annual report is relatively simple, there is the lack of data support for the government services of the public security, and the data transparency tends to be conservative in general. In future, the construction of the government ruled by law shall be people-oriented, innovate the way of publishing the annual report on the construction of the government ruled by law, conscientiously sum up the experience of rule of law, make transparent the detailed data of law enforcement, improve the decision-making system of public security according to law, and meet the people's good yearning for the society ruled by law.

Keywords: Construction of the Government Ruled by Law; Government Services of the Public Security; Openness and Transparency; Data Ppenness

B.5 Practice of Cooperation between the Court and the Government Promoting Legal Administration in Sichuan

Research Group of Sichuan Provincial High People's Court / 121

Abstract: In the report of the National Congress of the Communist Party of China, Xi Jinping, General Secretary of the CPC Central Committee emphasized "solidly promoting legal administration", which provides a fundamental basis for the construction of the government ruled by law in the new era. The government is the main body to promote legal administration, and the people's court is an important force to promote legal administration. Currently it is an important issue how to deepen the linkage between the two and promote the construction of the government ruled by law in a faster and better way. Sichuan has actively carried out the practice and exploration of the linkage between the government and the court, formed a practical and efficient "2 + 9" linkage mechanism of the joint construction of the government and the court with local characteristics, focused on the obvious problems of the current linkage between the government and the court, explored the establishment of an institutionalized, standardized and long-term linkage mechanism between the government and the court, continuously improved the coverage and operational effectiveness of the linkage between the government and the court in cities (prefectures) and counties (districts), and striven to create a new pattern of constructing the government ruled by law in Sichuan.

Keywords: Linkage between the Government and the Court; Legal Administration; Government by Law

B.6 Research Report on "Procuratorial + Administration" Linkage between the Government and the Procuratorate Promoting the Construction of the Government Rule by Law in Mentougou District

Research Group for Linkage between the Government and the

Procuratorate of Mentougou / 136

Abstract: The mechanism of linkage between the government and the procuratorate is an important measure for the government to actively accept the legal supervision, for the procuratorial organ to actively administer justice, and for them to jointly promote the construction of the government ruled by law. It plays an important role for the procuratorial organ to supervise the law enforcement of the government, strengthen the connection between administrative law enforcement and criminal justice and create a legal business environment. The procuratorial organ conforms to the requirements of the new era to explore the linkage between the government and the procuratorate, with great achievements. However, while making a series of achievements, it is also faced with some problems and difficulties. Then, how to further solve the problem and promote the implementation of the mechanism as soon as possible has become an urgent problem to be solved. This paper makes the in-depth analysis of the specific practice and achievements of linkage between the government and the procuratorate in Mentougou District, which adheres to the goal orientation, problem orientation and demand orientation, focuses on the key point, serves the overall situation and continuously innovates the mechanism of linkage between the government and the procuratorate, strives for making up for weaknesses and explores the unique Mentougou work mode of linkage between the government and the procuratorate.

Keywords: "Linkage between the Government and the Procuratorate"; Administrative Prosecution; Public Welfare Litigation; the Government Ruled by Law

B . 7　Dilemma and Breakthrough of Government Affairs Transparency
in Functional Area

　　—Taking Liaocheng High-Tech Industrial Development Zone as an
Example　　　　　　　　　　*Zhang Shiliang* / 148

　　Abstract：The government affairs transparency is the basic requirement of
the socialist democratic system, and the functional areas generally lag behind the
ordinary districts and counties in the government affairs transparency. This is
closely related to the particularity of the functional area in terms of management
function, organization, personnel appointment and removal, which leads to the
particularity of the supervision, assessment, content and system of government
affairs transparency as well as the influence on the work system, the scope of
openness and quality of openness. By improving the top-level design,
strengthening the platform construction, enriching the policy interpretation,
smoothing the channels of openness according to application and strengthening the
interaction between the government and people, Liaocheng High-tech Industrial
Development Zone has promoted the high-quality development of government
affairs transparency and effectively improved the quality and efficiency of
government affairs transparency in the functional area. Its experience in
strengthening its construction, improving the guarantee mechanism and promoting
the organic integration of government affairs transparency and the central work has
the value of promotion and replication.

　　Keywords：Government Affairs Transparency；the Functional Area；the
Government Ruled by Law

Ⅲ Judicial Construction

B.8 Research on the Mechanism of the Procuratorial Organ Accrediting the Procuratorarial Work to the Public Security Organ

Li Yan / 159

Abstract: Strengthening the supervision of the investigation activities of the public security organ and constructing the work of accrediting the procuratorial office to the public security organ are important measures to fully implement *Opinions of the Central Committee of the Communist Party of China on Strengthening the Legal Supervision of the Procuratorial Organ in the New Era.* In recent years, the procuratorial organs in Hebei Province have made great efforts to promote accrediting the procuratorial work to the public security organ and continuously upgrade the accrediting mode, from accrediting to the police station, accrediting to the law enforcement case management or the legal department of the public security, to establishing the investigation supervision and cooperation office with the public security organ. Through the analysis, it is found that there are still some problems in the current accrediting procuratorial work. For the improvement of the accrediting work, the supervision methods of five combinations, namely "combining individual case supervision with similar case supervision", "combining daily supervision with special supervision", "combining flexible supervision with rigid supervision", "combining legal supervision with service specification" and "combining procuratorial suggestion with law enforcement white paper", so as to effectively promote the standardization level of law enforcement and procuratorial supervision of the public security.

Keywords: Supervision of Investigation Activities; Collaboration; Accrediting Procuratorial; New Relationship between Prosecutors and Police

B.9   Research Report on the Construction of "Digital Court" by
Chongzhou Court of Sichuan Province Improving the
Quality and Effectiveness of Justice

Research Group of Chongzhou People's Court / 172

Abstract: The people's court is the forefront of fulfilling judicial functions and promoting the modernization of grassroots governance. In order to fully release the effectiveness of judicial service guarantee, Chongzhou People's Court of Sichuan Province adheres to the guidance of Xin Jinping's thought of socialism with Chinese characteristics in the new era, closely focuses on the work goal of "striving to make the people feel fairness and justice in every judicial case", adheres to the working principle that science and technology empowers trial and service governance, originally integrates the digital construction of the court with the trial of ancient town with tourist characteristics, the trial of environmental resources and the grassroots governance, strives to make the people feel the inclusive convenience of "digital + justice" with "judicial guidance + digital empowerment", and provides assistance for rural revitalization and grassroots governance.

Keywords: Smart Court; "Digital Court"; the People's Court; Paperless

B.10   Research on Solving the Case with the Small Amount of
Payment in Civil Execution from the Source in the Context
of Justice and Efficiency
—*Taking the Execution of Quanzhou Court in Fujian Province
in the Past Seven Years as the Research Sample*

Hong Yanwei / 184

Abstract: The execution work of the court is the key link to safeguard the legitimate rights and interests of the people and realize social fairness and justice. It relies on the compelling force to realize the winning rights and interests of the client and ultimately resolve the contradictions and completely resolve the disputes. It can be said that execution is for the people, relying on the people and protecting the people. The individual amount of the cases with the small amount of payment in civil execution is not great, but the total number is large, exceeding 60% of all execution cases. Only when the small-amount cases are truly solved from the source (execution is completed) and the client's rights and interests are guaranteed in time according to law, can it be considered "protecting the people's sense of gain, happiness and security by the rule of law". Taking the implementation of the small amount of payment in civil execution since the two-level people's courts of Quanzhou City, Fujian Province began to tackle the problem of "spending two to three years basically solving the difficulty of execution" in 2016 as a research sample, this paper analyzes its implementation status, characteristics, existing difficulties and its main causes, and puts forward corresponding countermeasures. It is hoped to drive the implementation work to a new level by completing the implementation of small cases with relatively large amount, further move towards the goal of "effectively solving the implementation difficulties", and finally make the people feel fairness and justice in every judicial case.

Keywords: Civil Execution; Small Amount; Divergence of Complexity and Simplicity; Intensive Execution

B.11 Achievements, Problems and Future of China's Prison Development   *Zhang Yuqing* / 202

Abstract: After the reform and opening up, the prison work has undergone major changes. The legal system of prison has been continuously improved, the layout adjustment and system reform have been further promoted, the security situation of the prison has undergone fundamental changes, and the law enforcement has been gradually standardized, with remarkable achievements.

Meanwhile, the work of rehabilitating criminals still has a long way to go, and there is still much room for improvements in transparency of prison affairs. The revision of prison law needs to be accelerated in order to achieve a relative balance between punishing crimes and protecting human rights and meet the requirements of the new era.

Keywords: Rule of Law for the Prison; Prison Security; Criminals Rehabilitating; Transparency of Prison Affairs

B.12 China's Prison Affairs Transparency Index Report (2023)

——*From the Perspective of the Prison*

Administration Website Information Disclosure

Project Team of Center for National Index of Rule of Law,

Chinese Academy of Social Sciences / 214

Abstract: The disclosure of prison affairs is not only an important part of penalty execution, but also one of the important links to protect judicial human rights. Project Team of Center for National Index of Rule of Law and Rule of Law Index Innovation Project Group, Chinese Academy of Social Sciences, assessed the disclosure of prison affairs in the provincial prison administrations and their subordinate prisons for the fourth time. According to the assessment, China's prison transparency rose steadily in 2023, with seven prison administrations scoring more than 80 points in prison affairs transparency. This assessment of prison transparency focuses on the perspective of human rights protection measures for Chinese criminals. The assessment found that the human rights of criminals in custody in China have made great progress in recent years. From the perspective of prison affairs disclosure, it can be seen that great changes have taken place in the human rights of criminals in China, such as personal rights, relief rights, education rights, labor rights, execution change rights, property rights and the right to contact with the outside world, and the judicial human rights situation in China has been significantly improved.

Keywords: Prison Affairs Disclosure; Judicial Human Rights; Criminal Human Rights; Transparency Index

Ⅳ Law-Based Business Environment

B.13 Trial Evaluation Report on Business Environment Ruled by Law in Cities and Counties of Heilongjiang Province

Research Group for Business Environment Ruled by Law,

Law Research Institute of Heilongjiang Provincial

Academy of Social Sciences / 233

Abstract: The evaluation index system is constructed with the business environment ruled by law in cities and counties of Heilongjiang Province as the evaluation object, and four places, namely Harbin City, Daqing City, Binxian County and Dumeng County, are selected to carry out the trial evaluation. The results of the trial evaluation show that these four places enjoy the good overall business environment ruled by law, which is mainly reflected in the following aspects: the legislation actively responds to people's livelihood issues, administrative examination and approval services present the features of "being quick, online and reducing certificates", there are remarkable achievements for judicial diversification in resolving disputes, and the construction of the public legal service platform has developed rapidly. However, there are also some problems, such as insufficient direct legislation of business environment, weak awareness of government's keeping promises, low convenience of litigation, and poor quality and efficiency of legal publicity. It is necessary to take multiple measures to continuously improve the quality of legislation, the level of law enforcement, the quality and efficiency of justice and the efficiency of public legal services.

Keywords: Business Environment Ruled by Law; Evaluation of Business Environment Ruled by Law; Index System

B.14　Practice of Optimizing the Business Environment

　　Ruled by Law in Quzhou

Project Team of Center for National Index of Rule of Law,

Chinese Academy of Social Sciences / 255

Abstract：Optimizing the business environment ruled by law is an important task in China. Quzhou City has firmly established the concept that "rule of law is the best business environment", and has been making continuous efforts for a long time to gradually build a fair and competitive market environment, a fair and just environment of rule of law, a high-quality and efficient government environment, a fair and authoritative judicial environment and a law-abiding and trustworthy social environment. However, there is no end to the road of optimizing the business environment. Quzhou still has many problems in system supply, government ruled by law and talent team. In the future, Quzhou shall make efforts from the aspects of rules, supervision, dispute resolution and so on, so as to build Quzhou into a business environment highland with more predictable policy system, more reliable government behavior, more fair market competition, more fair law enforcement and justice, more compliant corporate governance, more guaranteed legal service, no government interference and no worries for enterprises.

Keywords：Business Environment；Fair Competition；Credit Supervision

B.15　Construction and Optimization of Digital Monitoring and

　　Supervision of Business Environment Ruled by Law

Lin Huiling，*Wu Shunhe and Zhuang Qiaoling* / 269

Abstract：By solidifying the effective experience formed in the process of market-oriented reform with laws, regulations or rules, it is conducive to creating a fair, stable and predictable business environment. It takes the breakthrough point of core indicators of rule of law led by the people's court, such as "executing contract" and "handling bankruptcy", combines the integration practice of the visualization platform of the business environment ruled by law and the provincial monitoring and supervision mechanism, explores from the judicial perspective to construct the daily supervision index system of the regional business environment ruled by law in the business environment supervision and monitoring mechanism, and puts forward the path of optimizing the daily supervision system, upgrading the visualization platform and improving the supporting mechanism.

Keywords: Legalization; Business Environment; Digitalization; Monitoring and Supervision; Index System

V Social Governance

B.16   Research on the Path of Improving the Level of Foreign-Related Civil and Commercial Services Ruled by Law in Tianfu Central Legal Affairs District

Research Group of Chengdu Intermediate People's Court &

Sichuan University / 286

Abstract: The basic theory of constructing Tianfu Central Legal Affairs District adopts the advantages of government function and market autonomy. Under the guidance of Xi Jinping's socialist ideology with Chinese characteristics in the new era, the international commercial court is the concept of adhering to the emphasis of constructing a scientific, fair and efficient foreign-related judicial trial mechanism, promoting the cross-regional judicial assistance, protecting the legitimate rights and interests of Chinese and foreign clients equally according to the law, and strengthening the cross-regional supply of foreign-related justice. Based on this, valuable experience has been accumulated in cooperation, co-construction, system guidance, case demonstration and first-class international business environment construction. However, due to the limitations of China's foreign-related civil and commercial trials in the settlement mechanism, talent pool and environment construction, the international commercial courts shall continue to promote the construction of first-class international commercial courts from the dimensions of trial concept, trial structure and smart courts. At the same time, we will continue to explore the establishment of a collaborative innovation center of the foreign-related dispute resolution, a theory research center of the foreign-related rule of law, and the talent training center of the foreign-related rule of law, to further deepen the construction of an international business environment.

Keywords: Foreign-Related Civil and Commercial Affairs Ruled by Law; the Central Legal Affairs District; International Commercial Court

B. 17 Practice of Regulating Dishonest Litigation in Taiyuan

Research Group of Taiyuan Intermediate People's Court of

Shanxi Province / 304

Abstract: It is necessary and urgent to regulate the dishonest litigation. The report deeply analyzes the main manifestations and causes of the dishonest litigation in Taiyuan, and expounds the experience of the full coverage of the process to regulate the dishonest ligation from the aspects of strengthening international management, strengthening business guidance, strengthening supervision and restriction resolution, strengthening incentive protection resolution, interpretation of full coverage, prevention of full process, giving full play to the professional advantages of "three staff", establishing the "four-party" linkage mechanism, collaborating and working together towards society, and widely creating the publicity atmosphere. In the future, we shall educate and guide, consolidate and deepen, implement responsibilities, and comprehensively implement policies, so as to address both symptoms and root causes of the problem.

Keywords: Regulating; Dishonest; Litigation Ecology; Credibility

Contents ⟲

Abstract: Education of the foundation of people's livelihood. Doing a good job
of information transparency in the field of education can better protect the legitimate
rights and interests of teachers, students and parents, and maintain the educational
equity. In recent years, Yanzhou District of Jining City has done a lot of practice and
exploration in doing a good job in the information transparency of secondary and lower
schools. Starting from the aspects of grasping the system, strengthening the team and
building the platform, it has continuously improved the convenience of information
acquisition in the field of education and the information transparency degree, and
promoted the integration of home and school and accurate decision-making. On the
basis of a comprehensive summary of the experience and practice of information
transparency in secondary and lower schools, it is suggested to highlight the problem
orientation and goal orientation, and further strengthen and improve the information
transparency in the field of education from the aspects of strengthening management,
implementing assessment, personnel training and improving services.

Keywords: Secondary and Lower Schools; Information Transparency;
Experience Summary

Abstract: The reform of water resource taxation is an important reform measure in China's water resource protection and water resource tax collection, and the promotion of grassroots pilot reform is not optimistic. The procuratorial organ has the function of legal supervision. It shall urge the administrative organ to perform its supervisory duties and implement the reform policy by issuing procuratorial suggestions or filing administrative public welfare litigation. However, there are still some problems in promoting the reform of water resource taxation by procuratorial public welfare litigation, such as difficulty in obtaining clues of the case, weak effectiveness of procuratorial suggestions, and lack of cooperation with administrative organs. It is necessary to broaden the channels for procuratorial organs to obtain clues and ensure the implementation of procuratorial suggestions. At the same time, we shall strengthen the coordinated linkage between procuratorial organs and administrative organs, and jointly promote the implementation of water resource taxation reform policy, so as to safeguard the national tax interests of water resource.

Keywords: Reform of Water Resource Taxation; Administrative Public Welfare Litigation; Water Resource Protection; People's Procuratorate

社会科学文献出版社

皮 书

智库成果出版与传播平台

❋ 皮书定义 ❋

皮书是对中国与世界发展状况和热点问题进行年度监测，以专业的角度、专家的视野和实证研究方法，针对某一领域或区域现状与发展态势展开分析和预测，具备前沿性、原创性、实证性、连续性、时效性等特点的公开出版物，由一系列权威研究报告组成。

❋ 皮书作者 ❋

皮书系列报告作者以国内外一流研究机构、知名高校等重点智库的研究人员为主，多为相关领域一流专家学者，他们的观点代表了当下学界对中国与世界的现实和未来最高水平的解读与分析。

❋ 皮书荣誉 ❋

皮书作为中国社会科学院基础理论研究与应用对策研究融合发展的代表性成果，不仅是哲学社会科学工作者服务中国特色社会主义现代化建设的重要成果，更是助力中国特色新型智库建设、构建中国特色哲学社会科学"三大体系"的重要平台。皮书系列先后被列入"十二五""十三五""十四五"时期国家重点出版物出版专项规划项目；自2013年起，重点皮书被列入中国社会科学院国家哲学社会科学创新工程项目。

皮书网

（网址：www.pishu.cn）

发布皮书研创资讯，传播皮书精彩内容
引领皮书出版潮流，打造皮书服务平台

栏目设置

◆ 关于皮书
何谓皮书、皮书分类、皮书大事记、
皮书荣誉、皮书出版第一人、皮书编辑部

◆ 最新资讯
通知公告、新闻动态、媒体聚焦、
网站专题、视频直播、下载专区

◆ 皮书研创
皮书规范、皮书出版、
皮书研究、研创团队

◆ 皮书评奖评价
指标体系、皮书评价、皮书评奖

所获荣誉

◆ 2008年、2011年、2014年，皮书网均
在全国新闻出版业网站荣誉评选中获得
"最具商业价值网站"称号；
◆ 2012年，获得"出版业网站百强"称号。

网库合一

2014年，皮书网与皮书数据库端口合
一，实现资源共享，搭建智库成果融合创
新平台。

皮书网

"皮书说"
微信公众号

权威报告·连续出版·独家资源

皮书数据库
ANNUAL REPORT(YEARBOOK)
DATABASE

分析解读当下中国发展变迁的高端智库平台

所获荣誉

- 2022年，入选技术赋能"新闻+"推荐案例
- 2020年，入选全国新闻出版深度融合发展创新案例
- 2019年，入选国家新闻出版署数字出版精品遴选推荐计划
- 2016年，入选"十三五"国家重点电子出版物出版规划骨干工程
- 2013年，荣获"中国出版政府奖·网络出版物奖"提名奖

皮书数据库   "社科数托邦"
微信公众号

成为用户

登录网址www.pishu.com.cn访问皮书数据库网站或下载皮书数据库APP，通过手机号码验证或邮箱验证即可成为皮书数据库用户。

用户福利

- 已注册用户购书后可免费获赠100元皮书数据库充值卡。刮开充值卡涂层获取充值密码，登录并进入"会员中心"—"在线充值"—"充值卡充值"，充值成功即可购买和查看数据库内容。
- 用户福利最终解释权归社会科学文献出版社所有。

数据库服务热线：010-59367265
数据库服务QQ：2475522410
数据库服务邮箱：database@ssap.cn
图书销售热线：010-59367070/7028
图书服务QQ：1265056568
图书服务邮箱：duzhe@ssap.cn

社会科学文献出版社 皮书系列
SOCIAL SCIENCES ACADEMIC PRESS (CHINA)

卡号：733271428254
密码：

S 基本子库
SUB DATABASE

中国社会发展数据库（下设 12 个专题子库）

紧扣人口、政治、外交、法律、教育、医疗卫生、资源环境等 12 个社会发展领域的前沿和热点，全面整合专业著作、智库报告、学术资讯、调研数据等类型资源，帮助用户追踪中国社会发展动态、研究社会发展战略与政策、了解社会热点问题、分析社会发展趋势。

中国经济发展数据库（下设 12 专题子库）

内容涵盖宏观经济、产业经济、工业经济、农业经济、财政金融、房地产经济、城市经济、商业贸易等 12 个重点经济领域，为把握经济运行态势、洞察经济发展规律、研判经济发展趋势、进行经济调控决策提供参考和依据。

中国行业发展数据库（下设 17 个专题子库）

以中国国民经济行业分类为依据，覆盖金融业、旅游业、交通运输业、能源矿产业、制造业等 100 多个行业，跟踪分析国民经济相关行业市场运行状况和政策导向，汇集行业发展前沿资讯，为投资、从业及各种经济决策提供理论支撑和实践指导。

中国区域发展数据库（下设 4 个专题子库）

对中国特定区域内的经济、社会、文化等领域现状与发展情况进行深度分析和预测，涉及省级行政区、城市群、城市、农村等不同维度，研究层级至县及县以下行政区，为学者研究地方经济社会宏观态势、经验模式、发展案例提供支撑，为地方政府决策提供参考。

中国文化传媒数据库（下设 18 个专题子库）

内容覆盖文化产业、新闻传播、电影娱乐、文学艺术、群众文化、图书情报等 18 个重点研究领域，聚焦文化传媒领域发展前沿、热点话题、行业实践，服务用户的教学科研、文化投资、企业规划等需要。

世界经济与国际关系数据库（下设 6 个专题子库）

整合世界经济、国际政治、世界文化与科技、全球性问题、国际组织与国际法、区域研究 6 大领域研究成果，对世界经济形势、国际形势进行连续性深度分析，对年度热点问题进行专题解读，为研判全球发展趋势提供事实和数据支持。

法律声明

"皮书系列"（含蓝皮书、绿皮书、黄皮书）之品牌由社会科学文献出版社最早使用并持续至今，现已被中国图书行业所熟知。"皮书系列"的相关商标已在国家商标管理部门商标局注册，包括但不限于 LOGO（⬚）、皮书、Pishu、经济蓝皮书、社会蓝皮书等。"皮书系列"图书的注册商标专用权及封面设计、版式设计的著作权均为社会科学文献出版社所有。未经社会科学文献出版社书面授权许可，任何使用与"皮书系列"图书注册商标、封面设计、版式设计相同或者近似的文字、图形或其组合的行为均系侵权行为。

经作者授权，本书的专有出版权及信息网络传播权等为社会科学文献出版社享有。未经社会科学文献出版社书面授权许可，任何就本书内容的复制、发行或以数字形式进行网络传播的行为均系侵权行为。

社会科学文献出版社将通过法律途径追究上述侵权行为的法律责任，维护自身合法权益。

欢迎社会各界人士对侵犯社会科学文献出版社上述权利的侵权行为进行举报。电话：010-59367121，电子邮箱：fawubu@ssap.cn。

社会科学文献出版社